北京市精品教材立项
高等职业技术院校人力资源管理专业全国统编教材

# 人力资源管理岗位技能实训

李 琦 徐 彦 主 编
郑振华 石玉峰 副主编

中国劳动社会保障出版社

图书在版编目(CIP)数据

人力资源管理岗位技能实训/李琦，徐彦主编. —北京：中国劳动社会保障出版社，2013

高等职业技术院校人力资源管理专业全国统编教材

ISBN 978-7-5167-0411-0

Ⅰ.①人… Ⅱ.①李…②徐… Ⅲ.①人力资源管理-高等职业教育-教材 Ⅳ.①F241

中国版本图书馆 CIP 数据核字(2013)第 243038 号

**中国劳动社会保障出版社出版发行**

(北京市惠新东街1号　邮政编码：100029)

\*

保定市中画美凯印刷有限公司印刷装订　　新华书店经销

787 毫米×960 毫米　16 开本　21 印张　369 千字
2013 年 11 月第 1 版　2013 年 11 月第 1 次印刷

定价：39.00 元

读者服务部电话：(010) 64929211/64921644/84643933

发行部电话：(010) 64961894

出版社网址：http://www.class.com.cn

版权专有　　侵权必究

如有印装差错，请与本社联系调换：(010) 80497374

我社将与版权执法机关配合，大力打击盗印、销售和使用盗版图书活动，敬请广大读者协助举报，经查实将给予举报者奖励。

举报电话：(010) 64954652

# 前　言

现行的高职人力资源管理实训课程，多数是以岗位模块为基础进行实训内容组织的，并在实践中取得了较好的效果，本教材也继续采用岗位模块化的实训体系。本教材从在校高职高专学生没有实践经验、综合管理工作技能基础较差这一现状出发，把全书分为上下两篇，上篇是针对各人力资源管理模块均会用到的通用性人力资源管理岗位技能的实训，包括了沟通技能、信息调查技能、方案设计技能、公文书写技能四个部分，下篇则是分岗位模块的实训，包括招聘管理岗位、培训管理岗位、薪酬管理岗位、绩效管理岗位、员工关系管理岗位五大岗位。

本教材具有如下特点：

1. 体系新颖，突破了常见的只以岗位模块为章节分类的编写模式，将人力资源管理各岗位中用到的通用性技能加以提炼总结，单独列出，有利于培养学生的综合管理素质。

2. 适应高职高专教育应用为主，理论基本够用的原则，无论是通用技能还是专用岗位技能，理论知识均以满足实务操作为要求基准，主要列举与讲解实际操作技能。同时这一体系的设计还使得本教材非常适合人力资源管理专业的学生进行专业综合训练，也适合相关专业进行人力资源管理课程的理实一体化训练。

3. 专用岗位技能实训结构统一，便于实训教师教学，便于学生学习掌握，每个岗位从岗位说明书出发，对工作职责重点、关键岗位技能、工作流程、常用工具表单、业务示例及实训作业和评价均统一设计。

本教材的编写得到了全国开设人力资源管理专业的高职院校专家学者的大力支持，桂林航天工业学院的王蕴教授、番禺职业技术学院的肖传亮教授和王贵军副教授、沈阳工学院的徐彦教授等高职一线的老师为本教材的设计思路均提出过宝贵的建议。参加本书编写的人员主要有：北京劳动保障职业学院的李琦教授、张慧霞副教授、石玉峰博士、郑振华老师、刘兰老师和许东黎老师，沈阳工学院徐彦教授，辽宁行政学院严伟副教授、张维君副教授。具体的编写分工为：第一单元，人力资源管理沟通技能实训（徐彦）；第二单元，人力资源信息调查技能实训（张慧霞）；第三单元，人力资源管理方案设计技能实训（李琦，石玉峰）；第四单元，人力资源常用公文书写技能实训（郑振华）；第五单元，招聘管理岗位技能实训（徐彦）；第六单元，培训管理岗位技能实训（石玉峰，张维君）；第七单元，薪酬管理岗位技能实训（严伟，石玉峰）；第八单元，绩效管理岗位技能实训（李琦）；第九单元，员工关系管理岗位技能实训（刘兰）；许东黎和石玉峰先后在全书的格式编排、图表整理上做出了大量工作，全书由李琦统稿。人力资源和社会保障出版集团的吴蓬蓬、张红兵等编辑也为本教材的出版付出了辛勤的劳动，在此一并表示感谢。本教材的出版得到了北京市精品教材立项和北京市职业院校教师提高工程专业带头人项目的资助。

  高等职业教育的发展正面临着巨大的机遇，人力资源管理实践的发展也不断给我们最好的启示，但由于水平所限，书中一定存在错漏和不足之处，敬请读者批评指正。编者电子邮箱：richey0580@126.com。

编者

2013 年 7 月

# 目 录

**第一单元　人力资源管理沟通技能实训** …………………………（1）
　　第一节　人力资源管理沟通方法 ……………………………（1）
　　第二节　常见人力资源管理沟通应用 ………………………（11）

**第二单元　人力资源信息调查技能实训** …………………………（33）
　　第一节　人力资源信息调查方法 ……………………………（34）
　　第二节　常见人力资源信息 …………………………………（46）

**第三单元　人力资源管理方案设计技能实训** ……………………（49）
　　第一节　人力资源管理方案设计要点 ………………………（49）
　　第二节　常见人力资源管理方案 ……………………………（58）

**第四单元　人力资源常用公文书写技能实训** ……………………（90）

**第五单元　招聘管理岗位技能实训** ………………………………（102）
　　第一节　岗位说明书及详解 …………………………………（103）
　　第二节　招聘管理岗位常用工具及业务示例 ………………（124）
　　第三节　招聘管理岗位教学实训 ……………………………（135）

**第六单元　培训管理岗位技能实训** ………………………………（146）
　　第一节　岗位说明书及详解 …………………………………（147）
　　第二节　培训管理岗位常用工具及业务示例 ………………（161）
　　第三节　培训管理岗位教学实训 ……………………………（186）

**第七单元　薪酬管理岗位技能实训** ………………………………（190）
　　第一节　岗位说明书及详解 …………………………………（191）
　　第二节　薪酬管理岗位常用工具及业务示例 ………………（202）

  第三节 薪酬管理岗位教学实训 ………………………………（215）
**第八单元 绩效管理岗位技能实训** ………………………………（231）
  第一节 岗位说明书及详解 ………………………………………（232）
  第二节 绩效管理岗位常用工具及业务示例 …………………（261）
  第三节 绩效管理岗位教学实训 …………………………………（288）
**第九单元 员工关系管理岗位技能实训** …………………………（294）
  第一节 岗位说明书及详解 ………………………………………（295）
  第二节 员工关系管理岗位常用工具及业务示例 ……………（306）
  第三节 员工关系管理岗位教学实训 …………………………（324）
**参考文献** ……………………………………………………………………（330）

# 第一单元　人力资源管理沟通技能实训

**【学习目标】**

通过本单元的学习与训练，使实训对象能够了解管理沟通的基本概念，掌握人力资源管理沟通的基本类型及方法，并在常见的人力资源管理沟通中，设计专业、实用的沟通工具。通过各项实训，能够熟练运用各项人力资源管理沟通技巧。

**【本章重点】**

沟通类型；沟通方法；人力资源管理沟通。

**【关键技能】**

沟通需求调查；沟通方法选取；沟通工具设计；沟通效果评价。

有效沟通是确保企业人力资源管理顺畅运转的必要途径与措施，承担着人力资源管理中传递信息、解决问题的重要功能。在人力资源管理各项工作的开展中，都不可避免要进行大量的沟通，若缺乏科学、适用的沟通方法，将必然影响某些管理工作的实施效果，甚至起到负面作用。沟通本身是一门管理科学，系统的沟通管理包括主体、信息、媒介、反馈机制、沟通方法等。本单元首先对管理沟通的基本含义及方法进行简单介绍，重点从人力资源管理的角度出发，对在相关工作过程中常用的沟通方式及其流程进行讲解及实训练习。

## 第一节　人力资源管理沟通方法

### 一、正式沟通方法

（一）正式沟通的含义

正式沟通是指在组织系统内，按照组织结构层级，依据组织明文规定的信息渠道与原则进行的、与工作相关的信息传递与交流，是由组织内部明确的规章制度所规定的沟通方式，它和组织的结构息息相关。例如组织与组织之间的公函来往、组织内部的文件传达、召开会议、上下级之间的定期情报交换等。正式沟通主要有下行沟通、上行沟通、平行沟通、外向沟通等几种，如图1—1所示。

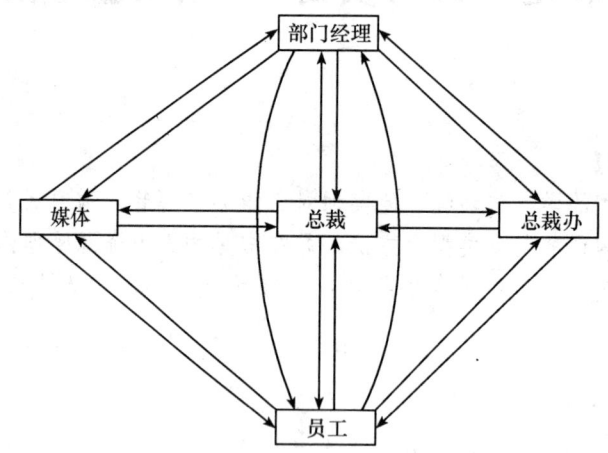

图1—1　组织的正式沟通关系

根据古典管理理论，沟通应遵循指挥或层级系统进行。严格地说，越级报告或命令，或不同部门人员间彼此进行沟通，都是组织规章制度所不允许的。据此，在组织内只有垂直（纵向）的沟通流向（vertical communication flow），很少有同一水平的横向沟通流向（horizontal communication flow）。实际上，按照这种模式进行沟通，不但是不可能的，而且不符合组织的需要。因此产生了委员会，或公文抄报之类的措施，以便在同级之间进行横向沟通，但这仍然属于组织正式结构所安排的路线，仍属正式沟通性质。

（二）正式沟通的类型

按照信息流向，正式沟通可以分为下行沟通、上行沟通、平行沟通、外向沟通等几种。

1. 下行沟通

这是在传统组织内最主要的沟通流向。一般以命令方式传达上级组织或其上级所决定的政策、计划、规定之类的信息，有时颁发某些资料供下属使用等。如果组织的结构包括多个层次，则通过层层转达，其结果往往使下行信息发生歪曲甚至遗失，而且过程迟缓，这些都是在下行沟通中经常发现的问题。

2. 上行沟通

主要是下属依照规定向上级所提出的正式书面报告或口头报告。除此以外，许多机构还采取某些措施以鼓励上行沟通，例如意见箱、建议制度，以及由组织举办的征求意见座谈会、态度调查等。有时某些上层主管采取所谓"门户开放"政策（open－door policy），使下属人员可以不经组织层次向上报告。但是据研究，这种沟通也不是很有效的，而且由于当事人的利害关系，往往使沟通信息发生与事实不符或压缩的情形。

3. 平行沟通

又称为横向沟通。主要是同层次、不同业务部门之间的沟通。在正式沟通系统内，一般这样的机会并不多，若采用委员会和举行会议方式，往往所费时间、人力甚多，而达到沟通的效果并不很好。因此，组织为顺利进行工作，必须依赖非正式沟通以辅助正式沟通的不足。

4. 外向沟通

是指组织成员旨在向公司外部收集信息和表现形象的沟通活动，包括公共关系沟通、市场广告沟通和民意调查沟通三种途径。通过外向沟通，组织能够与外界保持持续的交往，建立工作关系网络和新的形象。

（1）公共关系沟通。指组织与其关系单位之间的沟通活动。通过公共关系活动，创造和维持认同感，并通过增强组织对于环境的预测力，提高组织效能。

（2）市场广告沟通。与公共关系沟通有密切的关系，但更多集中于有关具体产品或服务的信息交流，而不是直接与总体组织形象有关的沟通内容。

（3）民意调查沟通。在许多情况下，对公众的民意调查是组织沟通的重要形式，可以提供更充分的有关外部环境特征的信息，从而为企业战略规划提供重要依据。

（三）正式沟通的网络形态

据研究，正式沟通基本上可有五种网络形态，即链式（chain）、环式（circle）、Y式（Y）、轮式（wheel）和全通道式（all channel）。以5个人组成的一个群体为例，正式沟通的网络形态如图1—2所示。

1. 链式沟通

这是一个平行网络，其中居于两端的人只能与内侧的一个成员联系，居中的人则可分别与两人沟通信息。在一个组织系统中，它相当于一个纵向沟通网络，代表一个五级层次，逐渐传递，信息自上而下或自下而上地进行传递。这种网络还可表示组织中主管人员和下级部属之间中间管理者的组织系统。正式沟通形态中，链式沟通属于控制型结构。五种正式沟通形态中，链式沟通的解决问题速度

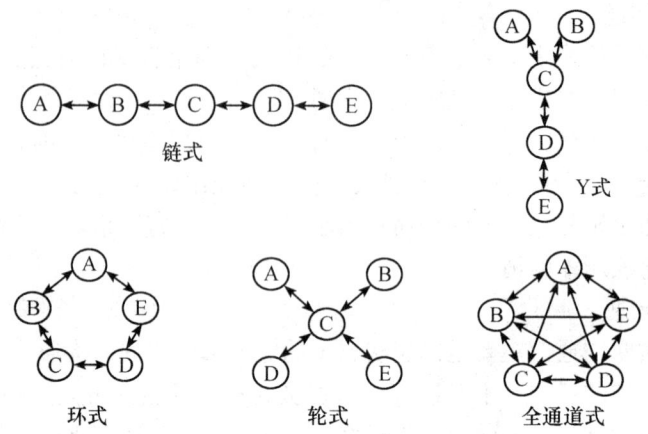

图 1—2 正式沟通的五种网络形态

较适中。

2. 环式沟通

此形态可以看成是链式形态的一个两端闭合式控制结构,表示 5 个人之间依次联络和沟通。其中,每个人都可同时与两侧的人沟通信息。环式沟通是五种正式沟通形态中领导能力最强的。正式沟通形态中,环式沟通是一个开放式的网络系统。

3. Y 式沟通

这是一个纵向沟通网络,其中只有一个成员位于沟通的中心,成为沟通的媒介。在组织中,这一网络大体相当于组织领导,从秘书班子再到下级主管人员或一般成员之间的纵向关系。五种正式沟通形态中,Y 式沟通的集中性最低。

4. 轮式沟通

这种沟通属于控制型网络,其中只有一个成员是各种信息的汇集点与传递中心。在组织中,大体相当于一个主管领导直接管理几个部门的权威控制系统。此网络集中化程度高,解决问题的速度快。轮式网络是加强组织控制、争时间、抢速度的一个有效方法。如果组织接受紧急攻关任务,要求进行严密控制,则可采取这种网络。五种正式沟通形态中,轮式沟通不能准确判断成员的满意度。

5. 全通道式沟通

这是一个开放式的网络系统,其中每个成员之间都有一定的联系,彼此了解。由于沟通渠道很多,集中化程度较低,组织成员的平均满意程度高且差异小,所以士气高昂,合作气氛浓厚。这对于解决复杂问题,增强组织合作精神,提高士气均有很大作用。但是，由于全通道式网络沟通渠道太多，易造成混乱，在五种正式沟通形态中信息准确度最低。此外其复杂性决定其较为费时的特点。

上述种种沟通形态和网络都有其优缺点。作为一名主管人员，在管理工作实践中，要进行有效的人际沟通，就需根据实际目标需要进行权衡选取。

**二、非正式沟通方法**

非正式沟通是指办公室在正式沟通渠道之外进行的各种沟通活动，一般以办公室人员之间的交往为基础，通过各种各样的社会交往而产生。非正式沟通可以弥补正式沟通渠道的不足，传递正式沟通无法传递的信息，使办公室领导了解在正式场合无法获得的重要情况，了解办公室人员私下表达的真实看法，为决策提供参照，减轻正式沟通渠道的负荷量，促使正式沟通提高效率等。

非正式沟通指在正式沟通渠道之外进行的信息传递和交流，如成员间工作之余的交往、茶余饭后的闲聊、小道消息传播、背后议论等，主要方式是个体沟通，属于人际沟通范畴，通常采用当面沟通、电话沟通、e-mail（或书面）沟通等方法。

在个体之间的沟通中，"能当面沟通的，就不要采用电话沟通；能电话沟通的，就不要采用 e-mail 沟通"，这是个体沟通方式的基本选用原则。

无论是正式沟通还是非正式沟通，贯穿沟通始终的有两大支柱：理解别人与表达自己。理解别人，需要用眼观察，用耳倾听，用脑思考，用心体会他人的想法、用意、感受，用整个人来与他人互动。表达自己，可以用文字、口头、肢体等语言表意，也可以以物载意表达情感，反馈信息。因此，观察、倾听、询问、文字表达、口语表达等都是沟通的基本功。人力资源管理人员应多加训练，掌握技能。

**三、与企业内外不同工作对象的沟通**

（一）与上级沟通的方法

与上级沟通分为三种情况：接受指示、向上级汇报和商讨问题。下面分别就其规范要求作一讨论。

1. 接受指示沟通的规范要求

下属接受上级的指示时，在沟通规范上有七个要求：

（1）在进行这种沟通之前，明确与上级确认沟通的时间、地点。

（2）被上级突然招去接受指示时，要事先问清要沟通的内容，以便做好思想准备。

(3) 认真倾听。

(4) 不要担心上级会觉得自己理解能力差，要多发问、会发问，关键是通过发问以明确有关指示的三个问题：一是指示的目标要求是什么，明白这一问题，才便于后面的行动；二是指示的依据是什么，明白了这一问题，才能提高贯彻执行指示的能动性；三是落实这一指示，上级有何思路，明白这一点，才能准确地贯彻执行这个指示。

(5) 对上级的指示进行反馈，让上级就重要问题进行澄清和确认。

(6) 接受指示就必须首先将指示接受下来，避免急于表达自己的观点。即使自己对上级的指示有异议，也不要急于反驳。可待上级把话说完之后，按照上级的思路，以假设的口吻提出异议，让上级思考解答。比如"如果……那该怎么办？"尤其要特别注意，不要针对上级的指示抱怨、发牢骚。

(7) 不要在接受指示时与上级进行讨论和争辩，以免因为考虑不周，对问题阐述不清，说服不了上级，反而引起不快。但可以把自己疑惑的问题概括出来，并让上级确认时间、地点，再进行沟通。

2. 向上级汇报沟通的规范要求

下级向上级汇报沟通，主要有下面五个规范要求：

(1) 汇报的内容要与上级原来的指示、计划和期望相对应，避免文不对题，浪费上级的时间。

(2) 从上级的角度来看待工作，关注上级的期望，对于上级所关注的问题应重点详细地进行汇报。

(3) 避免单向汇报，要主动寻求反馈，让上级确认已理解和把握自己所作汇报的内容。

(4) 尽可能客观、准确，不要突出个人，自我标榜，以避免引起上级的反感。

(5) 对上级作出的工作评价，有不明白之处，必须复述后让上级确认，以获知上级评价的真实意思。

3. 与上级商讨问题沟通的规范要求

与上级商讨问题沟通，也有下面的规范要求：

(1) 表达确切、简明、扼要、完整，有重点。

(2) 针对具体的事情进行分析，表达自己的观点和想法，避免针对具体的个人进行评价。

(3) 不要把与上级讨论问题当成义务履行，仅仅"我说了"还不行，还必须让上级理解、明白。

（4）避免与上级进行辩论，不要对每个问题都要争出一个是非对错来。

（5）不要在所讨论的问题中加进自己的情绪。

（6）避免把自己的意见强加于上级。

（二）水平沟通的难题及方式

1. 水平沟通的难题

水平沟通主要是指公司的职业经理之间的沟通，或者是没有上下级关系的部门之间、同事之间的沟通。

在与上级沟通、与下属沟通、水平沟通中，水平沟通是最为困难的。这种沟通的困难主要表现在以下几方面：

（1）部门间的利益冲突——唯恐别的部门比自己强。单位、部门在年底都有一个考核评比，这会使有业务竞争的单位、部门相互猜忌、相互保密，甚至相互敌对。

（2）都过高地看重自己部门的价值，而忽视其他部门的价值。不能公正看待其他部门工作的价值，总把他人当成自己的配角，一出现问题，马上就把责任推到与自己相关的部门，很少设身处地地站在其他部门的角度思考问题，理解他人的难处。

（3）没有权力的支撑，对双方的沟通能力要求更高。在这种沟通中，无法借助权力，用"大棒"推进沟通，彼此之间只能通过运用沟通技巧，才能达到预期的目的。

（4）总认为自己有道理，沟通对象没理，从而认为沟通没有意义。

2. 水平沟通的方式

在水平沟通中，一般有三种方式可选择：退缩型、侵略型、积极型。

（1）退缩型水平沟通方式。退缩型水平沟通方式是一种不敢明确表达自己的需要、愿望、看法、感受与信念的方式，显得心虚、压抑、愧疚，不能唤起别人的重视，以维护自己权益的沟通方式。其特点如下：

1）担心拒绝沟通对象的请求，而招致对方不快，不敢把"不"字说出口。

2）没完没了地抱歉。担心招致一场争辩，破坏了同事间本来不错的关系，致使以后无法和平相处，影响了单位、部门间的协作。

3）对自己的能力没有足够的信心，尽量采取低姿态，避免引起别人的注目。

4）说话拐弯抹角、迟疑模糊，旁敲侧击地点出主题，总想让沟通对象主动提出问题，挑明问题的要点。

5）编制借口，淡化自己行为的真正用意，以避免过分暴露自己，被别人视为鲁莽唐突。

6）过多地自我设限，"我应该""我必须""我本来"，自己设定服从义务，造成沟通中的地位不平等。

（2）侵略型水平沟通方式。这种方式是强词夺理，把自己的意志强加给他人的一种沟通方式。这种沟通方式的特点如下：

1）沟通用语强硬，不给对方留下思考和商量的余地。

2）认为自己的需要、愿望和意见比别人的重要。

3）自以为自己的能力高人一筹，他人不如自己，以一种盛气凌人的态度对待对方。

4）忽略甚至否定他人的需要、愿望、意见、感受和信念的合理性。

（3）积极型水平沟通方式。积极型水平沟通方式是在不侵害其他个人和部门利益的前提下，敢于维护自己和本部门的权利，用直接、真诚的态度，来表达自己的需求、愿望、意见、感受和信念的一种沟通方式。这种沟通方式是人力资源管理人员在横向沟通上应该选择的方式。其特点如下：

1）强调真诚、坦率待人，从友好、合作的愿望出发，以大局为重，出于公心，没有不可告人的目的。

2）敢于坚持原则，捍卫自己最重要的权力和利益，强调必须按照职权和公司规定的"游戏规则"行事。

3）强调任何个人都是值得尊重的，沟通双方有共同目的——把工作做好，并坚信有双赢的解决办法。

4）在沟通中，多以"我""我们部门"作为话语的开头，表明说话者明确的立场和态度。宁可说"我想改变这个工作程序，你有什么见教？"而不是"我想，如果改变一下这个工作的程序，或许会提升效率，想听听你的意见，并请你裁决。"

5）使用"在我看来……""我的意见是……"明确表达自己的见解，但又避免将事情进行非对即错的极端化归类。

6）不把自己的意见强加于沟通对象，承认人人都有表达不同意见的权利。"我个人认为这样或许更有效。"既表达了自己的意见，给沟通对象提供了解决问题的建议，又给沟通对象留有选择的余地。

7）提出带有商讨性的建议。"我的报表明天中午交来，会不会给你们的工作带来什么大的不便？"

8）用"你对这件事有何看法？"这样的方式表达，以主动寻求他人的想法、意见和期望。

9）直接用表示因果关系的词语，将对问题的解释与对自己意见的阐述区分开，并让对方明确自己说话的思路。

10）对于不同意见，明确、直截了当地予以表达，并及时说明拒绝的原因。"对不起，这件事无法办到。因为……"。

11）说话简明扼要，从不含糊其词，表现出自己的开朗、直率和真诚，使对方能准确抓住要点，明白自己的态度和立场。

12）避免直接针对对方的意见和态度作强硬的批评，而选择用建议来表达自己的意见和态度。"我认为……或许……"。

13）有不理解、不明确的问题，能直截了当地提出，让对方给予进一步说明。

（三）与下属沟通的基本规范

与下属沟通是管理沟通的重要内容，其形式有下达指令、听取汇报和商讨问题三种。能否充分有效地进行这些沟通，会直接影响企业组织运行的效率。

1. 下达指令沟通的规范要求

下达指令是上对下沟通的一种基本形式。指令内容，下达的方式、方法不同，可能会有完全不同的效果。因此，下达指令也必须讲究艺术。这种艺术是保证指令下达有效的基础。

（1）自己对指令有明确、全面的界定。指令的具体内涵是什么，为什么下达这一指令，指令的具体要求是什么，由谁监督指令的实施，什么时候对指令的落实情况进行检查，在什么时间和地点验收结果，对指令的实施有什么方向性思路。

（2）态度平等，用词礼貌。多使用"请""我们"等用词向下属下达指令，而避免用"你应当怎么样""你只能怎么样""组织限制你怎么样"等口气下达指令。

（3）通过激发意愿，让对方自己承诺，主动请缨，避免让下属被动地接受指令，不要以一种绝对不容置疑和不可挑战的组织原则，强制性地下达指令。

（4）让下属充分理解指令的意义和价值，让下属感到所接受任务的光荣，以及能承担这一任务的自我价值。

（5）让下属复述指令要求，确保下属准确无误地理解指令的要点和要求。

（6）明确告知自己能为下属提供的资源和支持。

（7）询问下属落实指令的困难，并指明解决的途径，帮助下属树立信心。

（8）允许下属提出问题和要求，并尽可能给予正面解答。

2. 听取汇报沟通的规范要求

听取下属汇报是管理沟通中最常见的形式，要保证其有效性，必须遵循以下规范要求：

(1) 要事先约定时间、地点，让下属做好充分的准备。

(2) 注意倾听，让下属感到自己以及自己所承担的工作为上级所重视，同时在倾听中发现问题。在一般情况下，人们倾向于淡化自己在工作中的失误，尽量把问题缩小，而夸大所取得的成绩。通过倾听可有助于发现下属不愿暴露的问题。

(3) 多鼓励少插话，防止下属揣摩着上级的倾向后，根据上级的倾向，有选择地汇报，致使自己不能获得完整的信息。

(4) 对于下属的汇报，要当场做出评价，该肯定的即时予以肯定，该批评的即时进行批评。

(5) 恰当地评价下属的工作，但要求以正面肯定为主，并让下属明白没有肯定的就是有差距的。但评价表述要根据下属的个性分别对待，针对有些心思不灵活的人，不足之处必须明言。

(6) 适时诱导下属，让下属的汇报简明扼要，切中正题。

3. 与下属商讨问题沟通的规范要求

在与下属进行问题商讨时，应增加下属的参与度，从下属那里获取信息，并让下属感到自己受到尊重和信任，以激发其工作主动性和积极性。在企业管理现实中，一些人总认为下属提出的问题幼稚，轻视下属的参与意义；或者认为自己对问题已经有了答案，根本不用与下属商讨什么；或者认为下属要和自己商讨的问题根本就不是下属应当关心的事，不能以诚恳的态度对待。

与下属商讨问题的基本规范有以下几个方面：

(1) 充分为商讨问题的沟通做好准备，事先制订商讨问题的过程计划提纲，防止跑题，以提高沟通效率。

(2) 注意多发问，多使用鼓励性的词语，诱导下属讲出自己的真实想法，抓住下属谈话的核心内容和自己想获得的信息。

(3) 在商讨问题的过程中，如果下属提出与自己不同的看法，要以尽可能快的速度做出反应，尤其是要从下属的角度思考问题，找出下属意见的合理性，并充分认定其合理性。

(4) 不要把自己置身事外，仅仅做下属工作的评价人，而要紧密地把自己的工作业绩与下属工作的成效关联起来，尽可能让下属产生责任感和使命感，畅所欲言地沟通，交换意见。

(5) 不要在下属明确问题解答的思路之前做结论，防止把讨论问题变成做指示，要诱导下属自己通过整理归纳作结论，激发下属的信心和责任感。

## 第二节　常见人力资源管理沟通应用

### 一、需求调查沟通

人力资源需求调查主要包括企业人员需求调查、员工晋升需求调查、培训需求调查、职业生涯规划需求调查等。调查的内容涉及公司战略层次、组织层次、员工层次三个层面的信息。需求调查沟通贯穿于这三个层面的信息收集的始终，沟通的方法主要采用正式沟通的方法。

1. 选用合适的沟通方法进行员工晋升需求调查沟通

问题：某企业要选聘技术科长一名，人力资源部分别采用网上通知、领导或员工推荐、个人访谈、召开本科室员工座谈会征求意见等方式搜集关于候选人的信息。座谈会上多数员工看好人际关系型的李勇，而选定李勇后，却有一些人不服从李勇的领导，认为技术型人才得不到提拔重用，是不公平的，因为在 A 公司没有发展前途，才有了前任科长张良的离开。随后李勇辞职，部分技术骨干流失。此次干部选配的失败，问题究竟出在哪里？

（1）请从候选人信息调查沟通的途径、方法、内容的层面分析此次干部选配失败的原因。

（2）请你为 A 公司设计一份技术科长晋升需求调查沟通方案，选择合适的沟通方法，以便有效、准确地获得晋升需求信息。

要求：如果运用访谈法，请设计出访谈提纲。

如果运用问卷调查法，请设计出调查问卷。

2. 运用调查法进行人员需求调查沟通

（1）请设计一份企业人员数量、结构（学历、职称、年龄、性别等）统计表。

（2）请设计一份各部门人员流动情况调查表。

（3）请设计一份企业各类人员流动调查表。

（4）请设计一份企业各类人员变动情况统计表。

3. 设计一份大学生就业需求调查表，进行网络沟通

参考样本：

### 大学生就业需求调查表

各位大学生朋友：

你们好！

经过四年的大学教育，你们学会了许多专业的课本理论知识，你们完成学业后又将跨入社会这所实践大学，去实现自身价值。为更好地为各位大学生提供服务和帮助，使你们能够更多地了解社会，现×××中心"大学生阳光工程"在线服务工作室对你们进行就业需求调查，请认真填写。我们将认真阅读你的需求，为你提供服务和帮助。

| 序号 | 调查内容 | | |
|---|---|---|---|
| 1 | 你想了解求职方面的信息吗？想了解□　不想了解□ | | |
| 2 | 请你写出，自己预想求职的行业：<br>（IT行业□　信息服务行业□　酒店服务行业□　其他行业□） | | |
| 3 | 你的薪酬期望值是：<br>（1 000～1 500元□　1 500～2 000元□　2 000～3 000元□） | | |
| 4 | 你需要就业方面的指导培训吗？需要□　不需要□ | | |
| 5 | 你现在，还需要在哪些方面进行指导培训：<br>（面试技巧□　简历包装□　演讲口才□　沟通艺术□　职业素质训练□<br>职业生涯设计□　打造高效团队□　企业培训□　人力资源管理□　营销训练□<br>物流管理□　文秘□　其他□） | | |
| 6 | 你需要求职心态及求职技巧方面的指导培训吗？需要□　不需要□ | | |
| 7 | 你是否了解国家倡导的双证上岗规定？了解□　不了解□ | | |
| 8 | 人社部要求大学生双证上岗，如你有需求，将选择哪种职业资格培训：<br>（人力资源管理师□　企业培训师□　营销师□　物流师□　其他□） | | |
| 联系方式 | 填表人姓名 | | ×××中心 |
| | 专业名称 | | "大学生阳光工程"在线服务工作室 |
| | 联系电话 | | 联系电话　2411×××× |
| | 网址 | | 网址　www.zhh123@sl.com |

## 二、招聘面试沟通

一个成功的面试需要做好两个工作：一个是招聘纬度的建立，另一个是面试方法的选择。所谓招聘纬度，就是对招聘岗位应聘人员的要求，通俗地说，就是要做好这个岗位需要应聘者具备的东西。如同有了好的模具，才能做出好的样品，一般的面试沟通中，考察涵盖的内容应该全面。设定招聘纬度时，通常分为显性任职条件和隐性任职条件两个部分。所谓显性任职条件，就是应聘者的年龄、性别、籍贯、学历、工作经历、资格证书等。这些是可以从简历上得到的显性信息，通常用来做简历筛选。隐性任职条件可分为专业知识与技能、动机、工作态度与工作意愿、能力、匹配度、素质六个方面。应聘者具备的这些特质是无法从简历上识别出来的，需要用相应的方法进行识别，因此称为隐性任职条件，而这些隐形任职条件也恰恰是面试考察的重点。

一般可以用行为面试法来考察。行为面试法是通过提问了解应聘者过去的行为，以此来判断其是否胜任某岗位。

在面试的过程中，应当详细了解应聘者过去的工作内容，通过对应聘者过去工作的表现（尤其是和应聘职位相似的工作、困境中的表现）来判断应聘者是否符合招聘纬度，是否可以胜任招聘职位。行为面试法所判断的行为包括四个要素，称为STAR，S代表情景，T代表目标，A代表行动，R代表结果。在进行行为面试的时候，一般会针对STAR这四个方面进行询问。

一般的面试程序是，主考官宣读面试指导语——主考官根据面试题请应聘者按要求回答问题——考官适度提问——考官独立在评分表上按不同的要素给应聘者打分。从这一程序看，面试沟通的主要任务是从招聘岗位的要求出发，命制好面试问题，实施有效沟通。

1. 命制面试问题的技巧

（1）确定招聘的岗位所需员工的专业知识、技能、综合素质/能力的构成和权重。

具体步骤：①分析并列出招聘的岗位要求员工应具备的任职条件，包括基本知识、技能、能力、素质、个性特征等项目。②确定各项目所占的权重。③分析各项包含的要素（内容）及其所占的权重。④将上述各项用表格的形式表示出来。以行政职员为例，见表1—1。

表1—1  行政职员面试评价项目与要素权重系数表

| 评价项目权重 | | 评价要素权重 | | |
| --- | --- | --- | --- | --- |
| 评价项目 | 权重系数 | 评价要素 | 权数 | 权重系数 |
| 专业知识 | 0.15 | 行政管理知识 | 3 | 3/6×15% |
| | | 文书档案管理 | 2 | 2/6×15% |
| | | 办公软件 | 1 | 1/6×15% |
| 专业技能 | 0.25 | 会议组织安排 | 2 | 2/7×25% |
| | | 公文写作 | 2 | 2/7×25% |
| | | 接待 | 2 | 2/7×25% |
| | | 网络系统及办公软件使用 | 1 | 1/7×25% |

续表

| 评价项目权重 | | 评价要素权重 | | |
|---|---|---|---|---|
| 评价项目 | 权重系数 | 评价要素 | 权数 | 权重系数 |
| 综合能力、素质 | 0.4 | 正直、忠诚、守信 | 2 | 2/9×40% |
| | | 计划、组织、控制能力 | 3 | 3/9×40% |
| | | 沟通、协调能力 | 3 | 3/9×40% |
| | | 分析、解决问题能力 | 1 | 1/9×40% |
| 个性特征 | 0.2 | 性格开朗，温和 | 3 | 3/7×20% |
| | | 做事严谨，耐心，敢负责任 | 2 | 2/7×20% |
| | | 热心助人，有团队合作精神 | 2 | 2/7×20% |

（2）设计面试问题

1）为表1—1中的各项"评价要素"设计问题。设计问题的类型，可以根据要考察的内容，参考结构化面试问题的类型进行选择。

结构化面试问题的类型主要有七类：

①背景性问题。即关于应聘者的个人背景、家庭背景、教育背景和工作背景等方面的问题，如个人爱好兴趣、家庭的一般情况、在什么企业工作过等。

②知识性问题。即与应聘者的应聘岗位相关的基本知识，如人事经理应该了解劳动人事制度和法令，财会员工应该了解财务制度等。

③思维性问题。这类问题旨在考察应聘者的理解、分析、辨别、综合、评价和推断的能力，如"你认为什么是一个人成功的标准？"

④经验性问题。即关于应聘者过去所做过的事情的问题。

⑤情境性问题。这类问题将应聘者置于一个假设的情境之中，让应聘者设想一下，自己在这样的情境下会怎样做。如"如果你的两个得力下属一直吵架你会怎么处理"等。

⑥压力性问题。这类问题将应聘者置于一个充满压力的情境中，观察其反应，以对其情绪稳定性、应变能力等进行考察。如"你好像不太适合这份工作，你可以走了"等。

⑦行为性问题。这类问题是围绕与工作相关的关键胜任能力来提问的，它要求应聘者讲述一些关键的行为事例，考官对此进行记录，并从中提取应聘者的胜任特征。如"请你详细说一下你与同室的小王为一件事发生争执时你是怎么处理的好吗？"

2）将设计好的问题填入表1—2中。

表 1—2　　　　　　　　　　　　面试提问提纲

| 评价要素 | 问题 | 备注 |
|---|---|---|
| 专业知识：<br>　行政管理<br>　文书档案管理<br>　办公软件<br>　…… | 1. 行政管理职能有哪些？你对履行行政管理职能有什么想法？<br>2. 举例说明你最熟悉的两种办公公文，怎样写作？<br>3. 在办公室工作中，常用的办公软件有哪些？<br>…… | |
| 专业技能：<br>　会议组织<br>　公文写作<br>　接待<br>　…… | 1. 请你介绍一下你在大学的班级里是怎样组织一次主题班会的？<br>2. 让我们从你做过的一份工作开始讨论一下你的工作经历好吗？<br>3. 公司要召开各部门领导会议，时间是在下午 1：30，地点在培训楼第二会议室，内容是讨论 2009 年各部门工作计划。请你撰写一个网络通知。 | |
| 综合能力素质：<br>　忠于职守、正直、守信<br>　计划、组织、控制能力<br>　沟通、协调能力<br>　…… | 1. 如果在工作中，你的上级非常器重你，经常分配给你做一些属于别人职权范围的工作，对此同事对你颇有微词，你将如何处理这类问题？<br>2. 从你的自我介绍中知道你做过管理工作，能否请你举一个你认为管理成功的工作例子，详细说明你从事计划、组织、协调方面的情况。<br>3. 金融危机与大学生就业是目前企业关注的焦点问题，你认为它们两者与企业有怎样的关系？ | |
| 个性特征：<br>　性格开朗、温和<br>　做事严谨、耐心、<br>　敢负责任 | 1. 一般情况下，你在情绪高昂和情绪低落时都喜欢做些什么事情？<br>2. 你对要报考的单位有什么了解吗？是通过什么渠道知道的？<br>3. 你与同学一起乘公交车时，突然发现同学的手机被盗，你怎么办？ | |

（3）设计评分标准。设计面试评分表，见表 1—3。

2. 实施有效沟通的技巧

（1）根据职务特点选择恰当的沟通方式。技术工作者的面试沟通通常采用现场演练的沟通方式。应聘者边做，主考官边观察、边问、边切磋，考察其思维方式、合作意识、交流反应能力、专业技术水平、操作熟练程度、工作细心程度，以及行为习惯。

管理人员的面试通常采用角色扮演、情景模拟、评价中心等方式进行沟通，从其行为表现中判断其对人和事物的价值判断、态度立场、处理方式方法、管理能力、创新思维、全局意识等。

表 1—3　　　　　　　　　　　　面试评分表

| 编号 | | 姓名 | | 性别 | | 年龄 | | 工作单位 | |
|---|---|---|---|---|---|---|---|---|---|
| 评价要素 | | 评价标准 | | 优秀(5分) | 良好(3分) | 一般(1分) | 差(0分) | 得分 | |
| 基础知识：<br>行政管理<br>文书档案管理<br>办公软件<br>…… | | 1. 熟知基本知识程度<br>2. 对知识的理解是否有深度和系统性<br>3. 运用知识解决实际问题水平<br>…… | | | | | | | |
| 专业技能：<br>会议组织<br>公文写作<br>…… | | 1. 会议是否计划周密<br>2. 程序安排、人员组织是否合理、整齐<br>3. 撰写的常用的公文是否符合写作规范<br>…… | | | | | | | |
| 综合素质/能力：<br>正直、忠诚、守信<br>沟通、协调能力<br>…… | | 1. 办事能否既坚持原则，又有灵活性<br>2. 对公司是否忠诚<br>3. 能否坚守承诺<br>4. 能否顺畅地与人沟通<br>…… | | | | | | | |
| 个性特征：<br>性格开朗、温和<br>做事严谨、耐心、<br>敢负责任<br>…… | | 1. 气质：多血质；性格：内/外向/兼有<br>2. 做事能否注重细节<br>3. 能否勇于承担责任<br>…… | | | | | | | |

一般文职人员和技术性不强的员工的面试通常采用面谈的方式，通过观察、提问、反馈、应答等环节的沟通，获得对应聘者综合素质的整体印象。

（2）提问的技巧

1）缓解紧张气氛。面试开始时应聘者比较紧张，主考官可以从"你来自哪里""在哪里就学"等亲切熟悉的话题切入，轻松攀谈，缓解其紧张情绪后再进入正题。

2）控制题量和时间。进入主题后，可以按照事先准备的提纲或根据应聘者简历、求职申请表或者临场的表现，对每个应聘者提出 6～7 个问题，给每个应聘者的面试时间通常控制在 30 分钟左右为宜。

3) 注意提问的方式。开放式提问，可以让应聘者自由发挥地回答；封闭式提问，只让应聘者做"是"与"否"的选择。两种方式可以根据问题和考核点的不同做选择。

4) 语义应明确。不能含糊不清；用词需准确，不易产生歧义。

5) 问句应简短。便于应聘者抓住主题，给其更多的回答时间。

6) 尽量不提令人难堪的问题。除非是考察诸如心理承受力等方面的特殊需要。

7) 慎用会引起应聘者误解的肢体语言。如皱眉、摇头、点头等。

8) 注意问题间的联系和变化，掌控问话时机。

9) 在面试的结尾，应留给应聘者一定的时间，就其感兴趣的问题提问，主考官给予解答，以一种自然友好的方式结束面试谈话。

3. 避免常见的面试沟通错误

(1) 不熟悉岗位工作要求，致使考核目标模糊。由于不熟悉岗位工作要求，在面试内容上提不出针对岗位和工作任务的问题，不知重点考核应聘者哪些素质指标，盲目提问，一则不能有效考察应聘者的岗位技能和能力状况，二则使应聘者感觉考官不专业，对考官和企业都不信服，从而对公司失去信心。

(2) 强调负面信息，缺乏细心考察。仅凭某一负面信息形成的不良印象（或某一正面信息形成的好印象）就轻易下判断，不再专注地倾听、观察、分析、甄别，草草提问几个问题就结束。在这种沟通状态下，很难全面了解人，致使错选人。

(3) 考官发言占用时间过多。考官在面试中的重要工作是倾听，据此了解、判断应聘者的合适程度。因此在沟通中，考官要抓住重点，注意语言的简练，自己不要说得太多，否则必然导致倾听的机会减少，应聘者就没有更多的机会来表达想法，因此要控制好面谈过程中双方发言的比例。一般来说，考官的叙述、提问应该集中在介绍单位、岗位职责情况、引导应聘者自我展示、提出询问和质疑方面。

(4) 不注意用词。一场面试之前往往已经过简历审核、笔试、电话考核等过程，因此到了面试阶段，考官对应聘者已经有了基本的了解和判断。但是这时候如果不注意面试的用词，经常有两种情况发生：一种情况是考官觉得该应聘者不错，就怕该应聘者不愿意来就职，因此在说话的时候有意无意透露出挽留之情，或者竭力宣传这份工作的重要性。另一种情况是考官觉得应聘者水平不高，潜意识里想将其"打发掉"，在说话的时候就流露出咄咄逼人之态。其实这都是不可取的,第一种情况下,往往会使应聘者自满,考官要知道简历和笔试等都不能一定确认应聘者适合所聘职位;第二种情况下,应聘者感觉考官刚愎自用,难以相处,就会打消在此公司工作的愿望,因此不会百分之百地展现自己的工作能力,往往造成恶性循环,一方认为对方是个庸才,另一方认为对方不尊重人才,而且应聘者很可能会在回去后将经历告之自己的好友或熟人,最终影响企业的形象和对人才的吸引力。面试效果和后续影响可想而知。

(5)忽视沟通礼仪。在现实的面试沟通中,有的主考官在面试中随意走动,频繁接打电话,脚乱颤,做其他事情发出声响等,这些不合乎礼仪规范的行为可能影响应聘者回答问题的思路和心情,破坏面试沟通的氛围,严重者甚至影响企业的形象。

(6)被非语言行为左右。研究表明,表露更多的眼神交流、微笑、点头和其他类似的非语言行为的应聘者得到的评价更高。通常情况下,非语言行为占了应聘者评定分数的80%,说明容易埋没更多使用语言沟通的人才。

(7)不给应试者提问机会。一般来说,面试是一个两厢情愿的过程。一个认真的应聘者肯定就其所想知道的信息提出很多问题。应聘者提的问题越有含金量,本身也说明应聘者越重视这个机会,并且应聘者拥有的工作能力越强;反之,则说明应聘者仅此而已。

### 三、绩效管理沟通

绩效管理沟通是指在整个绩效管理周期内,管理者就绩效问题持续不断地与员工进行交流和沟通,给予员工必要的指导和建议,帮助员工实现确定的绩效目标的沟通活动。绩效管理沟通主要包括四个环节。

1. 绩效管理沟通的四个环节

表 1—4　　　　　　　　　　绩效管理沟通的四个环节

| 沟通环节 | 沟通内容 | 沟通时间 | 沟通目的 |
| --- | --- | --- | --- |
| 绩效计划沟通 | 就员工应该做什么,做到什么标准,何时做,怎么做,所需的条件、环境、能力等问题进行沟通协商,达成一致后形成签字的记录,作为员工的绩效目标 | 绩效管理初期 | 让员工明确绩效目标。为绩效管理循环和考核提供依据,为员工顺利、高效地开展工作提供指导 |
| 绩效指导沟通 | 根据员工在工作中的实际表现,围绕其工作态度、流程、标准、工作方法等方面的状况及时肯定或提出改进建议,作出沟通指导 | 绩效管理过程中 | 使员工能即时得到肯定激励和纠偏指导 |

续表

| 沟通环节 | 沟通内容 | 沟通时间 | 沟通目的 |
|---|---|---|---|
| 绩效考核沟通 | 对员工在该期内的综合工作表现和工作业绩进行全面的回顾、总结和评估，并将考核结果及相关信息及时反馈给员工 | 一个绩效管理周期结束时 | 使员工清楚了解本周期内自己工作的完成情况及组织评价 |
| 绩效改进沟通 | 针对员工在某个绩效考核期间存在的不足指出改进指导建议后，随时对改进情况进行交流评价、辅导提升 | 绩效管理过程中或月末绩效考评时 | 评价改进成果，促进绩效提升 |

2. 四个环节的沟通方法

表 1—5　　　　　　四个环节的沟通方法分解

| 沟通环节 | 主要沟通方式、方法 |
|---|---|
| 绩效计划沟通 | ①一同阅读岗位说明书，分析岗位、职位应承担的责任、工作标准、业务操作流程，工作条件、能力素质要求<br>②一同分析公司总目标、部门分目标，以及本职位对这些目标应有的贡献<br>③共同确定绩效目标，分解关键绩效指标，确定绩效标准及指标的权重，形成个人绩效指标体系文件<br>④共同制订行动计划，形成绩效计划书 |
| 绩效指导沟通 | ①了解员工的工作进展情况<br>②让员工对照自我月度（或阶段）绩效的目标内容进行自我评价，先倾听，适当的时候进行确认或询问，并做好记录。等员工自我评述完毕后，再逐项进行点评，告知你对其完成情况的评价与结论，并能运用关键事件进行说明讲解，避免主观臆断<br>③帮助员工分析未完成工作的内容、成功和失败的原因，以及工作中遇到的障碍<br>④肯定工作能力上的强项，指出有待改进的方面，指导员工在有待改进的方面做好记录<br>⑤交流探讨改进提升方案<br>⑥提供必要的培训，给予一定的支持和智力帮助，并告知员工会随时关注他，随时可以给予其支持和辅导 |
| 绩效考核反馈沟通 | ①分析被考核者对考核反馈的态度，把握其心理变化。被考核者对考核反馈经常持三种态度：一是认真听取，思索改进；二是无所谓，我行我素；三是接受有利的信息，对不利的信息持抵触态度，或找理由辩解，或直接反驳，或无声抵制<br>②先说明关注哪一方面的绩效，再告知员工其实际情况与所要求达到的目标间的差距<br>③绩效面谈对事不对人，焦点放在以考核数据为基础的绩效结果上。不要责怪和追究被考核者个人的责任与过错，尽量不带威胁性，最大限度地避免由针对个人的批评而引起反感、强辩与抵制，尽量强调客观结果 |

续表

| 沟通环节 | 主要沟通方式、方法 |
|---|---|
| 绩效考核反馈沟通 | ④谈具体，避一般。不要作泛泛的、抽象的一般性评价，要拿出准确数据和实例来支持结论。不仅找出缺陷，还要引导和鼓励被考核者自己诊断出问题的原因，共同制定解决问题的措施<br>⑤保持双向沟通，尽量形成对绩效评价的一致看法<br>⑥对下一阶段工作的期望达成协议<br>对不同沟通对象的沟通技巧：<br>•对优秀的被考核者，一要继续鼓励其上进，为其订好个人发展计划；二要提出更高的期望，而不要急于许愿<br>•对没有进步的被考核者，要开诚布公地与其讨论没有进步的原因：是不是现职不太适合，要不要换个岗位，工作中遇到了什么困难。通过讨论让其意识到自己的不足<br>•对绩效差的被考核者切忌不问青红皂白地指责或批评，应与其一道详细分析造成绩效差的真正病因，并一起制定相应的改进措施<br>•对年龄大的、工龄长的被考核者应特别慎重。因为他们或因看到比自己年纪轻、资历浅的人后来居上而自尊心受到伤害，或者是对未来前途、退休感到焦虑。所以对他们要格外尊重，肯定他们过去的贡献，耐心而关切，为他们出主意<br>•对过分雄心勃勃的被考核者，由于其过分雄心勃勃，会迫切期望得到提升和奖励。对他们要耐心开导，说明政策是论功行赏，用事实说明他们还有一定差距，但不能只泼冷水。可以跟他们讨论未来进展的可能性与计划；不过不要让他们产生错觉，以为达到某一目标就一定马上能获奖或晋升；要说明只要努力进步，待机会到来，自会水到渠成的道理<br>•对沉默内向的下级要耐心启发，用提出非训导性的问题或征询意见的方式，促使其作出反应<br>•对发火的下级要耐心地听他讲完，尽量不马上与其争辩和反驳。从其话语中听出气愤的原因，然后与其共同分析，冷静、建设性地找出解决问题的方法 |
| 绩效改进沟通 | ①跟进考察员工每一项绩效指标落实情况，逐一记录<br>②确定有限改进的项目，即时督促员工改进绩效问题<br>③制订绩效改进计划，明确具体的改进时间表和监督办法<br>④鼓励员工创造性地实施改进计划 |

## 四、员工关系管理沟通

人有多种个性特征。有的员工自以为是、脾气暴躁、平庸、爱找茬等，与这样的员工沟通应采取灵活的方法。

### 1. 与有本事但爱自以为是的员工沟通

要看到这类员工的长处，给其一些具有挑战性、回报率高的工作，制定较高的标准，要求他们及时汇报。出现问题时及时指出，并做出让其心悦诚服的批评，让其感觉到别的员工有比自己强的地方，这件事不是非他不可。

2. 与自控力弱、脾气暴躁的员工沟通

注意表扬这类员工做得好的部分，平时用各种方式与其增进感情，理解他们的想法与情绪，鼓励他们自己来做决定。在他们发脾气的时候暂时回避，或者故意低声缓和局面，情绪激动时不要急于做决定。用委婉的语言提出试探性的问题，找到他们发火的真正原因。

3. 与平庸的员工沟通

要重视这类员工的意见，加强感情上的交流，为其制订个人发展计划，定期帮助其总结，给他们一些实际的帮助，对他们的贡献表示真诚的谢意。

4. 与爱找茬的员工沟通

事先与这类员工商量，让他们有参与感，开诚布公地请他们发表反对意见，给他们一个倾诉的机会。如果这种态度影响到其他员工，就要直接指出来，给这类员工压力。不要对这类员工做人身攻击，以免两败俱伤，让其感觉到已被发现了身上的优点，以理服人。

## 五、沟通相关技能训练

（一）自我介绍

目的：培养学生的沟通意识，训练如何有效地将自己介绍给别人。

要求：在两分钟内以简洁形象的语言介绍自己，给大家留下深刻印象。

时间：第一节课

人员：全班同学

方法：1. 教师先作自我介绍。

2. 学生登台，面对大家简要介绍自己。

3. 教师点评学生自我介绍中存在的问题，包括语言、非语言、沟通礼仪等方面。

（二）口头语言与肢体语言表达

训练项目：游戏——讲故事

训练目的：提高语言组织与口语表达能力。

参加人数：把参加训练的学生分成10~15人的小组，每组独立活动。下面以两组为例。

用具：两个盒子，分别放于甲、乙两组面前的桌子上，里面各放进多于20张的小纸条，甲组的每张纸条上写5个不同的名词（如申辩、围城、跨越、沮丧、领悟），乙组的写1个词（如奥运会）。

地点：教室

游戏规则及程序：

1. 按顺序每次由一个人从盒子里随意抽取一张纸条，用 5～10 秒作准备，然后开始讲故事。讲故事的时间为：甲组不超过 3 分钟，乙组不少于 5 分钟。

2. 讲故事中，不允许有超过 3 秒的停顿或拖长音。

3. 甲组纸条上的 5 个词都要用到，次序可以打乱；乙组用纸条上的 1 个词编讲故事。

成绩评定

1. 甲组成员超过 3 分钟、乙组成员不足 5 分钟都算失败，不得分。
2. 每人如果有超过 3 秒的停顿，就算失败，不得分。
3. 如果在规定的时间内完成，则由大家来评定，评定的内容、标准见表 1—6。
4. 将评出的成绩填入表 1—6 "得分" 栏。

表 1—6　　　　　　　　　　成绩评定表

| 评价项目 | 评价内容及标准 | 得分 |
|---|---|---|
| 情节合理性 | 合理（5分），比较合理（3分），不合理（1分） | |
| 思维逻辑性 | 强（5分），中（3分），差（1分） | |
| 语言连贯性 | 强（5分），中（3分），差（1分） | |
| 内容寓意丰富健康且特色鲜明 | 好（5分），一般（3分），差（1分） | |
| 词汇运用恰当性 | 好（5分），一般（3分），差（1分） | |
| 语言简洁性 | 好（5分），一般（3分），差（1分） | |
| 语气适度性 | 适度（5分），一般（3分），差（1分） | |
| 语速适度性 | 适度（5分），一般（3分），差（1分） | |
| 表情、动作协调性 | 好（5分），一般（3分），差（1分） | |
| 总分 | | |

（三）上、下行沟通

**案例：**

**梁班长与王主任的意见冲突**

人员：杨畅，焊工班长，热心肠，直筒子脾气。

王主任，杨畅的顶头上司。

事件：这天正赶上"桑拿天"，天气十分闷热，压力容器里面的温度高达 50

多摄氏度,看到弟兄们挥汗如雨地干活,杨畅实在心疼,就跑去找王主任。王主任因为生产进度慢,交货期要延误的问题,刚刚挨了上级的批评,正在生闷气。下面是他二人见面后的对话。

杨:"主任,今天太热了,干脆让弟兄们歇半天吧!"

王:"你说歇就歇,耽误了生产进度谁负责!你是主任还是我是主任!"

杨:"那也不能拿弟兄们的生命当儿戏呀!"

王:"什么话,有本事你就找厂长去,别在这儿充好人。"

杨班长一片好心没有好报,气哼哼地回去了。

分析案例,回答下列问题,并将答案填入表1—7。

表1—7　　　　　　　　　　评价标准

| 人物 | 沟通中存在的问题(观察、倾听、语言、语气、眼神、肢体动作等方面)(40分) | 应采取的沟通方法(语言表达、媒介选择、行为方式等方面)(30分) | 化解冲突的办法(面谈、电话交流、电子邮件、请吃饭等活动中的具体做法)(30分) | 得分 |
|---|---|---|---|---|
| 杨畅 | | | | |
| 王主任 | | | | |
| 评价 | | | | |

上述沟通既包含上行沟通,也包含下行沟通。这个沟通显然是失败的。请分析原因,并找出解决办法。

1. 杨班长在沟通前作了哪些准备?是否注意观察王主任的情绪变化?
2. 杨班长提意见的方式和说话的语气有什么问题?
3. 王主任为什么发火?王主任的说话方式有什么问题?
4. 如果你是杨班长,你将怎样与上级沟通?如何化解矛盾?
5. 如果你是王主任,你应该怎样与下属沟通?当上述意见冲突发生后,你该如何化解?

该案例给你哪些启示?

案例启示提示:

与上级沟通,第一,要了解上级的类型,对待不同类型的上级应采用不同的方法;第二,要掌握沟通时机;第三,要尊重上级,给足上级面子,服从其指挥,维护上级形象;第四,与上级交谈时要察言观色,仔细聆听,做出回应;第五,语言表达要简洁、委婉、圆通;第六,工作上多请示、汇报,请求指导;第七,少说多做,解决好岗位职责内的难题。

与下级沟通要保持平等的态度,让下属发表意见,边倾听边做出回应,以示尊重；坦诚交流，诚心肯定并接受下级的建议和意见；多记住下级的名字，让下级知道你重视、关心、理解他们；容忍过错，宽容大度；对下级工作不力，应一"导"，二"扶"，三"逼"，四"换"。

（四）电话沟通

**案例：**

劳资主管小张回到办公室，准备把拜访营销部刘经理的经过写成报告。这时他的上司李经理从外面进来，坐到座位上，把办公室的灯关了。10分钟后，小张写完报告，看到灯还是关的，不知道李经理在做什么。这个时候市场部的小赵打来了电话问：

"小张，你们经理在吗？他的电话没有人接，我有急事找他签字。"

"经理在办公室，我看他在休息。你过10分钟打他办公室的电话。"

讨论：

1. 小张的回答是否恰当，恰当在何处？不恰当在哪里？请说明理由并填入表1—8。

表1—8　　　　　　　　　　对小张电话答复的评价表

| 评价项目 | 评价说明 | 评价得分 | | | | |
|---|---|---|---|---|---|---|
| | | 5 | 4 | 3 | 2 | 1 |
| "在休息"这一判断的准确性 | | | | | | |
| "你过10分钟打他办公室的电话"这一回答的语气的适宜度、内容的合理性 | | | | | | |
| 小赵对小张的回答会有什么反应 | | | | | | |
| 小张的回答可能产生什么结果 | | | | | | |
| 其他 | | | | | | |

2. 小张怎样说比较好呢？试设计三套比较得体的回答方案填入表1—9。

分析提示：

小张明明只看到李经理把灯关了，他怎么知道李经理在休息呢？可能李经理是在思考问题，也可能怕别人打扰，在给重要客户打电话。"李经理在休息"是小张的主观推断，而不是事实，这样说很可能让市场部的小赵产生误解。李经理在工作时间休息，很可能成为公司的流言，最终伤害到李经理，也会伤害到小张。

表1—9　　　　　　　　　对小张电话答复的改进建议

| 序号 | 内容 | 评价得分 | | | | |
|---|---|---|---|---|---|---|
| | | 5 | 4 | 3 | 2 | 1 |
| 改进建议一 | | | | | | |
| 改进建议二 | | | | | | |
| 改进建议三 | | | | | | |

（五）面试沟通

1. 命制面试题

假如你所在的公司要招聘一位培训主管，经过笔试筛选后留下三位候选人参加面试，三位都是人力资源管理专业的本科毕业生，一位来自另一个企业，有一年的培训助理经验；另一位来自一所高校，做过一年的教师；还有一位是刚毕业的学生。请你为这次面试编制一份面试评价项目与要素权重系数表，一份面试问题提纲，一份面试评分表。

要求：

根据培训主管的岗位职责、岗位能力分解来编制评价项目、要素权重系数和面试问题提纲。

提示：可以参考前面讲过的案例。

修正面试问题：

请将表1—10中的封闭式问题修正为开放式问题。

表1—10　　　　　　　变封闭式问题为开放式问题修正表

| 封闭式问题 | 开放式问题 |
|---|---|
| 1. 当你与你的上司有意见分歧时，你是服从他还是坚持自己的观点？ | |
| 2. 你觉得工作中最大的激励是获得金钱，还是获得成长的机会？ | |
| 3. 你喜欢权力型的管理风格，还是民主型的管理风格？ | |
| 4. 在你以后的职业生涯中，你是继续在这个领域工作，还是另有选择？ | |

续表

| 封闭式问题 | 开放式问题 |
| --- | --- |
| 5. 你在分派任务时,是分派给最听话的人有能力完成任务的人,还是对工作表现出兴趣的人? | |
| 6. 你觉得招聘员工时,品德最重要,还是技能及业务水平最重要? | |
| 7. 在日常工作中,你是喜欢独立完成任务,还是更愿意与别人合作完成任务? | |
| 8. 你认为目标和行动哪一项更重要? | |

2. 命制实践模拟

(1) 分组。每组 4～5 人,一人做应聘者,其他人做面试考官。

(2) 场景。企业为某大型商场,应聘者是应届高职院校文秘专业的毕业生,应聘岗位是办公室秘书,笔试已过,进入最后的面试程序,由 3～4 位考官进行面试。

(3) 任务。现制面试问题、评分表格,现场模拟面试沟通。

(4) 要求。考官组分工合作;面试问题要包括多种类型,数量不少于 10 个;提 7～8 个问题,可以将结构式面试题与非结构式面试题进行组合,灵机应对;注意营造一个宽松和谐的面试沟通气氛;考官和应聘者都要注意面试礼仪。

(5) 考核。对每名同学的表现,从命题、提问和回答、礼仪三方面进行量化打分。

(六) 绩效面谈沟通

背景资料:

人物:正科长 A,副科长 B,组长 C。

事件:组长 C 由于计划不周造成资金预算不足,人手不足,设备不够,影响了任务的完成;由于放松对青年员工的指导教育,使他们时有迟到、工作期间闲聊,使工作效率降低、次品率增加等问题频发。对此人事科正、副科长 A 和 B 在绩效指导和反馈阶段,分别与组长 C 就计划、管理问题进行了面谈。

沟通内容要求:

借鉴前述绩效沟通四个阶段的沟通方法,用角色扮演和场景模拟法,以科长 A 和副科长 B 的身份,与组长 C 反馈其绩效缺陷,帮助其分析原因,共商改进意见。

沟通举例:

A1："你们组的计划工作这回可很不理想啊，你瞧瞧这些数据，你们这次是全科任务完成得最糟的一个组，是不是？"

B1："你们这次完成的任务是全科最糟的一个组，你是怎么搞的，真差劲！"

C1："你们清楚，我组没完成任务是有原因的，你们对我这么评价是不公平的。"

……

A2："你上回要求追加预算，增拨设备，还要增加加班工时，当时事态紧急，我是批了，但你们事先为什么没仔细考虑，没有预料到这种可能发生的情况？这说明你们的计划做得很马虎。"

B2："你对计划工作根本不重视，太不认真。"

C2：（无语）

训练任务：

1. 分析两位科长在评价组长绩效缺陷时存在的问题。

2. 场景模拟

找三位同学，轮流扮演正科长、副科长、组长，进行绩效缺陷面谈。再找一名同学以观察者的身份做观察记录。

程序与方法：

（1）先做绩效面谈设计，将设计方案填入表1—11。

表1—11　　　　　　科长对组长的绩效面谈设计表

| 面谈项目 | 正科长的面谈设计 | 副科长的面谈设计 |
| --- | --- | --- |
| （1）计划制订情况：计划的目标比较含混，缺乏具体数据；对残、次品缺少防范措施；对设备投资、维护没有详细的预算和时间表；缺乏紧急事故处理预案；员工培训、考核措施不具体 | | |
| （2）计划完成情况：产品生产指标只完成70%，残、次品率超过9%，原材料浪费比较严重，产成品成本超过其他组的水平 | | |
| （3）班组管理情况：小组纪律松散，组员迟到、矛盾争执的情况时有发生，生产现场管理比较混乱 | | |

(2) 进行绩效面谈。

(3) 观察者介绍面谈中每个人的沟通特点及沟通效果。

(4) 评价。将评价结果填入表1—12。

表1—12　　　　　　　　绩效面谈评价表

| 对两位科长绩效面谈的评价 | 正科长 | 副科长 |
|---|---|---|
| (1) 评价内容 | | |
| 面谈反馈了哪些内容？ | | |
| 运用了哪些语言和方法？ | | |
| 提出哪些改进建议？ | | |
| 哪些建议比较容易接受？ | | |
| 哪些面谈语言或方法需要改进？ | | |
| …… | | |
| (2) 评价得分（满分20分） | | |
| 赋分项目及分值： | 赋分标准：不恰当处较多得1分；不恰当之处较少得2分；比较恰当得3分；恰当得4分；很恰当得5分 | |
| 面谈内容（5分） | | |
| 语言，包括口头、文字和肢体语言使用（5分） | | |
| 面谈方法（5分） | | |
| 合理化建议（5分） | | |

讨论提示：

绩效面谈应对事不对人：A1直面小组绩效，易被接受，B1则有人身攻击，易激起对立情绪。

绩效面谈应谈具体，避一般：A2列举出具体事件，具有说服性。B2则太空泛，很难让人服气。

不仅找出缺陷，更要诊断出原因：A2分析出计划做得马虎是问题的直接原因，对改进工作有指导作用，容易被接纳。B2对态度定性未必准确，难以让人接受。

(七) 员工矛盾解决沟通

**案例：**

### "告状"信引发的沟通

人物：销售部主管胡健，销售部经理吴仕峰，人力资源部经理孙薇。

背景资料：

孙薇在她的工作信箱里收到了几封"告状"信，是市场部的多位员工状告本部门的一个主管胡健的。缘由是：不知何故，胡健对公司的人和事都抱有一种敌对心理，且频繁而公开地表现在工作中，比如，他不会轻易与公司内部的同事沟通，与部门内的同事就工作问题进行协调时，一言不合就大发雷霆，动辄就把办公用品扔到地上；同事向他咨询工作问题时，他总是有意识地含糊推托。更要命的是，他词锋犀利，奚落同事的时候往往让人说不出话来，无从反驳。不少与他发生过争执的同事都把过程与结果反馈到人力资源部，希望人力资源部能够"主持公道"，更有员工威胁说，如果胡健下一次仍然以这样粗暴的态度对人，肯定会以辞职了结，因为"受不了他的侮辱性语言"。

场景一：

孙薇看完"告状"信，查看了市场部的绩效考核结果汇总，其中反映出胡健的个人能力非常强，在部门内的表现堪称出色，作为他的直接上司——市场经理吴仕峰对他的绩效非常满意。

孙薇对比了"告状"信和绩效评价，觉得人力资源部需要出面干预了。

实训任务一：

1. 如果你是孙薇，你打算如何干预？请提出设想，做出沟通计划，填入表1—13。

表1—13　　　　　　　　沟通计划表

| 沟通主体 | 沟通对象 | 沟通内容 | 沟通时间 | 准备工作 | 预期效果 |
| --- | --- | --- | --- | --- | --- |
|  |  |  |  |  |  |
|  |  |  |  |  |  |
|  |  |  |  |  |  |
|  |  |  |  |  |  |
|  |  |  |  |  |  |

2. 计划实施

你是孙薇,按照你的沟通计划,请几位同学扮演你计划中的角色,开始访谈、调查、面谈、开会等,尝试解决"告状"者与胡健之间的矛盾冲突,看看是否能达到预期效果。

再请一名同学记录下沟通中每个人使用的语言、非语言沟通的效果,采用的其他沟通方法、沟通技巧等。

3. 同学分组讨论

讨论题:

(1) 沟通计划安排合理之处和不足之处。
(2) 沟通实施中遇到哪些沟通障碍,如何化解的?
(3) 使用语言、非语言沟通需要注意哪些问题?
(4) 与平级沟通和与下级沟通都要注意哪些事项?
(5) 此次沟通达到了哪些预期效果?

讨论后各组选一名代表到全班交流本组观点。

4. 教师点评、考核

由同学评出优秀沟通者,教师根据同学的表现分别给定成绩。

将上述问题讨论和评分的结果填入表1—14。

表 1—14　　　　　　　　场景一评价表

| 评价的项目 | 内容描述 | 评分 |
| --- | --- | --- |
| 沟通计划中的合理与不足之处 | | |
| 计划实施中存在的沟通障碍及解决办法 | | |
| 语言、非语言沟通需要注意的问题 | | |
| 计划实施的预期效果 | | |
| 合计 | | |

场景二:

孙薇与几位发邮件"告状"的员工做了面对面的沟通,想收集胡健公开明显的敌对心态影响同事的例子,试图了解这种心态背后的因素。

孙薇选择了一个非常轻松的时机,与市场部经理吴仕峰就这个问题进行了沟通,想了解吴仕峰对此事的态度,并邀请吴仕峰一起与胡健面谈。

实训任务二：

1. 请组成 8～10 人的小组，每组分别模拟面谈。
2. 各组找一名同学做观察员，记录（或采用录像录音设施录下）沟通中每位同学的表现。
3. 全班交流各组模拟面谈的结果。
4. 由观察员报告各组同学的表现。
5. 评出面谈的优秀者 1～2 人。
6. 教师为每位同学打分。

将上述问题讨论和评分的结果填入表 1—15。

表 1—15　　　　　　　　　　场景二评价表

| 评价的项目 | 内容描述 | 评分 |
| --- | --- | --- |
| 沟通程序的合理性 | | |
| 对沟通中意外情况处理 | | |
| 面谈内容准备的充分性 | | |
| 面谈是否取得了积极的效果 | | |
| 合计 | | |

场景三：

孙薇与吴仕峰一起同胡健面谈。

孙薇：胡健，你的行为已经严重影响了同事的士气，影响了同事对你个人的看法，你自己怎么看这件事。

胡健：我的这些行为都不违反任何规章制度，作为人力资源部无权干涉。

孙薇：如果个别员工也采取这种行为对待你，你会有什么样的感受？

胡健：现在多数员工都是用这种行为对待我的，我并没有觉得有什么不妥。所以人力资源部今天所做的事情，是听了太多的闲话，管了不该管的事情。

生性温和的孙薇一时无言以对，用求助的目光看着吴仕峰，吴仕峰却一言不发地把视线转到他处。

谈话在尴尬的气氛中不欢而散。

事后，孙薇责怪吴仕峰没有出言相帮。吴仕峰苦笑着回答说，胡健太厉害了，本来就是歪理一大堆的员工，我惹不起。照我来说，当有员工的行为情感或个性失调造成员工冲突时，你们人力资源部很容易把它当成会演变成为员工士气与工作效率的心病。其实，你们的确是不要也不用去管。孙薇目瞪口呆，心想难道是人力资源部错了？

实训任务三：

1. 分组讨论孙薇与胡健沟通失败的原因。
2. 三人一组，以你们认为应该采取的方式模拟此次面谈。
3. 选出优秀组在全班展示面谈沟通。
4. 全班同学点评优秀组在面谈沟通中的成功之处和应改进的地方。
5. 教师点评，并给每个同学打分。

将上述问题讨论和评分的结果填入表1—16。

表1—16　　　　　　　　场景三评价表

| 评价的项目 | 内容描述 | 评分 |
| --- | --- | --- |
| 孙薇与胡健沟通失败的原因 | | |
| 面谈沟通中的成功之处 | | |
| 面谈沟通中待改进的地方 | | |
| 沟通效果评价 | | |
| 合计 | | |

成绩考核：用三次面谈成绩之和作为总成绩。

# 第二单元　人力资源信息调查技能实训

【学习目标】

通过本单元的学习与训练，使实训对象能够了解信息调查的基本方法，熟悉各种方法的操作流程及其在人力资源管理中的运用，并通过实训掌握常用的人力资源管理信息调查技能。

【本章重点】

信息调查方法；人力资源信息调查。

【关键技能】

信息调查方法选取；调查问卷设计；访谈提纲设计；调查报告撰写。

信息的搜集与沟通是人力资源管理中的重要内容。无论做工作分析、人力资源规划、招聘、培训，还是进行薪酬与绩效管理，都离不开对相关信息的调查与分析。人力资源信息的调查技能是做好一系列人力资源管理工作的重要保证，也是一个很好的操作工具。

在管理中最经常用的人力资源信息搜集方法有四种，即资料分析法、问卷调查法、访谈调查法与观察法。在现实工作中，信息搜集者可根据人员类别、职业分类和工作内容选择一种或几种合适的方法。

无论采用何种方法，人力资源信息调查一般都要遵循信息搜集的规律：首先确定所要搜集的信息是否满足所要做的工作需要；其次分析拥有信息的对象，确定实施搜集信息的方法和方案；再次确定信息的可信性与有效性，最后分析信息得出结果，并把分析结果应用到管理过程中。

# 第一节 人力资源信息调查方法

## 一、资料分析法

1. 资料分析的意义

人力资源管理的对象是人，人具有自身的特殊性，研究与员工、员工的职位内容和员工的权限相关的信息时，若方法采用不当就可能会受到研究与被研究者有意识或无意识的干扰。例如在了解不同职位的责任时若采用访谈法就会受到被研究者的干扰，因为每一个被研究者都试图证明自己的职位非常重要。人力资源的信息调查一般都由人力资源部门的人员来做，为了降低搜集信息的成本，人力资源管理人员就应当充分利用现有的资料，对每一项工作的任务、责任、权利、工作负荷、任职资格等有一个大致的了解，这也为进一步的访谈或问卷调查奠定了基础。所谓资料分析法就是对已经存在的文本数据资料进行定性或定量的分析。

2. 资料的种类和使用

常见的文本资料有员工手册、工作流程图、工作日志、作业统计、岗位责任制度、员工名册、人员流动情况表、工资报表、人事档案、已有的研究报告等。在进行人力资源信息调查的初期或需要对有一定规模的组织进行快速的总体把握时，可以对这些文本资料进行分析，并为进一步的信息调查奠定基础。

例如：若了解某企业的职位分类可参考如图2—1所示的组织机构图。

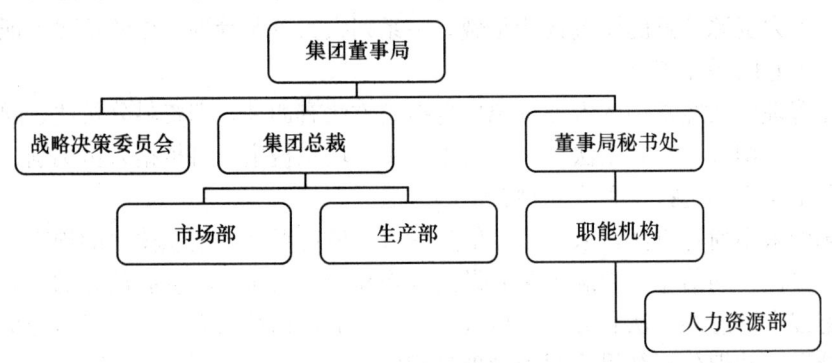

图2—1 某企业的组织机构图

通过查看此组织机构图可以很容易了解该集团的内部职位分类，职位之间上下级关系，若再根据职位查看其岗位责任书，将会对某职位的职责、工作权力所辐射的范围等内容有大概的把握。

若想了解一个企业的文化或观念方面的内容，就可分析企业内部时常用来进行宣传的资料。无论是文字、数字还是图片、影音资料，人力资源管理人员通过分析后将会快速了解整个组织的基本情况。若要进行深入了解则需要求助于其他搜集信息的方法。

资料分析法对信息加工整理的要求比较高，因为资料自己不能发出声音、发表看法，需要搜集者帮助它们说话，对资料进行深入研究，并从中发现新问题。

在实际应用中，一般小企业或管理落后的企业所保存的资料往往不齐全，管理制度不完善，资料分析方法就无法起到应有的效果。这时就需要采用其他办法搜集有效和及时的信息。

3. 示例：海尔的企业文化

**案例：**

"有生于无"与"以柔克刚"

海尔的企业文化是被全体员工认同的企业领导人创新的价值观。

有一次，张瑞敏首席执行官出访日本一家大公司。该公司董事长一向热衷中国至理名言。在这位董事长介绍该公司经营宗旨和企业文化时，阐述了"真善美"，并引述老子思想，张瑞敏也发表了自己看法：《道德经》中有一句话与"真善美"语义一致，这就是"天下万物生于有，有生于无"。

张瑞敏以这句话诠释了海尔文化的重要性。他说，企业管理有两点始终是我铭记在心的：第一点是无形的东西往往比有形的东西更重要。当领导的到下面看的有形东西太多，而无形东西太少。一般总是问产量多少、利润多少，没有看到文化观念、氛围更重要。一个企业没有文化，就是没有灵魂。第二点是老子主张的为人做事要"以柔克刚"。张瑞敏说："在过去人们把此话看成是消极的，实际上它主张的弱转强、小转大是个过程。要认识到作为企业家，你永远是弱势；如果你真能认识到自己是弱势，你就会朝目标执着前进，也就会成功。"

有一次，一位记者问张瑞敏："一位企业家首先应懂哪些知识？"张瑞敏想了想说："首先要懂哲学吧！"张瑞敏能联系企业实际，从老子思想中悟到"无"比"有"更重要、"无"生"有"的道理，也悟出柔才能克刚、谦逊才能进取的为人做事之理。骄横与张扬永远是企业衰败之源。

（摘自：海尔集团官司方网站，http://www.haier.cn）

## 二、问卷调查法

1. 问卷调查法的含义

问卷调查法是人力资源管理人员利用设计好的调查问卷或调查表，让员工自己填写或对其进行访问，从而系统、直接地从所选择的员工样本那里收集资料的方法，问卷调查法一般以定量的统计分析为主。若调查问卷的问题多为开放式问题，则可采用定性的统计分析方法。若有过多的开放题，并且需要员工用大量的文字进行描述则不太适合采用问卷调查法，更适合用访谈法。

2. 问卷调查法的优点

（1）问卷调查法节省时间、经费和人力。

（2）问卷调查法具有很好的匿名性。

（3）问卷调查法所得的资料便于定量处理和分析。

（4）问卷调查法可以避免主观偏见，减少人为的误差。

所以问卷调查法的前提是对所要搜集的信息非常明确，只有如此才能够设计出标准化的问卷。该方法适用于有一定规模的企业。当企业员工较多、职位类别较多时，可让员工进行自填，若员工不多可进行一对一的访问。

问卷调查法一般要求所询问的问题不能太多、太深、太难，多是了解一般性的问题，针对特殊的岗位职责内容需要选择好所要调查的员工，从而保证问卷的有效性。

3. 问卷调查法的缺陷

（1）问卷回收率有时难以保证。

（2）要求被调查者具有一定的文化水平。

（3）问卷调查资料的质量常常得不到保证。

4. 示例：卫生机构人力资源基本信息调查表

现以卫生部对其下属的人力资源状况进行调查所设计的问卷为例，具体样式如下：

```
_____年                          表    号：卫统 2 表
                                      制表机关：卫生部
Z01 组织机构代码□□□□□□□-□      批准机关：国家统计局
Z02 机构名称                          批准文号：国统函〔2002〕5 号
Z03 姓名_____                    有效期至：2004 年
Z04 身份证号码□□□□□□□□□□□□□□□□□□
Q1 出生日期    □□□□年□□月□□日
```

续表

```
Q2 性别（1 男，2 女）       □
Q3 民族名称         ，代码□□
Q4 参加工作日期      □□□□年□□月
Q5 办公室电话号码    □□□（区号）-□□□□□□□□
Q6 个人电子邮箱（e-mail，自愿填写）_____
Q7 所在科室名称          ，代码□□
Q8 从事专业（执业）类别       ，代码□□
Q9 执业范围代码（执业（助理）医师、卫生监督员填写）  ①□□ ②□□ ③□□
Q10 行政/业务管理职务代码（科室副主任及以上人员填写）□
  1. 党委（副）书记  2. 院（所、站）长  3. 副院（所、站）长  4. 科室主任
  5. 科室副主任
Q11 专业技术资格名称（评）       ，代码□□□
Q12 聘任专业技术职务代号    □
  1. 正高  2. 副高  3. 中级  4. 助理/师级  5. 员/士  6. 待聘
Q13 学位/学历代号    □
  1. 博士  2. 硕士  3. 学士/大学本科  4. 大专  5. 中专  6. 高中  7. 初中及以下
Q14 所学专业代码      □□
  11. 医疗（西医）  12. 中医  13. 口腔  14. 护理  15. 公共卫生  16. 药学  17. 检验
  21. 工程  22. 信息/计算机  23. 经济  24. 统计  25. 会计  26. 法律  99. 其他
Q15 出国留学学习时间（累计月数，出国留学人员填写）□□
Q16 出国留学派出渠道（多次多选，出国留学人员填写）  ①□ ②□ ③□
  1. 世界卫生组织奖学金  2. 川医学奖学金  3. 世界银行贷款  4. 教育部
  5. 省市院校双边交流  6. 单位/自费公派  7. 自费  9. 其他
Q17 年内接受培训（多项多选，培训人员填写）  ①□ ②□ ③□
  1. 住院医师规范化培训已合格  2. 正在接受住院医师规范化培训
  3. 接受继续医学教育≥25学分  4. 接受继续医学教育<25学分
  5. 其他岗位培训  6. 进修半年以上
Q18 年内承担科研课题项目（多项多选，承担课题人员填写）  ①□ ②□ ③□
  1. 自然科学基金  2. 国家科技计划  3. 卫生部科技专项
  4. 省级科技计划  9. 其他
Q19 专科特长（医院主任、副主任医师填写）：①_____ ②_____ ③_____
被调查人        单位负责人        填表日期   年  月  日
```

（摘自：办公资料库，http://www.oQ66.com/）

此问卷一般是自填的，故问题不多并且容易理解，被调查者很容易就能完成。

## 5. 问卷设计的注意事项

在进行问卷设计时一般需要注意以下几点：

(1) 问题形式。一般客观问题或描述性问题用封闭式，主观的问题或探索性的问题用开放式。

案例中 Q10 行政/业务管理职务代码（科室副主任及以上人员填写）□
1. 党委（副）书记　　2. 院（所、站）长　　3. 副院（所、站）长
4. 科室主任　　5. 科室副主任

被调查者只能在所提供的 5 个职务中选择，这就为封闭式问题。封闭式问题往往询问客观存在的现象，优点是方便统一口径，有利于统计分析，但缺点是影响问题的深度。案例中 5.1 专科特长（医院主任、副主任医师填写）：①_____，②_____，③_____。即为开放式问题。开放式问题优点是可以挖掘出有深度的信息，缺点是不易统一指标进行对比分析。案例中的调查表所询问的问题简单，并且多是客观问题，选择多于填空或写大量的文字，基本上属于以封闭式问题为主的调查问卷。

(2) 匿名填写。一般的调查问卷都是匿名式的，但若问卷是上级调查下级，可以采用非匿名的。当企业内部对相对敏感的问题进行调查时一定要采用匿名的方式，否则会影响问卷的信度。如对员工的日常表现进行内部评价，实名方式将会影响真实的评价结果，并可能影响员工之间的关系。

(3) 问题无歧义。问卷调查的最大优点就是标准统一，所以调查的问题在写法上就要清楚明了，不要模糊甚至有歧义。

如某公司对内部员工进行调查，其中有一问题如下：

Q1. 一天结束时，您感觉如何？
A. 疲惫不堪，全身不舒服。
B. 为能维持生活而感到高兴。
C. 有时觉得累但很充实。

首先，此问题是主观题，不适合进行完全封闭式的询问。其次，"一天结束时"存在歧义，有些员工可能会理解为规定的工作时间结束，有些员工可能会理解为一天的活动结束，规定的工作时间只是其中的一部分。另外三个答案也表达得模糊不清，如 B 选项，若不高兴怎么选择？

再看 Q2 的表述：

Q2. 您觉得公司的管理制度完善吗？您认为哪些方面还有待完善？
A. 很完善　　B. 较完善　　C. 不太完善

此问题存在逻辑性的矛盾，并且一题多问，所问内容定义不清，让回答者无法选择答案。

Q3. 您觉得实行"6S"管理制度以来工作环境改善大吗？还有哪些地方可

以改进？

　　A. 很大　　B. 较大　　C. 差不多

　　此问题有些专业，一般的企业员工，特别是生产部门或销售部门的一线人员不了解所谓的"6S"管理制度。问题有开放式问题但却没有给予开放式问题的回答空间。

　　（4）问题数量及难度适中。问卷的问题不要设计得太多，问卷太厚影响回答者的情绪，导致不答或乱答的现象。根据员工文化素质的不同，设计相匹配的问题，如技术性、专业性的问题往往要求员工的专业水平较高，一般员工是无法回答的。问题的内容也不要让员工花太长的时间去思考、回忆或计算。如在年底让员工填写一年中都具体做了哪些工作，会让员工花许多时间去查找核对，并且有可能有些还查找不到，从而无法填写完整。

　　（5）合适的措辞。对员工敏感的问题要措辞得当，不要伤害员工的自尊心。对员工不熟悉的问题要用通俗的语言，并概略一些、浅显一些、间接一些，数量也应少一些。反之，对员工熟悉的问题可相对详细、深入，提问可比较直接，问题的数目也可适当多一点。

　　当然在问卷设计中还有许多其他的注意事项，在此不一一列举。高质量的问卷往往能够有利于获取有效信息，高质量的问卷要求设计者具有较强的行业知识和丰富的人力资源管理知识。

　　6. 问卷调查法的程序

　　（1）探索性工作。通俗地说，就是先摸摸底，熟悉和了解一些基本的情况，以便对各种问题的提法和可能的回答有一个初步、感性的认识。

　　（2）设计问卷的初稿。人力资源管理人员首先可以自己动手设计问卷初稿。其次，根据研究假设和所需资料的内容，人力资源管理人员具体地写出每一个部分中问题及答案，并安排好这些问题相互间的顺序。再次，人力资源管理人员根据回答者阅读和填答问卷是否方便等情况，对所有问题进行检查、调整和补充。最后，人力资源管理人员将调整的结果重新抄在另一张纸上，形成问卷初稿。

　　（3）试用和修改。问卷设计中的不足或缺陷会在使用阶段发现，故在正式调查前一定要进行试调查。所谓试调查即在局部寻找一些小样本进行如正式调查一样的调查，查看问卷是否存在问题，若有可立即修改。待试调查几乎查找不到问题时可正式制作大量的问卷，并展正式的调查。

　　7. 案例练习

　　表2—1是某公司在进行职位分析时所需要搜集的信息材料，依据项目模块

和具体项目的内容要求设计一份职位分析问卷，岗位可选择所熟悉的一种。

表2—1　　　　　　　　　　　职位分析的信息表

| 项目模块 | 具体项目 |
| --- | --- |
| 基本情况 | 姓名 |
|  | 部门 |
|  | 现任岗位 |
|  | 学历 |
|  | 所学专业 |
|  | 工龄 |
|  | 进入本岗位的时间 |
|  | 月平均收入 |
|  | 自参加工作以来从事本岗位工作时间 |
|  | 对本岗位工作的兴趣 |
| 工作内容分析 | 工作内容 |
|  | 工作具体任务 |
|  | 工作职责：具体工作责任，管辖的范围和员工数目，工作时间，工作失误的影响和处理办法 |
|  | 工作技能和任职资格的要求 |
|  | 与其他工作的相关性 |
|  | 完成工作任务的困难程度 |
| 工作环境 | 上下级关系 |
|  | 内部之间的沟通情况：目的、机会、频度和内容 |
|  | 与外部的沟通情况：目的、机会、频度和内容 |
|  | 工作环境的宽松程度和自由程度 |
|  | 工作压力 |
|  | 受培训经历和提升机会 |
|  | 监督 |

### 三、访谈调查法

**1. 访谈调查法的含义**

访谈调查法是指通过与员工进行口头交谈而获得第一手资料的方法。在人力资源管理中，一些员工的工作具有自身独特的特征，只有工作者本人才对所做的工作具有发言资格，这时若采用针对一般员工的问卷调查法将无法对该员工的工作职责做深入的了解。

2. 访谈调查法的适用范围

访谈调查法一般适用于要了解员工对现在工作和工作环境的评价、对于自己职业生涯的设计、对下一步工作的具体计划等内容，多是关于工作技能、知识、态度或观念等信息的调查。

3. 访谈调查法的类型

访谈调查法的类型有重点访问、深度访问和座谈会。

（1）重点访问。所谓重点访问就是集中进行某一经验及其影响的访问。与统计调查中的重点调查不同的是，重点访问的重点不是指访问对象的重点挑选而是访问所侧重的内容，因为某件人事变动的刺激，可能导致员工在特定情景下产生特殊的反应，管理者从这些反应中获得信息，加以解释。

如在《劳动合同法》颁布后，××公司补偿10亿元，鼓励7 000多名老员工辞职，以工龄清零规避《劳动合同法》中关于无固定期限劳动合同相关规定的举措。"任总最喜欢搞运动。"肖可说。肖可（化名）是××公司工号在10 000以内的普通老员工，他指的这次运动是被外界传得沸沸扬扬的"××公司大规模集体辞职"事件；该公司要求包括任××在内的所有工作满8年的员工，在2008年元旦之前都要办理主动辞职手续，竞聘后再与公司签订1～3年的劳动合同；废除现行的工号制度，所有工号重新排序。

（摘自：《我所经历的××公司"集体大辞职"》，中国经营报，2007－11－04）

若想了解在"××公司大规模集体辞职"事件中××公司员工的反应或感想就需要进行深入的访谈，要求"员工集体辞职"将会使大量的员工产生失业的恐惧感。这种感受是不能用简单的定量问卷测定的。

在企业人力资源管理中，员工经常会发生集体性的行动，如某个部门的部门经理离职经常会导致该部门在一定时期内军心涣散，若不及时了解信息采取措施，将会产生部门的瘫痪。若及时了解部门经理走后员工的心态就需要人力资源管理人员对其进行访谈，了解经理走后目前的工作任务分布、心理状态等信息。

无论是企业中重大的人事变革还是员工自发的可能引起的人员变动，只有经历事件的员工才会形成自己独特的感性认识，这就需要采用重点访问的方法来挖掘事件对员工所造成的影响，经历此事件的员工下一步可能会采取的行为。

（2）深度访问。深度访问又称深度访谈，是为搜寻特定经验及其行为动机的主观资料所做的访问，常采用的方式是面对面的交谈。深度访问与重点访问有相似的地方，但深度访问重在个体的独特经验而非对事件的经验。

深度访问一般要求先罗列出一个简单的提纲，以使访问更有目的性。

例如：某公司新出台的员工薪酬管理办法已经试行半年，人力资源部门想了解新的管理办法在职工中的认可度，就设想了一个访谈提纲。

Q1. 您能否谈谈新的员工薪酬管理办法对您的影响？

Q2. 您发现新的员工薪酬管理办法对您周围的员工可能产生了什么影响？

Q3. 您觉得新的员工薪酬管理办法的优缺点都有哪些？

Q4. 若您经历过旧的薪酬管理办法，那么请您评价一下新旧制度？

Q5. 您能否对新的员工薪酬管理办法所起的成效做个总体的评价？

Q6. 您觉得人力资源部门是否还需要对目前的制度进行变革？若需要请讲一下具体应该在哪些方面进行变革？

Q7. 您对薪酬管理办法的改革有何良策或其他的建议或意见？

深度访谈曾被美国一些人力资源管理者作为最有效、最可信赖的搜集信息的方法。与员工面对面地进行交流，可以充分了解员工的工作情况、个人对工作的想法、员工的发展计划，以及在工作中存在的问题等信息。员工通过一对一的深度访谈会感到自己获得了反馈信息的机会，自身的存在受到了重视。

故深度访谈一般用于了解员工的主观感受和个体经历，所搜集的信息有深度，一般情况下无法量化。深度访谈的缺点就是对访问者要求较高，要能够与员工建立信任关系，因为一般员工是不会对人力资源管理人员轻易吐露自己在工作中遇到的问题和自己的不足。若没有建立彼此信任的交流平台，深度访谈将不会起到应该起的作用。

（3）座谈会。重点访问与深度访谈一般都是一对一的交流，可以采用正式或非正式的方式进行。座谈会往往是以集体研讨的方式进行，将一些员工聚集在一起同时进行访问。访谈的过程不仅是人力资源管理者与员工之间的社会互动，而且员工之间也可就共同的话题进行互动，交流自己的想法，提出自己的建议。

座谈会的人数一般以5～7名员工为宜，最多不超过10名，并且参加的员工对某个问题要有一定的共性，并且敢于发言，一定要避免把有过节的员工放在一起就有矛盾的话题进行讨论。

座谈会的访问方式往往采用头脑风暴法与反向头脑风暴法。所谓头脑风暴法是指人力资源管理者不说明此次议题的明确目的，而只就某一方向的总议题，请员工自由地发表自己的看法或意见。人力资源的管理者不对此议题发表自己的意见，更不能对别人的意见提出批评。

反向头脑风暴法则是人力资源管理者首先列出某方面的问题，不仅自己发表意见，而且必须针对员工的意见进行反驳或评价，以寻求对某一议题达到共同的理解，并能够找到解决问题的途径。

采用座谈会的方法搜集信息的优点就是信息来源更广泛，可同时访问若干个员工，可节约人力、时间，较快地获得所需要的信息；同时由于员工之间有互动、互相启发、互相补充、互相核对、互相修正，从而使获得的资料更完整准确。缺点就是容易产生一种"团体压力"，使级别低的或保守的员工愿意顺从多数人的意见而不愿意表示自己的异议，同时座谈会一般不要涉及太敏感、容易引起员工之间争吵的议题。

例如：企业的人力资源部门可定期或不定期地召集企业的一线工作人员进行座谈，让其对企业的总体发展状况进行讨论，最好能够指出目前急需解决的问题。员工会对这样的议题感兴趣，并可由此培养员工的主人翁精神。对共同问题的探讨可加强员工之间的感情，也可把关系员工切身利益的事情作为议题，强化员工的参与。

总之，访谈调查法的优点就是若访谈的提纲是结构化的，将会很容易转换为调查问卷，故许多时候访谈调查法与问卷调查法可结合起来使用。访谈调查法比自填问卷回收率高，应用范围更广泛，可在访谈中获得许多非语言信息。其缺点就是成本高、时间长、访问规模受限制，对于一些敏感性、尖锐性、隐私性问题的回答效度不高。由于访谈调查法是短时间的接触与交流，故不像观察法那样能够提供对员工的真实工作环境的深切感受。

4. 访谈调查法的一般程序

不论是重点访问、深度访谈还是座谈会，都要遵循一定的程序展开。

（1）访问准备。根据研究目的选择适当的访问方法，对所访问的员工有所了解，从而确定选择哪些员工作为适当的访谈对象，拟定实施访问的程序表。然后准备所需要的工具和材料。

（2）进入访问。联系要进行访问的员工，并说明访问的目的，告诉员工是如何被选出来的。在打消员工不必要的顾虑后，开始进行访问。

（3）访问过程的控制。从一个议题转向另一个议题时最好做到转换过程中不露痕迹，要避免跑题，并不要以管理者的姿态粗鲁地打断员工激情的谈话。同时人力资源管理人员要始终保持中立态度，不要在这个场合批评或指责员工看似不合适的语言，并根据所选员工的特点，灵活掌握问题的提法与口气。

（4）结束访问。要控制好访问时间，不宜过长，并把握好谈话的结束时机。

（5）访问的记录。把在访问过程的内容进行详细的记录，过后整理。

5. 访谈调查法的注意事项

(1) 访谈对象最好是了解内容最多、最全面的员工。

(2) 访谈提纲一定要符合一般的思维逻辑，如不敏感的问题放在前面，敏感的问题放在后面，重要的问题尽可能放在中间，次要的问题可放在最后。

(3) 尊重被调查者，交流语言要适当，尽量不要让对方觉得有压力，特别是作为人力资源管理人员在访谈中应尽量建立一种平等友好的氛围。

(4) 对员工所发表的看法与观点尽量不要做过多的评价或解释，以免影响员工的真实想法。

6. 访谈调查法在人力资源管理中的应用

(1) 工作分析的访谈内容。在人力资源管理中，工作分析经常需要搜集信息，一般对某一工作做工作分析时最经常采用的方法即为访谈调查法。现以工作分析为例说明访谈调查法所需要访谈的内容。

人力资源管理人员分别访问工作人员本人或其主管人员，了解原来的工作说明是否具有正确性，针对新的情况应该做何种改革，一般工作分析时的访谈内容如下：

1) 工作目标。组织为什么设立这一职务，根据什么确定对职务的报酬。

2) 工作内容。工作的主要任务是什么。

3) 工作的性质和范围。了解该工作在组织中的关系，其上下属职能的关系，所需的一般技术知识、管理知识、人际关系知识，需要解决问题的性质以及自主权。

4) 工作职责。所负的责任，涉及的组织、一般战略政策的确定、控制和执行的工具、程序和负责人等方面。

5) 人员要求。操作人员的任职资格，具体包括：一般要求，即年龄、性别、学历、工作经验等内容；生理要求，包括健康状况、体力、运动灵活性、感觉器官的灵敏度；心理要求，包括观察力、记忆力、集中注意力、学习能力、解决问题的能力，以及其他特殊的爱好与能力等。

(2) 工作分析的访谈方式选择。工作分析的访谈可采用小组座谈，也可采用一对一的深度访谈，访谈对象尽可能多样，即一般员工与管理人员都要选择一些进行面谈。若两者对工作说明有不同内容，可进行再核实，最终把工作分析真正做到透彻了解。

(3) 实例练习。对某一岗位的员工进行工作分析的访谈，具体要涉及最基本的五个方面的内容：工作目标、工作内容、工作的性质和范围、工作职责、人员要求。

### 四、观察法

观察法又称工作实践法，是指人力资源管理者亲自到员工身边了解员工的具体情况，通过与员工在一起工作，观察员工的工作技能、工作态度，了解其在工作中遇到的困难，搜集所需要信息的方法。观察法是一种最原始、最基本的需求调查工具之一，它是对员工的外在表现进行了解。观察法根据深入程度的不同，所能了解的员工行为与心理活动也不同。因此它比较适合生产作业和服务性工作人员，而对于要进行大量训练和危险的工作或比较复杂的脑力劳动工作则不适合，如技术人员和销售人员的工作不太适合采用观察法。

1. 观察法的类型

观察法的类型包括完全非参与式观察、半参与式观察、完全参与式观察。

（1）完全非参与式观察。人力资源管理者作为一个旁观者，根本不参与到员工的工作中，员工可能知道被观察也可能没有感知到，观察者如同一个透明人一样，观察员工真实自然的表现。这种观察方法的优点就是员工会自然真实地表现自己，与完全参与式观察方法相比，缺点就是无法了解或感知员工内心的活动。

（2）半参与式观察。人力资源管理者参与到员工的工作过程中，但其身份是公开的，员工都知道这个"员工"的真实身份，目的是来观察他们的。这种方法的好处是人力资源管理者能够深入到员工的工作中，能够得到对员工生动具体的感性认识，能够公开地询问想要了解的任何问题。缺点是员工可能因为自己旁边有一个观察者，有意识地改变自己的行为方式。如比较著名的霍桑试验即是如此。

（3）完全参与式观察。人力资源管理者以普通员工的身份加入到员工群体中，前提是这个人力资源管理者必须不被员工认识。在整个观察过程中，员工都把这个人力资源管理者看成是群体的一个普通成员，一点也不知道他是一个观察者，而这个人力资源管理者类似于"卧底"。企业规模大，有很多子公司时，人力资源管理者可以采用此种方法。完全参与式观察的优点就是能够真实地了解员工的行为与心理表现，但问题是面临严重的道德问题，即当员工得知自己信任的同事竟是人力资源管理者时，会有一种被欺骗的感觉。

三种方法各有优缺点，若人力资源管理者对信息的质量要求高，则完全参与式观察可能比完全非参与式观察效果好。因为人力资源管理者参与到员工的工作过程中，既有自我体验，又与员工建立了融洽的关系，对所观察的活动有较深入的了解，并能够及时发现一些新的信息。若时间和精力有限，由于企业规模小不可能做到完全参与式观察，完全非参与式观察也许更合适。

2. 观察法的一般程序

(1) 确定观察目的。

(2) 确定观察对象和观察内容。

(3) 制订观察计划。观察怎样进行、观察的程序、观察多长时间等，这些问题一般要在观察之前有计划和安排。

(4) 进入观察现场，接触观察对象，按观察计划记录观察内容。

(5) 结果统计与分析。

(6) 写出观察报告。

3. 练习：对公共电汽车乘务人员的工作进行监督

【背景知识】

依据北京市公共交通总公司在1993年7月所颁布的《公共电汽车乘务人员工作守则》的规定，公共电汽车乘务人员应做到以下十点：

1. 准点发车，按站停车，正点运行。

2. 正规操作，中速行驶，行车平稳。

3. 停稳开门，关好门行车。

4. 主动售票，认真验票，按规定收费。

5. 衣着整洁，佩戴标志。

6. 坚持三报，规范服务，语言文明，态度和蔼。

7. 积极疏导，满员时耐心劝导，照顾老、幼、病、残、孕乘客。

8. 车容清洁，服务设施齐全。

9. 执行制度，遵章守纪。

10. 虚心听取意见，接受乘客监督。

【练习要求】

观察某一名公共电汽车乘务人员的工作情况，记录状况、总结特征、查找存在的问题、分析存在问题的原因。

# 第二节 常见人力资源信息

人力资源信息调查的主要内容是搜集与人力资源管理相关的信息，根据拥有信息的主体不同，可把信息分为"基于员工个人"的信息和"基于业务内容"的信息。以下将这两类信息进行具体的介绍。

## 一、基于员工个人的人力资源信息

掌握员工个人的信息有利于企业的人力资源管理人员对员工进行职业生涯的规划和管理，有利于企业对员工所拥有的资源进行合理的配置和充分利用。

根据员工所拥有的信息性质的不同，可将信息分为以下几种。

1. 员工的基本情况

如性别、年龄、家庭情况、个人兴趣爱好、心理素质等。该信息的基本特征是先赋性的，员工所固有的信息在一般情况下不易改变，掌握这些信息有助于对员工行为的考察。如在枯燥的、发展空间相对小的工作岗位上，年轻的高学历的有远大志向的男性可能不适合。反之，要求长时间、高强度的不断有创新性思想的工作对于年龄大的家庭负担重的女性而言也可能不适合。在进行职位安排时，人力资源管理人员应掌握这些基本的信息，并把基本信息与岗位的工作性质进行匹配，实现人尽其用，避免人才浪费。员工基本信息中有些内容是隐私，目前在中国最容易快速获得这些信息的途径便是从员工档案中获取，也可以通过直接面谈或问卷调查获得。

2. 专业技能信息

如教育过程、培训经历、认证情况、工作履历、工作技能、人生规划等。这一部分信息与基本信息不同的是员工通过后天努力获得的，随着时间的变化这些基本信息都可能被改变。专业技能信息是决定员工是否胜任工作岗位的重要因素。在员工的招聘过程中，所要搜集的关键信息就是员工的工作履历和工作技能。在所招岗位上工作过多年的应聘者往往要比在该岗位上无工作经验者更胜任该工作。同时，员工的受教育程度和培训经历也会帮助人力资源管理人员确定该员工是否适合该岗位。

3. 工作评价信息

如所从事的岗位、工资结构、合同档案、福利待遇、休假出勤情况、功过奖罚记录等。这一部分信息是员工在目前岗位上执行工作任务的现状，是对员工进行绩效考核的依据，是企业进行激励机制的重要信息基础。

## 二、基于业务内容的人力资源信息

基于业务内容的人力资源信息是立足于工作内容的要求、职位的需要而形成的信息。人力资源管理人员掌握此方面的信息将有利于对企业进行人才资源规划、员工的招聘与对员工进行有针对性的培训等活动。

1. 企业的人力资源管理制度

企业的人力资源管理制度立足于企业对人才的基本需求，它对企业的用人计划，员工的聘用、培训、奖惩、工资福利、商调、解聘、辞职、辞退、除名、开除等都进行了基本的规定。掌握企业的人事管理制度的信息有利于更好地服务于企业的用人需求。

大企业的人力资源管理制度可由公司用工规定、劳动工资规定、人事档案管理细则、员工手册、培训大纲等具体内容构成。在小企业内可统称为一个企业的人力资源管理制度。

人力资源管理人员要对所服务的企业的人力资源管理制度的内容设计或运用透彻，尽量不要因出现漏洞而导致工作上的失误。

这部分信息的收集可采用资料分析的方法，对现有国家的、同行业的、企业内部的人力资源管理制度进行分析，从中获取经验教训，为企业确定完善的人力资源管理制度，并熟练应用。

2. 用工状况

用工状况信息是指立足于工作岗位在质与量上确立企业员工分布的信息。人力资源管理人员在数量上要确定不同工作岗位对员工的需求量、统计时的供给量，以及员工的流动量，供给与需求的平衡状况；在质量上掌握员工能够胜任当前工作的比重及技能要求、对员工要进行的培训内容、急需人才的标准等信息。

这部分信息可采用问卷调查法或访谈调查法获取。掌握此部分信息将有利于进一步做人力资源的规划和进行合理的人才流动。

3. 生产状况

这部分信息主要是关于员工的工作任务完成情况、员工的工作绩效、员工的工作态度等。

这部分的信息可采用观察法、问卷调查法进行定量的分析，把员工的工作绩效与工资薪酬进行对比分析，做到人尽其才并劳有所得。

# 第三单元　人力资源管理方案设计技能实训

**【学习目标】**

通过本单元的学习与训练，使实训对象能够熟练掌握企业中人力资源相关制度及方案的撰写方法与撰写流程，能够依据上级领导要求制定合规、可操作的各种专业制度与方案。同时能够通过练习相应实训作业，模拟制度及方案撰写过程，完成实训任务。

**【本章重点】**

方案设计；方案撰写。

**【关键技能】**

制度及方案的整体构思能力；方案提纲构建能力；方案撰写能力。

人力资源方案设计是指岗位工作人员针对某些特定的人力资源问题，根据企业规划、上级领导思路及员工诉求，制定相应的解决办法及实施细则。方案设计与制度建设是企业管理运营逐步走向规范的重要过程。通过逐步建立完善、适用的各项制度及方案体系，确保企业人力资源管理各项工作均有章可循。人力资源方案设计一方面包括基础的、常规的制度设计与建设，这类制度一般仅随着企业管理方式、人力资源管理目标等的改变而改变，在日常工作中仅需进行必要的调整与动态维护；另一方面是临时性方案设计，需要根据领导要求、相应工作或活动流程进行撰写。本单元将重点介绍在撰写人力资源管理制度及方案过程中的要点及方法。

## 第一节　人力资源管理方案设计要点

一套完整的人力资源管理制度或方案，应当包括制度及方案建立的原则与目的、方案实施所需建立的组织机构及分工、方案实施的步骤与操作流程、所选取的工具与方法等模块，必要时还应包括方案实施所需预算。各模块均承担不同的功能，缺一不可，共同构成完整的人力资源管理制度及方案结构。

## 一、方案的目的与原则

### 1. 方案的目的

一项制度或方案的建立，首先应明确其目的，抑或是所要解决的问题，在此前提下才能够确保所建立的制度或方案符合实际需要，避免盲目性。方案目的的确定，应充分结合实际需求，高度概括建立该项制度或推行该方案所要达成的最根本的目标。常见的人力资源管理方案的目的示例如下：

（1）人力资源规划方案的目的。通过形成完善的规划方案，对组织人力资源的数量、质量、结构及分布进行规划，保证人力资源满足本组织各个发展阶段的需要。

（2）招聘方案的目的。建立起合理和高效的招聘制度，使本组织进行的招聘和录用程序得以规范标准化，并为组织的人力资源招聘管理工作提供作业依据，有效地甄选和录用到所需的人才。

（3）绩效管理方案的目的。通过设计公平的绩效考核方案，建立有效的员工考评与激励方式，提高员工工作积极性，为员工薪酬支付与晋升提供有效依据，最终达到改善员工行为和提高企业效益的目的。

（4）薪酬管理方案的目的。加强薪酬管理的计划性，提高薪酬水平与结构的科学性，规范薪酬发放，紧密结合公司的年度责任考核方案，充分发挥薪酬的经济杠杆功能，适应行业区域的薪酬特点。

（5）培训管理方案的目的。为配合公司的发展目标，确保员工培训工作的规范化，有计划地提高员工的知识水平和工作技能，保证员工能够胜任相应的工作，确保企业人才管理的可持续性发展，以利于企业经营生产发展战略目标的实现。

### 2. 方案的原则

方案的原则是指该项制度或方案在建立以及推行实施过程中所应遵循的基本准则，方案的原则应精简且高度提炼。常见的人力资源管理方案的原则示例如下：

（1）人力资源规划方案的基本原则
1）与企业战略目标及战略规划相适应。
2）与企业内部需求和外部市场供给相结合。

3) 能够满足适度的人才流动。

(2) 招聘方案的基本原则

1) 公开发布、公平竞争原则。

2) 择优录取原则。

3) 成本节约原则。

(3) 绩效管理方案的基本原则

1) 公开性原则。考核者要向被考核组织、被考核者明确说明考核的标准、程序、方法、时间等事宜，使考核有透明度。

2) 客观性原则。考核要做到以事实为依据，对被考核组织和被考核者的任何评价都应有事实根据，避免主观臆断和个人感情色彩。

3) 开放沟通原则。在整个考核过程中，考核者和被考核者要开诚布公地进行沟通与交流，考核结果要及时反馈给被考核者，肯定成绩，指出不足，并提出以后应努力和改进的方向。发现问题或有不同意见应在第一时间内进行沟通。

4) 差别性原则。对不同类型部门、不同类型被考核者进行考核评价时，要根据不同的工作内容制定切合实际的标准，考核的结果要适当拉开差距，不搞平均主义。

5) 常规性原则。绩效管理是各级管理者的日常工作职责，对下属部门及下属员工做出正确的评价，帮助下属改善工作业绩是管理者重要的管理工作内容，绩效管理必须成为管理者常规性的管理工作。

6) 发展性原则。绩效考核是通过约束与竞争机制促进个人及团队的发展，因此，考核者和被考核者都应将通过绩效管理手段提高工作绩效作为首要的目标。任何利用考核手段打击、压制、报复他人和小团体主义的做法都应受到制度的惩处。

(4) 薪酬管理方案的基本原则

1) 效率优先、兼顾公平原则。薪酬方案首先要体现不同岗位等级、不同绩效表现、不同工龄员工之间的薪酬差异；其次相同岗位、相同等级应实行同工同酬，体现公平原则。

2) 竞争性与经济性相结合原则。薪酬方案一方面要体现企业在本行业、本地区内人才竞争中的竞争性；另一方面也要充分考虑企业人工成本的负担与承受能力。

3) 合法合规原则。薪酬方案应建立在遵守国家相关政策、法律法规和公司相关管理制度的基础上。

(5) 培训管理方案的基本原则

1) 与企业发展与要求相适应原则。
2) 系统性原则。
3) 普遍性原则。
4) 有效性原则。

**二、组织机构与分工**

人力资源管理制度或方案的有效建立与推行，首先需要人力资源管理相关部门起到有效的组织、牵头作用，主导各部门进行制度及方案的调研、设计、讨论、起草、修订、通过等程序；其次，还需要建立必要的组织机构，以确保制度或方案的可靠性以及推动的顺畅性。

一般情况下，一项人力资源管理的制度或方案的制定与推行，所常设的组织机构包括领导小组、管理办公室及员工监督办公室。各机构主要职责如下：

1. 领导小组（或称领导委员会等）

领导小组一般由公司领导组成，公司总经理任小组组长或委员会主席，主要负责制度或方案的审订、审批，制度执行过程中重要环节、关键节点的审核，员工申诉的处理等。

2. 管理办公室

管理办公室由人力资源部及相关各部门负责人组成，由人力资源部经理任办公室主任，挂靠在人力资源部下，主要负责制度或方案的前期调研、设计、起草、讨论、修改等工作，以及制度实施中各项具体工作。

3. 员工监督办公室

员工监督办公室由员工代表组成，由工会领导或推举核心员工任办公室主任，主要负责听取制度在制定及执行过程中的员工申诉意见，对意见进行收集、整理、核实，并直接上报领导小组审批，再根据处理意见与员工进行沟通、安抚等。

需要说明的是，各项制度方案中的组织机构，并不一定是常设的、实际存在的部门，可以为虚拟组织，只在需要的时候成立并解决问题。

设计人力资源管理方案是人力资源部门应尽的职责，因此应该由人力资源部门主导和组织方案的调研、设计、讨论、起草、通过、修订等过程。

但是，这并不意味着这一套方案体系是可以仅靠人力资源部单枪匹马、闭门造车设计出来的。相反，既需要组织中所有部门的通力协作和互相配合，又需要在不同类别的方案、方案设计的各个步骤和环节中分解任务，专人（团队）负责，进行合理的分工。

### 三、方案执行步骤与时间安排

执行步骤与相应的时间安排是一项制度或方案的核心模块，通过步骤与时间的详细、有序阐述，使方案的使用者能够清晰了解各项相关工作的程序及时间节点并照此实施。一般的人力资源相关方案执行程序示例如下：

1. 绩效考核方案

执行步骤一般为：绩效指标分解—绩效计划制订—绩效考核实施—绩效结果分析—绩效沟通与反馈—绩效结果运用等。

针对部门及部门负责人，一般为季度考核、半年度考核及年度考核，周期较长；针对一般员工，则为月度考核，周期较短。

2. 薪酬管理方案

系统的薪酬管理方案的建立一般包括体系构建阶段和方案实施阶段。其中，体系构建并非常规性工作，仅在企业人事制度发生重大转变或进行薪酬改革时进行；方案实施为常规性工作，每月开展。

体系构建的一般步骤为：梳理岗位—工作分析—岗位评价—确定薪酬等级—确定薪酬结构—确定薪酬预算总额—确定薪酬标准及发放形式。在体系构建的过程中，必要情况下还需进行市场调研、分析同行业或同地区企业薪酬水平。体系构建持续的时间较长，一般依改革的难度而定。

方案实施的一般步骤为：明确考核结果—确定考核系数—工资计算—工资发放—代扣代缴。方案实施的周期一般为一个月。

3. 员工招聘方案

员工招聘的一般步骤为：制订招聘需求及招聘计划—明确招聘条件—发布招聘公告—接收报名—简历筛选—招聘考试（2～3轮）—结果汇总及筛选—确定招聘结果—体检—招聘结果公示—签订就业协议。

4. 员工培训方案

员工培训的一般步骤为：调查培训需求—制订培训计划—确定培训预算—选择培训方式—联系培训机构—培训实施—培训效果评估—培训结果运用。

### 四、选用方法与成果

人力资源方案的设计所运用的方法较多，包括通用的方法与某些方案特定的方法。通用的方法包括调查法、访谈法、讨论法等；特定的方法包括绩效方案设计中采用的目标管理法（MBO）、关键绩效指标法（KPI）、平衡计分卡（BSC）等；薪酬方案设计中采用的薪酬调查法、系统构建法等，各种方法均形成相应的特定成果。

1. 调查法

调查法是指为了达到预期目标，有计划、有目的地通过多种方法全面收集研究对象的相关材料，并据此做出汇总、分析，得到某一结论或明确方向，并在此基础上制定相关方案。调查法的目的既可以是全面了解情况，也可以是揭示某些问题，为进一步的研究或决策提供观点和论据。

调查法常用的形式包括电话调查与问卷调查，能够在短时间内同时调查多个对象，获取大量资料，并能对资料进行量化处理，经济省时。其主要缺点是被调查者由于种种原因可能对问题做出虚假或错误的回答。

采用调查法最终形成的成果一般为调查报告，内容包括调查目的、调查采用的形式、调查的内容、调查对象、调查结果回收情况、调查结果统计与分析、调查结论等。

2. 访谈法

从严格意义上讲，访谈法也是调查法的一种。通过制定结构化的访谈提纲，并根据提纲与被访谈者进行深入的沟通、交流，以收集所需要的信息，为方案制定提供材料。访谈调查时，研究者与被调查对象面对面地交流，针对性强，灵活、真实、可靠，便于深入了解人或事件的多种因素结合的内部原因，但访谈法需要花费较多的人力和时间，调查范围比较窄。访谈可以是个别访谈，与被调查者逐个谈话；也可以是集体访谈，即以座谈会的形式展开访谈；还可以是非正式或正式访谈。非正式访谈不必详细设计访谈问题，可自由交谈，根据实际情况展开，而正式访谈要预先设计较完善的计划，按部就班地进行。

采用访谈法一般会形成访谈纪要进行留存，记录访谈时间、访谈地点、访谈人、访谈对象、记录人、访谈提纲、访谈内容梳理等。

3. 讨论法

讨论法只在方案设计初期确定思路的阶段或方案形成初稿进入修改阶段时使用，一般为组织方案的制定人员、其他相关部门负责人以及核心员工代表就方案思路或方案初稿进行开放式讨论、修改的过程。

讨论后需形成相应的纪要，对讨论内容及讨论达成的一致成果进行详细记录。

4. 绩效管理方案设计方法

（1）目标管理法。目标管理法（management by objectives，MBO）由美国管理专家彼得·德鲁克提出，是指由下级与上司共同决定具体的绩效目标，并且定期检查完成目标进展情况的一种管理方式。由此而产生的奖励或处罚则根据目标的完成情况来确定。

目标管理法的评价标准直接反映员工的工作内容，结果易于观测，所以很少出现评价失误，也适合对员工提供建议，进行反馈和辅导。由于目标管理的过程是员工共同参与的过程，因此，员工的工作积极性大为提高，增强了责任心和事业心。目标管理有助于改进组织结构的职责分工。由于组织目标的成果和责任力图划归一个职位或部门，容易发现授权不足与职责不清等缺陷。但是目标管理法没有在不同部门、不同员工之间设立统一目标，因此难以对员工和不同部门之间的工作绩效横向比较。

目前，在企业绩效管理体系建设的过程中，目标管理法多用于目标的推进与实施过程。

(2) 关键绩效指标法。关键绩效指标法（key performance indicator, KPI）是通过对组织内部流程的输入端、输出端的关键参数进行设置、取样、计算、分析，衡量流程绩效的一种目标式量化管理指标，是把企业的战略目标分解为可操作的工作目标的工具，是企业绩效管理的基础。KPI 可以使部门主管明确部门的主要责任，并以此为基础，明确部门人员的业绩衡量指标。建立明确的、切实可行的 KPI 体系，是做好绩效管理的关键。关键绩效指标是用于衡量工作人员工作绩效表现的量化指标，是绩效计划的重要组成部分。

KPI 符合一个重要的管理原理——"八二原理"。在一个企业的价值创造过程中，存在着"80/20"规律，即 20% 的骨干人员创造企业 80% 的价值；而且在每一位员工身上"八二原理"同样适用，即 80% 的工作任务是由 20% 的关键行为完成的。因此，必须抓住 20% 的关键行为，对之进行分析和衡量，这样就能抓住业绩评价的重心。

KPI 是将公司战略目标逐步分解至部门及员工，因此部门及员工的关键绩效指标便成为公司战略目标的有效组成部分或支持体系，它所衡量的部门及岗位便以实现公司战略目标的相关部分作为自身的主要职责，因此通过提炼 KPI，能够确保公司战略目标的有效实施，使员工的工作不与企业总体目标产生分歧。

通过 KPI 的提炼与分解，将形成部门及个人绩效考核计划，作为绩效考核的基础。

(3) 平衡计分卡。平衡计分卡（balanced score card, BSC）源自哈佛大学教授 Robert Kaplan 与诺朗顿研究院（Nolan Norton Institute）的执行长 David Norton 于 20 世纪 90 年代所从事的"未来组织绩效衡量方法"中的一种绩效评价体系。当时，该计划的目的在于找出超越传统以财务量度为主的绩效评价模式，以使组织的"策略"能够转变为"行动"；经过近 20 年的发展，平衡计分卡已经发展为集团战略管理的工具，在集团战略规划与执行管理方面发挥着非常重要的作用。

平衡计分卡主要从四个层面设计考核指标，即财务层面、客户层面、内部经营流程层面、学习与成长层面。这几个层面分别代表企业的三个主要利益相关者：股东、顾客、员工。每个层面的重要性取决于层面的本身和指标的选择是否与公司战略相一致。其中每一个层面都有其核心内容。

1) 财务层面。财务业绩指标可以显示企业的战略及其实施和执行是否对改善企业盈利作出贡献。财务目标通常与获利能力有关，其衡量指标有营业收入、资本报酬率、经济增加值等，也可能是销售额的迅速提高或创造现金流量。

2) 客户层面。在平衡计分卡的客户层面，管理者确立了其业务单位将竞争的客户和市场，以及业务单位在这些目标客户和市场中的衡量指标。客户层面指标通常包括客户满意度、客户保持率、客户获得率、客户盈利率，以及在目标市场中所占的份额。客户层面使业务单位的管理者能够阐明客户和市场战略，从而创造出出色的财务回报。

3) 内部经营流程层面。在这一层面上，管理者要确认组织必须擅长的关键的内部流程，这些流程帮助业务单位提供价值主张，以吸引和留住目标细分市场的客户，并满足股东对卓越财务回报的期望。

4) 学习与成长层面。它确立了企业要创造长期的成长和改善就必须建立的基础框架，确立了目前和未来成功的关键因素。平衡记分卡的前三个层面一般会揭示企业的实际能力与实现突破性业绩所必需的能力之间的差距，为了弥补这个差距，企业必须投资于员工技术的再造、组织程序和日常工作的理顺，这些都是平衡记分卡学习与成长层面追求的目标，如员工满意度、员工保持率、员工培训和技能等，以及这些指标的驱动因素。

四个层面的指标相辅相成，全面概括了企业运转及经营管理的重要方面，为绩效考核提供了量化的依据。

总体而言，在目前的企业实践中，以上三种绩效考核方案设计的方法是结合使用的。采用平衡计分卡（BSC）的思想与理念，从四个层面确定考核目标，在此基础上提炼部门与员工的关键绩效指标（KPI），并采用目标管理法（MBO）对指标进行细化、推动、执行及考核。

5. 薪酬方案设计方法

企业在薪酬设计的过程中，依据企业的性质及规模采用不同的方法。对于企业成立初期规模较小时，可采用薪酬调查、职位对比的方法确定员工薪酬水平；而对于规模较大的成长期企业，则采用系统设计的方法，通过工作分析、岗位评价、结构设计等流程，建立符合本企业特点的薪酬体系。

（1）薪酬调查法。通过调查同地区、同行业、类似规模的企业的薪酬水平，对比本企业与相比较企业的相似岗位工作内容，同时结合市场劳动力价格水平，参考确定岗位的薪酬水平。薪酬调查的数据包括上年度的薪资增长状况、不同薪资结构对比、不同职位和不同级别的职位薪资数据、奖金和福利状况、长期激励措施以及未来薪资走势分析等。

（2）系统构建法。首先进行工作分析，结合本企业的经营目标，组织管理层在业务分析和人员分析的基础上，明确部门定位、职责及岗位设置，人力资源部和各部门主管合作组织编写岗位说明书。

其次进行岗位评价，比较组织内部各个岗位劳动价值的相对重要性，得出岗位等级序列；岗位评价过程中最重要的是首先建立岗位评价模型或标准，针对不同部门不同岗位背后所承载的劳动价值进行统一标准的衡量，使不同岗位之间具有可比性。工作分析所生成的成果——岗位说明书是岗位评价的重要参考依据。岗位评价的数据结果经汇总处理后，进行相应的等级划分，形成企业的岗位等级序列表或薪酬等级序列表，作为薪酬设计的重要基础。

在此之后，通过明确薪酬定位、设计薪酬结构、进行薪酬测算完成薪酬体系的系统构建。

**五、预算设计**

预算设计也是制定一项方案必不可少的模块，为企业领导进行决策提供充实依据。人力资源各种方案的预算编制，应当由人力资源部门主导进行总体预算方案的编制。同时人力资源内部分管不同业务模块的人员，根据各自的岗位职责，编制相应的具体预算。由于涉及所有人员的权利、义务关系的调整和利益分配，整个组织内部各个部门都应给予积极配合，担任一定的任务，提供相关的材料、数据、建议和意见，保证预算方案及时完成，并保证预算的科学性、有效性。预算方案要求按照实际使用的需要，分别为各种方案确定总体预算和年度、季度、月度使用安排。预算包括以下内容：

（1）开展对企业内部和行业、市场调查的费用。

（2）聘请第三方机构参与方案设计、提供咨询服务等的费用。

（3）为进行方案设计而搜集、购买材料和信息的费用。

（4）在组织讨论、起草和修订方案设计方面发生的费用等。

# 第二节 常见人力资源管理方案

## 一、人力资源规划方案

### ××化股份有限公司人力资源规划管理体系设计方案

#### 第一章 总　则

**第一条　目的和依据**

为了规范××化股份有限公司（以下简称公司）的人力资源规划工作，根据公司发展需要的内部和外部环境，科学地预测、分析公司在环境变化中的人力资源的供给和需求情况，并在此基础上制定职务编制、人员配置、教育培训、薪资分配、职业发展、人力资源投资方面的全局性的人力资源管理方案与计划，为公司整体发展战略提供人力资源方面的保证与服务，使公司在持续发展中获得核心竞争力，从而保证公司战略发展目标的实现，制定本方案。

**第二条　适用范围**

本方案适用于××化股份有限公司及其托管单位。

**第三条　基本原则**

一、人力资源保障原则：人力资源规划工作应有效保证对公司人力资源的供给；

二、与内外部环境相适应原则：人力资源规划应充分考虑公司内外部环境因素以及这些因素的变化趋势；

三、与公司战略目标相适应原则：人力资源规划应与公司战略发展目标相适应，确保二者相互协调；

四、系统性原则：人力资源规划要反映出人力资源的结构，使各类不同人才恰当地结合起来，优势互补，实现组织的系统性功能；

五、企业和员工共同发展的原则：人力资源规划应能够保证公司和员工共同发展。

**第四条　工作责任**

公司人力资源部是公司人力资源规划的归口管理部门，职能部门和各业务单位具体负责本部门的人力资源规划工作，具体分工如下：

一、人力资源部

负责公司人力资源总体规划的编制工作；
负责公司各层面人力资源规划的组织工作；
负责制定、修订公司人力资源规划的工作流程；
负责开发人力资源规划工具，确定公司人力资源规划的预测方法；
负责公司人力资源规划所需数据的收集和确认；
负责对公司二级单位以及下属子分公司的人力资源规划提供帮助和指导。
二、职能部门和各业务单位
向公司人力资源部提供进行人力资源规划所需的历史和预测数据，并在人力资源部的领导下负责本部门的初步人力资源规划编制工作；
负责向人力资源部提供本部门真实详细的规划信息，并及时配合人力资源部完成本部门人力资源需求的申报工作。

**第五条　人力资源规划程序**

人力资源需求预测→人力资源供给预测→确定人员净需求→人力资源规划方案的制定。

## 第二章　人力资源需求预测

**第六条　相关释义**

人力资源需求预测是指为实现公司既定目标，根据公司的发展战略和发展规划，对预测期内所需员工数量和种类的估算。人力资源需求预测分为现实人力资源需求预测、未来人力资源需求预测和未来人力资源流失预测。

现实人力资源需求预测是指根据公司目前的职务编制水平，对人力资源现状和人员配置情况进行盘点和评估，在此基础上，确定现实的人力资源需求。

未来人力资源需求预测是指根据公司的发展战略和业务发展规划对预测期内公司所需人员数量、种类和条件所做的预测。

未来人力资源流失预测是在综合考虑公司退休和人员离职情况的基础上对预测期内的人员流失情况做出的预测。

人力资源需求预测是一项系统工作，职能部门和各业务单位必须在人力资源部的组织下积极参与。人力资源需求预测涉及多种因素，各部门在预测中应灵活采用定性预测方法和定量预测方法，并在实际执行中对预测结果不断进行修正。

**第七条　现实人力资源需求预测的具体实施步骤**

一、公司人力资源部每年根据公司战略调整或业务发展的要求进行必要的工作分析和岗位分析，确定符合公司业务需要的职务/岗位编制水平和人员配置水平，并完善相应的职务说明书，作为确定各岗位工作职责和任职资格的标准；

二、公司人力资源部在每年的年中和年终对公司人力资源状况进行盘点，对照现实职务编制水平，统计出人员的超编和缺编实际情况。并在各部门的配合下，根据职务说明书确定的岗位任职资格要求和历次绩效考核结果，评估目前在岗人员是否符合职务资格要求；

三、公司人力资源部将上述结果进行分类汇总，填写"现实人力资源需求预测表"，即为公司初步的现实人力资源需求预测；

四、人力资源部将初步现实人力资源需求预测结果与各部门负责人进行讨论、沟通，根据实际情况做进一步修正；

五、修正后的结论即为公司现实人力资源需求预测，人力资源部应根据最后的统计结论重新填写"公司××××年度现实人力资源需求预测表"。

**第八条　未来人力资源需求预测准备**

公司人力资源部在进行未来人力资源需求预测时，需在公司信息中心的信息支持下对以下问题做出预测：

一、行业的发展趋势是什么，行业技术是否会取得重大突破，这种趋势或突破会对公司和公司的人力资源政策将产生哪些影响。

二、公司的竞争环境是否会发生大的变化，公司的主要竞争对手是否会改变竞争手段，这种改变会对公司的人力资源政策造成哪些影响。

三、公司的竞争优势在哪里，这种竞争优势如何才能得以保持。

四、公司的发展战略是否会做出调整，这种调整会对公司的人力资源政策产生什么样的影响。

五、公司的组织结构和运作模式是否会做出大的调整，这种调整是否会增加或减少目前的岗位，会对公司的人力资源需求产生什么样的影响。

六、公司目前和预测期内的人力资源年龄结构、学历结构、知识结构是否能满足公司的发展需求。如不能，应如何做。

同时，公司人力资源部还应根据公司战略发展规划，明确预测期内每年的业务数据：每年预计拓展的新业务项目数量、生产能力等。

**第九条　未来人力资源需求预测的具体实施步骤**

公司未来人力资源需求预测采取自上而下预测和自下而上预测相结合的方式进行：

一、对可能影响人力资源需求的管理、技术等因素进行预测；

二、根据企业的发展战略和业务发展规划，结合公司年度预算，确定预测期内每年的投资水平、产量、销售额等因素；

三、根据历史数据，初步确定预测期内总体人员需求以及各职能部门、现有各业务单位以及未来业务单位的人员需求；

四、人力资源部组织各部门以及各业务单元对本单位具体人员需求做出预测，根据增加的工作量并综合考虑管理和技术等因素的变化，确定需增加的岗位和人数。

五、将上述两个步骤所得的统计结论进行平衡和修正，即得到未来人力资源需求预测。未来人力资源需求预测完成后，人力资源部应根据预测结果填写"未来人力资源需求预测表"。

**第十条　未来人力资源需求的分析方法**

一、首先采取回归分析法，对预测期内每年的人员需求总数进行初步预测。回归方程如下：

$$Y = \beta_0 + \beta_1 X_1 + \beta_2 X_2 + \beta_3 X_3$$

式中　$Y$——每年人员需求总数；

$\beta_0$——常数；

$\beta_1$，$\beta_2$，$\beta_3$——系数；

$X_1$——每年预计或计划新投资项目的投资总额；

$X_2$——每年预计或计划生产产量；

$X_3$——每年预计或计划销售额。

人力资源部可以根据情况变化对回归方程的自变量即人力资源需求影响因素的选择做出适当调整。

二、人力资源部对预测期内每年的人员需求总数做出初步预测后，应根据过去三年的历史数据，计算出各职能部门、各车间以及下属子公司之间的人员比例，并据此确定各单位在预测期内每年的初步人员需求数量。

三、公司下属二级单位进行本单位的未来人力资源需求预测时，应在公司人力资源部的组织和监督下，建议采取经验分析法（如专家会议预测）与简单生产函数模型相结合的方法进行。

（一）专家会议预测法，是采用匿名方式、背对背地分几轮征求和汇总专家意见，使每一位专家依靠其个人经验、知识和综合分析能力独立自主地做出自己的预测，避免受其他专家的影响的一种预测方法。

由人力资源部确定预测课题及各预测项目，组织成立9～13人组成的专家小组，包括人力资源方面的专家和该系统内的专业专家。

人力资源部把有关背景材料（包含但不限于前面所列范围）交给各位专家，要求各专家在各自的领域内，结合自己对本单位的发展预测，对其将要增加或减少的岗位和人数进行预测。

人力资源部收集各预测专家的预测结果，对各专家意见进行统计分析，综合预测结果并将每次综合结果反馈给各专家，再要求其做出下一轮预测。当各专家的意见接近一致时，结果即成为可以接受的预测。

（二）简单生产函数模型法，是运用一些特定的生产函数对未来人力资源需求进行预测的方法。这一模型假设人力资源需求和企业的产出水平成比例关系，其公式如下：

$$M_t = M_0(Y_t/Y_0)$$

式中　$Y_0$——现有产能/产量水平；

$Y_t$——未来时间 $t$ 时的产能/产量水平；

$M_0$——现有条件和产出水平对应的人员数；

$M_t$——未来时间 $t$ 时的人员需求数。

**第十一条　未来人力资源流失预测的具体实施步骤**

一、公司人力资源部每年根据现有人员的统计数据，对预测期内退休的人员进行统计；

二、根据历史数据，对未来可能发生的离职情况进行预测；

三、将上述两项预测数据进行汇总，得出未来流失人力资源的预测；

四、完成未来人力资源流失预测后，人力资源部应将相关预测结果填入"未来人力资源流失预测表"。

**第十二条　整体人力资源需求预测**

人力资源部年中或年终根据现实人力资源需求、未来人力资源需求和未来流失人力资源预测，汇总得出公司当期整体人力资源需求预测并将结果填入"整体人力资源需求预测表"。

## 第三章　人力资源供给预测

**第十三条　相关释义**

人力资源供给预测是指公司为实现其既定目标，对未来一段时间内公司内部和外部各类人力资源补充来源情况的预测。供给预测包括内部人力资源供给预测和外部人力资源供给预测。

内部人力资源供给预测是对内部人员拥有量的预测，其任务是根据现有人力资源及其未来变动情况，预测出规划期内各时间点上的人员拥有量。公司人力资源部在进行人力资源供给预测时，应把工作重点放在内部人员拥有量的预测上。

外部人力资源供给预测的任务是确定在规划期内各时间点上可以从公司外部获得的各类人员的数量。公司人力资源部在进行外部供给量的预测时应侧重于公司阶段性急需而市场上非可持续获得的关键人员，如综合管理人才、新产品研发人才、资本运作人才以及高级财务管理人才等的供给预测。

人力资源供给预测是动态的，公司人力资源部应根据公司内外部环境的变化不断做出相应调整。

**第十四条　内部人力资源供给预测的具体实施步骤**

一、公司人力资源部年中或年终对公司现有人力资源的供给情况进行盘点：分析公司的职务调整政策和历史员工调整数据，统计出员工可能做出调整的比例，包括各职系中晋升比例、离职比例等。

二、公司人力资源部向各部门/单位了解可能出现的人事调整要求。

三、根据以上情况，采用不同预测方法，得出内部人力资源供给预测结果。

**第十五条　内部人力资源供给预测的分析方法**

一、公司人力资源部应首先采用现状核查法，全面了解公司现实内部人力资源供给情况：对公司现有人力资源的质量、数量、结构和在各职位上的分布状态进行核查。人力资源部应对公司各职系中各职等的人数有清楚的了解，将相关数据填入"公司人事季报"，并在每季根据人员变动情况进行调整。

二、公司人力资源部应在每位员工档案中建立"员工技能记录"，补充和完善员工动态档案，以便能动态掌握公司每一岗位的人员供给情况。

三、人力资源部应采取人员接替模型方法，对公司内部人员供给情况进行动态管理：人员接替模型是根据公司各职系中各职等的人员流入和流出情况对各岗位的人员供给情况进行动态管理的一种方法。人力资源部应负责公司"人员接替图"的填制和调整。

**第十六条　外部人力资源供给预测的具体实施步骤**

一、在进行外部人力资源供给预测时，公司人力资源部应首先对影响外部人力资源供给的地域性因素进行分析，主要内容包括：公司所在地的人力资源整体现状、公司所在地有效的人力资源供给现状、公司所在地对人才的吸引程度、公司薪酬对所在地人才的吸引程度、公司能够提供的各种福利对当地人才的吸引程度、公司美誉度等无形资产本身对人才的吸引程度。

二、人力资源部还应同时对影响外部人力资源供给的全国性因素进行分析，主要内容包括：全国相关专业的大、中专学生毕业人数及分配情况、国家在就业方面的政策和法规、公司所在行业全国范围内的人才供需情况、全国范围内从业人员的薪酬水平和差异。

三、公司人力资源部根据以上分析得出公司外部人力资源供给预测结果。

## 第四章　人力资源净需求的确定

**第十七条**　公司人力资源部每年可通过公司人力资源需求的预测数和同期内公司内部可供给的人力资源预测数的对比分析，测算出各类人员的净需求数。并通过"公司人力资源净需求评估总表"从整体上把握公司在预测期内每年的人力资源净需求情况。

**第十八条**　人力资源部要对预测期内每年的人力资源净需求进行结构分析，明确人力资源净需求的岗位、人数和相应标准。预测结果填入各类别的"公司人力资源净需求表"。

## 第五章　人力资源规划的制定

**第十九条**　公司人力资源规划包括总体规划和各项业务计划

人力资源部应根据公司选择的解决政策和措施，制定具体的人力资源规划方案，包括总体人力资源规划和各业务计划。人力资源总体规划是有关计划期内人力资源开发利用的总目标、总政策、实施步骤及总的预算安排。

各项业务计划是指人力资源各功能模块的计划方案，主要包括：

一、人员配置计划：是关于公司中长期内不同职务、部门或工作类型的人员的分布状况的计划方案。具体描述公司未来的岗位设置、需要人员数量、资格要求以及职位空缺情况等。

二、人员补充计划：是结合公司确定的政策和措施，根据公司需要补充人员的岗位、数量及对人员的要求等，选择人员补充渠道、补充方法，并据此制定人员招聘计划、晋升计划、内部人员调整计划和相关预算等的计划方案。

三、培训开发计划：是在选择人员补充方式的基础上，为了使员工适应工作岗位的需要，制订相应的培训计划，即包括培训政策、培训需求、培训对象、培训内容、培训形式、培训师资、培训效果评估、预算等内容的计划方案。

四、绩效与薪酬福利计划：是指有关个人及部门的绩效标准、衡量方法；薪酬结构、工资总额、工资关系、福利项目以及绩效与薪酬的对应关系等内容的计划方案。

**第二十条**　公司根据预测期内人员净需求预测结果的不同而采取不同的政策和措施：

当人员净需求为正，即公司在未来某一时期在某些岗位上人员短缺时，将选择以下一些政策和措施加以解决：

一、制定招聘政策，从外部进行招聘；

二、如果工作为阶段性任务，雇用全日制或非全日制临时工；

三、重新设计工作，如扩大工作范围以提高员工的工作效率，并考虑重新定位岗位价值保证公平合理的薪酬激励；

四、延长员工劳动时间或增加工作负荷量，并相应给予超时和超工作负荷的奖励；

五、进行平行性岗位调动，实现内部供给或工作轮换，并适当进行岗位培训；

六、组织员工进行培训，对受过培训的员工根据情况择优提升补缺并根据公司薪酬制度相应提高其工作待遇。

当人员净需求为负，即公司在未来某一时期在某些岗位上人员过剩时，将选择以下一些政策和措施加以解决：

一、根据综合业绩考核结果淘汰或辞退不合格员工；

二、进行科学的工作分析，合理分配工作量，将划分过细的岗位同类合并，同时对部门进行人员精简，将精简人员充实到新建业务单元或副业部门；

三、启动提前内部退养等机制；

四、由两个或两个以上员工分担一个工作岗位，并相应减少工资，即不减员减工资定额的方法。

**第二十一条** 建议公司具体人力资源规划的编写按以下步骤进行：

编写人员配置计划→预测人员需求（根据公司的净人力资源需求，确定人员需求的岗位、数量和标准）→编写人员补充计划→编写人员培训计划→编写人力资源费用预算（主要包括招聘费用、培训费用、调配费用、奖励费用以及其他非员工直接待遇但与人力资源开发利用有关的费用）→进行关键任务的风险分析并制定相应对策（主要应对可能出现的招聘失败、新政策引起员工不满等风险因素进行分析，通过风险识别、风险估计、风险监控等一系列活动来防范风险的发生）。

**第二十二条** 人力资源规划方案制定后，人力资源部应同各部门进行沟通，并对其做相应修改，最终须经公司总经理办公会讨论、总经理批准后方可施行。

## 第六章 附 则

**第二十三条** 本管理办法由公司人力资源部负责解释。

**第二十四条** 本管理办法自发布之日起执行。

附录1：现实人力资源需求预测表（图略）

附录2：未来人力资源需求预测表（图略）

附录3：未来人力资源流失预测表（图略）

附录4：人力资源需求预测表（图略）

附录5：员工技能记录（图略）

附录6：人员接替图（图略）

附录7：人力资源净需求评估总表（图略）

附录8：人力资源净需求表（按类别）（图略）

附录9：人力资源规划流程（图略）

## 二、人员招聘方案

### A市委党校公开招聘教师工作实施方案

因工作需要，A市委党校拟向社会公开招聘8名教师。根据《A市事业单位公开招聘人员暂行办法》规定，结合市委党校实际，特制定本方案。

一、单位简介

A市委党校隶属于中共A市委直接领导，是全额拨款事业单位，主要任务是培养县处级以下各级领导干部和理论人才，同时还担负着公务员培训、知识更新培训、岗前培训等行政学院工作职责。市编委核定编制为84个，现实有人员79名。

二、招聘原则

1. 坚持德才兼备、任人唯贤的原则。
2. 坚持公开、公平、公正原则。
3. 坚持严格考试、平等竞争、择优录用、合同管理的原则。

三、招聘计划

面向全国招聘。哲学教研室哲学专业教师2名，行政管理教研室行政管理专业教师3名、中文专业教师2名，党史党建教研室历史专业教师1名。

四、招聘条件

1. 拥护党的路线、方针、政策，具备良好的思想政治素质和职业道德修养，遵纪守法，团结协作，社会形象好。

2. 热爱干部教育事业，熟悉党校教学特点，具有较高的理论政策水平、扎实的专业知识基础，掌握现代教育培训的理论和方法，具备胜任教学、科研工作的能力。

3. 哲学专业和行政管理专业的应聘人员为应往届全日制教育硕士研究生以上学历毕业生，年龄在35周岁以下（19××年4月20日以后出生）。中文专业的应聘人员应具有高级专业技术职务，大学本科以上学历，年龄在40周岁以下

(19××年4月20日以后出生)。历史专业的应聘人员为应往届普通高等院校全日制教育本科以上学历毕业生,年龄在35周岁以下(19××年4月20日以后出生)。

4. 身体健康。

## 五、招聘程序

(一)制定方案

(二)发布招聘公告

(三)报名和资格审查

1. 报名要求:党史党建教研室的报名人数与招聘职位数比例不低于3∶1,达不到比例要求的,取消该职位招聘计划。哲学教研室和行政管理教研室的报名人数与招聘职位数比例不限。报名时须携带本人身份证、毕业证、学位证、资格证原件及复印件各一式3份,填写报名登记表一式3份,近期二寸同版免冠正面彩色照片3张,自荐材料一式3份。哲学教研室和行政管理教研室应聘人员交纳考务费50元,党史党建教研室应聘人员交纳考务费70元。

2. 报名时间:20××年4月20日—4月28日

每天上午8∶30—11∶30  下午13∶30—16∶30

3. 报名地点:A市人事局会议室(市政府大楼201室)

4. 咨询联系电话:0×××-8865610  联系人:冯晓岚

邮政编码:××××××  邮箱:zhaopingovedu@×××.com

(四)考试

哲学教研室和行政管理教研室的招聘人员采取直接面试、考核的方法招聘,面试、考核程序同党史党建教研室的招聘程序中的面试、考核同步进行,面试以100分计算。党史党建教研室的招聘人员采取笔试、面试、考核的方法进行招聘,笔试和面试总分为100分,笔试成绩占60%,面试成绩占40%。

1. 笔试:考试范围为公共基础知识和专业知识。笔试按岗位的1∶3比例确定进入面试。

2. 面试:面试以现场讲课为主,现场抽签确定考场讲课顺序,每个专业设定一个命题,讲课内容以所学专业为主,结合当前时事政治,应做到主题鲜明、论据充分、阐述清晰、语言流畅。

笔试时间:20××年5月10日  地点:市委党校报告厅

面试时间:另行通知

(五)考核

哲学专业、行政管理专业和中文专业应聘人员根据面试成绩由高分到低分顺序按招考职位人数1∶1的比例确定考核人选。历史专业应聘人员将笔试与面试成绩相加得到总成绩，由高分到低分按招考职位人数1∶1的比例确定考核人选。面试成绩达不到60分者不予聘用。如总成绩出现并列，按面试成绩高低排序。对进入考核的人员采取查看本人档案或通过校方了解其在学校综合表现的形式进行考核。

（六）体检

对应聘者进行基本体质检查。考核或体检不符合要求的应聘人员，取消应聘资格。根据空缺名额，经上级主管部门审核并报市委组织部同意后，按总成绩从高分到低分依次等额递补。

（七）公示与聘用

根据考试、考核和体检结果，确定拟聘用人员，报市委组织部和人事局备案。同时进行为期7个工作日的公示，公示期满无异议的，按有关规定办理聘用手续。聘用人员实行试用期制度，试用期为6个月。试用期包括在聘用合同期限内。试用期满合格的，予以正式聘用；不合格的，取消聘用。

（八）招聘纪律

1. 招聘工作要做到信息公开、过程公开、结果公开，接受社会及有关部门的监督。

2. 应聘人员和招聘工作人员要严格遵守《A市事业单位公开招聘人员暂行办法》中的纪律要求，认真执行各项纪律规定。

（九）组织与分工

公开招聘教师工作领导小组：

组　　长：李之毅　　A市委党校党委书记、常务副校长

副组长：杨学尔　　市委组织部副部长

　　　　张奉山　　市监察局副局长

成　　员：周志飞　　A市委党校副校长、行政学院副院长

　　　　董方正　　A市委党校副校长、马列研究中心主任

　　　　刘洪涛　　A市委党校副校长

　　　　张小平　　A市委党校副校长

　　　　王克俭　　A市委党校纪检书记

办公室主任由周志飞兼任，具体工作人员从办公室、教务科人员抽调。

（十）本方案由A市委党校负责解释。

中共A市委党校<br>二〇××年四月

## 三、人员培训方案

（一）某酒店人才改造工程培训方案

**某酒店人才改造工程培训方案**

某酒店停业改造期间，酒店管理公司将配合酒店进行人才改造、服务质量提升的相关培训，以下为培训方案具体内容：

**一、培训目标**

1. 组织好酒店培训工作，科学合理地制定培训课程；
2. 系统地对酒店全员进行培训，提升不同阶层人员的综合素质；
3. 力争通过全面立体的培训，保证培训效果，为酒店改造后软件的提升起到实际作用。

**二、培训对象**

中层干部、主管、领班、员工、实习生。

**三、培训时间（暂定）**

1. 整体时间：酒店约426人，分3批次培训，培训时间共分为三轮：

第一轮培训：2010年11月15日—2010年12月13日

第二轮培训：2010年12月14日—2011年1月23日

第三轮培训：2011年1月24日—2011年2月28日

2. 课程时间：上午第一节课：08：30—09：45

     第二节课：10：00—11：15

     考核时间：11：20—11：50

     下午第一节课：14：00—15：15

     第二节课：15：30—16：45

     考核时间：16：50—17：20

**四、课程类型及培训方式**

1. 公共课程（必修课）：为酒店全体员工必须参加的公共课程培训。公共课程培训的方式有视频教学、讲座和室外拓展。

2. 专业课程（必修课）：根据课程设置分部门进行培训。专业课程培训的方式有视频教学、讲座和研讨交流。

3. 外出实践（必修课）：为员工制定外出学习目标，赴集团其他酒店进行岗位学习。

4. 选修课程：主要为丰富员工培训项目、拓展知识范围而设置，员工可根据需要进行选修。

### 五、课程分配

1. 全体员工课程：课程以课时为单位，每课课时60分钟。其中：

公共课程____门，共计____课时。

专业课程，每个部门____门，各计课时。

外出学习课程，基管及员工外出学习时间为一周，由酒店组织安排。

2. 基管及高、中层管理干部课程

基管及高、中层管理干部除需掌握员工培训课程外，还需学习以下课程。

其中，基管需学习公共课程，学习公共课程____门，共计____门，共计____课时；

高、中层需____课时；高、中层管理人员外出学习时间为一个月，由集团组织安排。

### 六、培训考核和评估

1. 考核方式

（1）试卷考核：试卷60分为合格，满分为100分。试卷内容根据课程内容进行具体编辑。

（2）研讨发言：自主选择课题，准备研讨交流的发言稿。根据发言情况现场考核计分。

（3）汇报交流：外出学习后，整理学习心得，通过汇报交流的形式进行发言，根据汇报情况考核计分。

（4）操作打分：分岗位实训课程，通过实际操作演练的情况现场考核计分。

2. 培训评估

（1）培训与上岗的联系。考核后，根据成绩由高至低，进行上岗安排。考核成绩60分为合格，满分为100分。考核不合格的人员，将根据酒店岗位情况进行安排或给予辞退。

（2）培训与晋升的联系。考核后，成绩优秀的人员将给予晋升考试的机会。需要参加晋升该岗位业务知识测试后，方可有晋升资格。如员工晋升领班，需要参加领班业务知识测试后，成绩合格方可入选晋升资格，以此逐一评估。

### 七、跟进措施

1. 一般考试时间会安排在授课当天，试卷修改会在考试过后3日内完毕，考试成绩由酒店管理公司专人登记，不合格者将重新安排复习并给予一次补考机会，考试时间一般安排在上午的11：20—11：50和下午的16：50—17：20。

2. 对试卷修改后的成绩将反馈给各部门经理，由各部门经理在下次培训前宣布。

3. 酒店必修课程是员工必须学习掌握的课程。选修课程可以根据部门需要报出参加人数，准备妥当后通知开课时间；专业管理课程涉及培训导师的准备情况，所以授课时间可能微调，但不影响总体培训计划。

（二）某公司生产经理培训方案

| 方案名称 | ××公司生产经理培训方案 | 编号 |
| --- | --- | --- |
|  |  | 执行部门 |

一、培训目标

不断提高本公司生产经理的管理技能，改善生产经理的管理方法，提高生产部门的生产效果和产量。

二、培训准备与实施

1. 培训需求分析调查

在开展培训前，人力资源部首先对生产经理的工作行为进行观察，了解其工作表现；并通过对生产经理的上级、下级及生产经理本人进行访谈，以了解、分析生产经理的培训需求。最终确定生产经理的培训需求。

2. 制订培训实施计划

为确保培训的顺利实施，人力资源部对生产经理的培训制订了为期三天的培训计划，见表3—1。

表3—1　　　　　　　　培训计划

| 日程 | 时间安排 | 培训内容 | 培训方式 | 培训讲师 | 培训地点 |
| --- | --- | --- | --- | --- | --- |
| 第一天 | 10：00—12：00 | 如何从控制型领导转变为教练型领导 | 课堂讲授 | 培训专家 | 培训学校 |
|  | 14：00—16：00 | 生产现场的数据管理 | 现场讲授 | 培训专家 | 培训学校 |
|  | 18：00—20：00 | 现场管理中的标准化 | 案例分析 | 培训专家 | 培训学校 |
| 第二天 | 10：00—12：00 | 跨部门合作的现场持续改善 | 课堂讲授 | 外聘讲师 | 公司会议室 |
|  | 14：00—16：00 | 基于合作的生产效率改善 | 小组讨论 | 外聘讲师 | 公司会议室 |
|  | 18：00—20：00 | 生产现场管理方法 | 视频录像 | 外聘讲师 | 公司会议室 |
| 第三天 | 10：00—12：00 | 如何培训生产部门基层领导 | 课堂讲授 | 培训专家 | 培训学校 |
|  | 14：00—16：00 | 如何培养生产人员职业化思维与职业心态 | 课堂讲授 | 培训专家 | 培训学校 |

3. 培训费用预算

为确保培训有效进行,人力资源部对制订的培训计划进行了详细预算,见表3—2。

表3—2　　　　　　　　　　培训计划的预算

| 培训费用项目 | 费用估算明细 |
| --- | --- |
| 教材资料费 | ××××元 |
| 讲师课时费 | ××××元 |
| 讲师交通费 | ××××元 |
| 讲师场地租金 | ××××元 |
| 讲师设备租金 | ××××元 |
| 讲师食宿费 | ××××元 |
| 费用总计 | ××××元 |

4. 培训纪律

在培训期间,生产经理需遵守公司相关培训制度,以下3点尤为重要:

(1) 培训课堂上,需要将手机调成震动状态,避免影响其他培训学员。

(2) 保证课堂纪律,不在上课期间抽烟,不在教室中随便走动。

(3) 若无特殊情况,生产经理不得缺席培训,如有其他工作安排确实无法参与培训者,生产经理需直接与人力资源部经理进行联系,由人力资源部对此进行协调。

### 三、培训评估与反馈

培训实施结束后,人力资源部对培训工作进行评估,主要包含对培训效果的评估、对培训组织者的评估、对培训讲师的评估等,从中找出问题,下次予以改进。

| 编制人员 | | 审核人员 | | 批准人员 | |
| --- | --- | --- | --- | --- | --- |
| 编制日期 | | 审核日期 | | 批准日期 | |

## 四、薪酬方案

### 某制造企业薪酬方案

**1. 目标与原则**

1.1 薪酬管理的目标

建立与公司战略相匹配的、富有竞争力和激励性的薪酬体系，吸引和保留符合企业发展需要的人才，充分调动员工的积极性，从而支持公司战略目标的实现。

### 1.2 薪酬管理的原则

#### 1.2.1 市场导向

公司以劳动力市场的一般薪酬状况为基准，保证薪酬在本行业与本地区具有恰当的竞争力，既不过分强调高收入、高待遇，也不过分控制人力成本。

#### 1.2.2 内部公平

公司薪酬遵循价值和效率优先的原则，反映职位价值、工作业绩和个人能力对员工收入的决定作用；同时，在公司内部的不同部门之间保持必要的平衡。

#### 1.2.3 分层分类

公司针对不同层级和类别的人员，基于特定的工作性质，采用不同的薪酬模式，以保证薪酬的合理性和激励性。

#### 1.2.4 总额控制

事业部和总部部门在薪酬总额预算的范围内，根据公司相关规定，对本事业部或部门自主进行薪酬管理。

#### 1.2.5 保密

公司关于薪酬政策、薪酬水平和薪酬结构的所有信息，未经允许并通过正常渠道，全体员工不得对内、对外予以泄露，违反薪酬保密原则的，以无违约金解除劳动合同处理。

## 2. 薪酬模式及其适用对象

公司针对不同层级或类别的人员，采用不同的薪酬模式，见表3—3。

表3—3　　　　　　　　　薪酬模式及其适用对象

| 薪酬模式 | 基本薪酬结构 | 适用对象 |
| --- | --- | --- |
| 职位工资制 | 基本工资＋绩效工资 | 一般职能人员和管理人员 |
| 提成工资制 | 有对中具体办法 | 事业部区域营销人员、国际贸易部和工程项目部相关人员 |
| 计件工资制 | ∑计件单价×加工数量 | 生产车间操作工人 |
| 年薪制 | 基本工资＋绩效工资＋效益工资 | 高级管理人员 |
| 谈判工资制 | 待定 | 可能的特聘人员 |

### 2.1 职位工资制

职位工资制是以职位评价为基础的工资制度，是公司的基本薪酬模式。除了适用于提成工资制、计件工资制、年薪工资制及谈判工资制的人员，其他人员均适用于职位工资制。如果没有特别说明，本制度所指"薪酬"，均属于职位工资制，其基本薪酬结构如下：

员工收入＝基本工资＋绩效工资

2.2 提成工资制

公司对与销售收入和利润直接相关的人员，采用提成工资制，包括各事业部区域营销人员、国际部相关人员。

事业部区域营销人员的工资制度由各事业部自行制定。

国际部提成工资制的基本薪酬结构为：

员工收入＝基本工资＋绩效工资＋提成工资

其中，基本工资和绩效工资参照职位工资制方法确定，提成工资在完成既定目标后得以计发。

2.3 计件工资制

公司对生产车间操作工人采用差别计件工资制，对不同的加工对象确定不同的计件单价。计件工资制管理办法由各事业部另行制定。

2.4 年薪制

年薪制原则上只适用于事业部总监（含）以上和总部部门经理（含）以上的高级管理人员，其基本薪酬结构为：

年薪收入＝基本工资＋绩效工资＋效益工资

其中，基本工资和绩效工资参照职位工资制方法确定，效益工资视公司年度经营业绩计发。

2.5 谈判工资制

对于可能的特聘人员，可采用谈判工资形式，即根据与特聘人员的薪酬谈判结果，由总裁确定其薪酬水平、薪酬结构和付薪方式。

2.6 员工其他收入

员工总体薪酬中的津贴、补助、福利、加班工资、特殊奖励等，根据公司其他相关规定执行，本制度不再另行说明。

**3. 薪酬总额构成**

公司的整体薪酬总额由事业部薪酬总额、总部各部门薪酬总额和总裁薪酬基金三大部分构成。其中事业部薪酬总额又分为事业部待分配薪酬总额和总经理薪酬基金两个部分，总部各部门薪酬总额又分为部门待分配薪酬总额和部门经理基金两个部分，如图3—1所示。

3.1 事业部薪酬总额

事业部薪酬总额是各事业部员工年度薪酬总和的限额。区域营销人员（适用

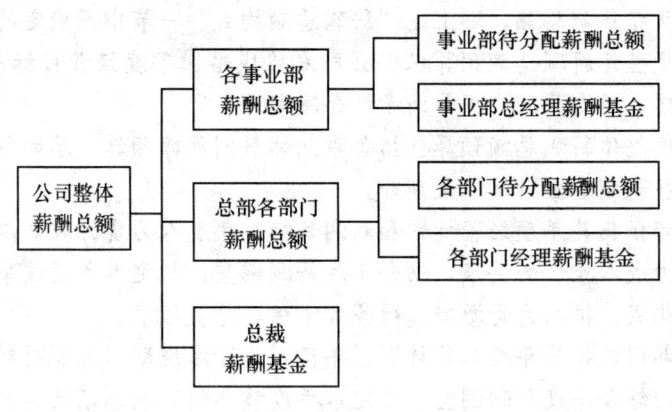

图 3—1  薪酬总额构成

于提成工资制）和生产车间操作工作（适用于计件工资制）的工资以及事业部年薪制相关人员薪酬中的效益工资部分，按既定标准和实际发生的情况计算，不计入事业部薪酬总额。

3.1.1  事业部待分配薪酬总额是发放给计划内的该事业部员工（适用于提成工资制和计件工资制的员工除外）的基本工资和绩效工资的总和。

3.1.2  事业部总经理薪酬基金是针对该事业部员工加班工资、新招募员工薪酬和特殊奖励等例外情况而预留的薪酬额度，仅限于本事业部使用，其具体管理办法由各事业部自行制定。

3.2  总部各部门薪酬总额

总部各部门薪酬总额是总部各部门员工年度薪酬总和的限额。与年薪或提成工资制相关的总部人员薪酬中的提成工资或效益工资部分，按既定标准和实际发生的情况计算，不计入总部各部门薪酬总额。

各部门待分配薪酬总额是发放给计划内的该部门员工的基本工资和绩效工资的总和。

各部门经理薪酬基金是针对该部门员工加班工资、新招员工薪酬和特殊奖励等例外情况而预留的薪酬额度，仅适用于本部门。

3.3  总裁薪酬基金

总裁薪酬基金是针对公司年薪制相关人员的效益工资、总部提成工资制相关人员的提成工资、特聘人员薪酬和特殊奖励等例外情况而预留的薪酬额度。总裁薪酬基金可根据年度经营业绩进行调整。

**4. 薪酬总额预算和控制**

4.1  薪酬总额预算

本制度所指薪酬总额，即上述"薪酬总额构成"一节中所确定的范围。

公司年度整体薪酬总额预算根据公司发展战略、年度经营目标与利润目标、成本控制策略、历史薪酬数据等因素综合决定。

公司年度整体薪酬总额预算包括各事业部薪酬总额预算、总部各部门薪酬总额预算和总裁薪酬基金预算三大部分。

各事业部根据其年度经营计划和利润目标、年度人力资源规划以及公司对于该事业部人力成本控制的要求，结合年度薪酬调整，拟定本年度该事业部薪酬总额及其具体构成，报人力资源部、财务部审核，总裁核准。

总部各部门根据其年度工作计划、年度人力资源规划以及公司对于人力成本控制的要求，结合年度薪酬调整，拟定本年度该部门薪酬总额及其具体构成，报人力资源部、财务部审核，总裁核准。

总裁办根据公司年度经营计划、利润目标和人力成本控制目标，以及各事业部/总部各部门工作计划，结合历史薪酬数据，拟定总裁薪酬基金的额度及其具体构成，报财务部审核，总裁核准。

### 4.2 薪酬总额控制

各事业部及总部各部门应当严格在薪酬总额预算的范围内自主进行薪酬发放及调整。

各事业部和总部各部门负责每月在薪酬发放日的前一周制订月度薪酬调整和发放计划，报人力资源部和财务部审核。

人力资源部负责每月向各事业部及总部各部门发布当前可用薪酬预算的报告，并及时提供分析警报。人力资源部和财务部可以在发现某事业部或总部某部门薪酬有可能超出预算时，对其实施暂时薪酬异动冻结，直至该事业部或总部该部门提出可行性解决方案为止。

由于客观情况的变化，需要对事业部薪酬总额预算进行调整的，由该事业部提出方案，报人力资源部、财务部审核，总裁批准；需要对总部薪酬总额预算进行调整的，由人力资源部提出方案，报财务部审核，总裁批准。

薪酬总额控制要与人力成本控制紧密相连，建立人力成本监控机制。人力资源部负责每月向总裁提交公司总体人工费用分析报表（各事业部/总部各部门各项薪酬项目的构成、人力成本利润率和人力成本率分析等）和公司总体薪酬总额预算执行情况报告。

### 5. 薪酬标准确定

#### 5.1 一般薪酬标准

公司运用国际职位评价工具（IPE），建立职位等级体系；同时，参照相应外部薪酬调查数据和内部历史薪酬数据，确定各职位等级对应的薪酬标准。

公司职位等级体系共分为 30 个职级，每个职级划分为 5 个职等。员工根据其所在职位进入相应职级，并视个人情况，确定其在该职级内的职等，从而对应不同的薪酬标准。

5.2　试用期和实习期薪酬标准

对于非应届毕业生，试用期薪酬标准按职业等级体系中确定的各职级试用期薪酬标准执行。

## 6. 薪酬标准应用

薪酬标准是对某一职位等级的员工的标准薪酬水平，员工的实际薪酬水平以薪酬标准为基础，根据出勤情况和绩效考核进行计发。

薪酬标准分为标准基础工资和标准绩效工资。根据职位等级不同，标准基础工资与标准绩效工资的比例有所不同。

## 7. 薪酬计算

7.1　基本工资

基本工资每月计算，每月发放。

基本工资的计算公式为：实发基本工资＝标准基础工资×出勤系数

7.2　绩效工资

绩效工资的计算和发放周期与绩效考核周期一致。

绩效工资的计算公式为：实发绩效工资＝标准绩效工资×绩效系数

## 8. 薪酬发放

8.1　发放时间

每月 10 日为员工上月薪资发放日，遇节假日顺延。

8.2　代扣代缴

对于员工当期个人所得税、社会保险费、水电费以及赔/罚款等，薪资发放时在员工薪资中进行扣除。

8.3　管理责任

总部员工薪资由人力资源部计算，薪资报表经总裁批准后，由财务部负责转账到银行。

事业部员工薪资由行政部组织计算，薪资报表经事业部总经理核准后，交人力资源部和财务部核对备案，然后由财务部转账到银行。

## 9. 转正调薪

非应届毕业生试用期满转正时，职级为 25 级以下的，由其科室填写"人事变动表"；25 级以上的，需由本人提交试用期工作书面总结，再由直属主管填写

"人事变动表"。转正后的薪酬标准按其所在职级的职等一或职等二确定，试用期表现特别突出的，可定为职等三。

应届毕业生试用期满转正时，需填写试用期总结报告，经辅导老师书面评价，由所属部门填写"人事变动表"进行定岗定薪，原则上按其所在职等的职等一为薪酬标准。

### 10. 转岗调薪

当员工发生职位转换时，薪酬随职位所在职级进行调整。其中，由低职级转到高职级的，薪酬标准按新职级中高于该员工原薪酬标准的第一个职等确定；由高职级转到低职级的，薪酬标准维持不变或按新职级中与原职级对应的职等确定。员工职级上调时，在新职务或岗位有3个月的试用期，期间维持原薪酬标准。

### 11. 特别调薪

当员工在工作中有重大贡献或失误，以及员工现有薪酬标准尚未达到该员工所在职位等级薪酬标准的，可在薪酬总额预算的范围内，对员工进行特别调薪，包括向上和向下调薪，调薪范围原则上仅限于该员工原所在职级。

### 12. 年度调薪

#### 12.1 总体调薪

公司每年根据自身发展状况和外部薪酬数据变化，可以对职位等级体系及其总体或局部薪酬标准进行调整。

#### 12.2 个人调薪

个人调薪是指除了转正或转岗调薪及公司总体调薪之外，根据员工个人情况的变化而发生的薪酬调整。

个人调薪是在原有职级内部，对所在职等进行向上或向下调整。在个人调薪中，当员工处于某一职级的最高职等时，向上调整不再发生；反之，当员工处于某一职级的最低职等时，向下调整不再发生。

个人调薪的依据及其对应的调薪标准见表3—4。

表3—4　　　　　　　　调薪依据和调薪标准

| 调薪依据 | 调薪标准 |
| --- | --- |
| 司龄 | 在公司的司龄每增加4年，上调一个职等 |
| 学历 | 每高于职位标准一级，上调一个职等 |
| 职称或职业资格 | 每高于职位标准一级，上调一个职等 |
| 业绩 | 年度绩效考核成绩为A的，上调一个职等<br>年度绩效考核成绩为D以下的，下调一个职等 |

个人调薪每年末进行一次,如果本年度该员工曾经进行转正、转岗以及特别调薪的,则个人调薪不再进行。

**13. 调薪权限**

公司年度总体调薪,由人力资源部每年在拟定公司总体薪酬总额预算的同时提出方案,报总裁审核,董事会批准。

针对个人的调薪(主要是特别调薪),相关权限见表3—5和表3—6。

表3—5　　　　　　　　总部员工薪酬调整权限表

| 薪酬标准 | 调薪申请 | 审查 | 核准 |
| --- | --- | --- | --- |
| 5 000元以下 | 用人部门 | 人力资源部根据制度/预算及职位评估进行平衡 | 总裁核准"薪酬异动月报表" |
| 5 000元以上(含) | 用人部门 | 人力资源部 | 总裁 |

表3—6　　　　　　　　事业部员工薪酬调整权限表

| 薪酬标准 | 调薪申请 | 审查 | 核准 |
| --- | --- | --- | --- |
| 5 000元以下 | 用人部门 | 行政部 | 事业部总经理 |
| 5 000元以上(含) | 用人部门至行政部至事业部总经理 | 人力资源部根据制度/预算及职位评估进行平衡 | 总裁 |

**14. 危机降薪**

当公司面临严重经济困难或遭受重大经济损失时,公司可以启动危机降薪方案,降低公司整体的薪酬标准,以使公司渡过难关。危机降薪方案由公司董事会决定。

## 五、绩效考核设计方案

## 绩效考核设计方案

### 一、实施绩效考核的目的

为了不断提高员工的职业能力和改进工作绩效,提高员工在工作执行中的主动性和有效性。具体表现为:

1. 作为薪资或绩效奖金调整的依据。
2. 作为赏罚的依据。
3. 作为晋升或降级的依据。
4. 作为员工提高竞争意识与危机意识的手段。

5. 识别培训的需求。
6. 将组织目标和个人目标联系起来。
7. 改进员工的绩效。
8. 提高员工的能力。

**二、绩效考核方案实施的范围**

本方案适用于公司内所有在岗正式员工。

**三、岗位分析和编写岗位说明书**

逐级编写，明确工作关系和岗位职责，为绩效考核指标的制定提供依据。

**四、绩效考核的方面**

1. 业绩贡献：数量、效率、品质、成本、时间、创新等。
2. 工作态度：积极性、主动性、责任感、协作、遵纪等。
3. 业务能力：专业技术能力、计划能力、组织能力、控制能力、激励能力、沟通能力等。

**五、绩效考核指标的设计**

绩效考核指标包括任务绩效指标和能力态度指标。

（一）任务绩效指标与具体岗位的工作内容密切相关的，从工作的数量、质量、时效、成本和他人的反应等方面加以评价

1. 任务绩效指标设计来源

（1）任务绩效目标分解，从宏观角度来说，与公司战略及职责界定相关。

以公司战略目标和公司组织结构来制订年度工作计划进行绩效目标分解。

（2）任务绩效目标分解，从微观角度来说，与部门所承担的关键职责和目标相关。

以部门年度计划为基础，以岗位职责为依据，以关键目标为核心来进行绩效目标分解。

2. 任务绩效指标分解方法

从目标管理理念出发，采用关键绩效指标分解法，结合平衡记分卡的理念，从战略方向与经营目标倒推部门与岗位指标，形成对公司战略的层层支持。

（1）任务绩效指标分解层次。公司级指标目标→部门级指标目标→员工工作任务目标。

（2）任务绩效指标分解采取自上而下的步骤。

（二）能力态度指标设计来源与分解方法（见图3—2）

**六、绩效考核的流程**

人力资源部发出绩效考核通知（空白绩效考核表）→考核对象自评→考核主

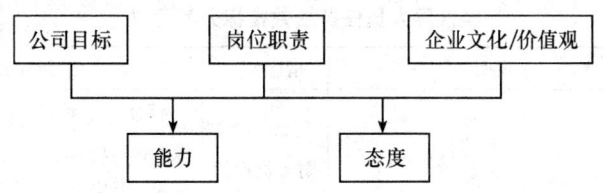

图 3—2　能力态度指标设计来源与分解方法

体进行考核评价（打分后的绩效考核表）→绩效面谈→考核对象是否同意考核结果→是，考核对象签字/否，二级主管进行裁定→考核主体签核（签核后的绩效考核表）→确认并统计公司考核结果（存档的绩效考核表）。

### 七、绩效考核设计方案

本方案分为经营层、管理层、一般员工（一般员工又分为支持序列员工、销售序列员工、研发技术序列员工、生产序列员工）的绩效考核。

（一）经营层

1. 经营层人员考核指标及权重（见表 3—7）

表 3—7　　　　　经营层人员考核指标及权重

| 指标类别 | 考核指标 | 考核周期 | 权重 |
| --- | --- | --- | --- |
| 任务绩效指标 | 经营性指标<br>重点工作<br>阶段性任务 | 年度（年中进行回顾） | 80% |
| 能力态度绩效 | 领导与决策<br>专业技能<br>下属培养<br>沟通与团队协作<br>关系建立与维护<br>创新意识<br>主动性<br>责任心 | 年度 | 20% |

2. 经营层人员任务绩效指标分解建议（见表 3—8）

3. 经营层人员考核主体及周期

（1）考核主体

1）任务绩效指标。主要以控股公司或集团总裁考核为主，自我评价仅作为主管评价的参考和自我评价对照的依据。

表 3—8　　　　　　　　经营层人员任务绩效指标分解建议

| 指标类别 | 说明 | 指标大类 | 指标名称 |
| --- | --- | --- | --- |
| 经营性指标 | 经营性指标指可以量化的、从公司经营目标分解下来的指标，是股东和董事会所关注的反映企业经营质量与结果的指标<br>经营性指标是根据经营层人员的职责分工进行有侧重的分解下达 | 财务类指标 | 如利润或毛利、投资收益率、销售额、销售增长率、资产周转率、资产负债率、总资产增长率、存货周转率、应收账款周转率等 |
| | | 客户类指标 | 如市场占有率或增长、新客户增长率或数量、新客户销售额所占比重等 |
| | | 过程类指标 | 如制度与体系的建立与更新、生产安全、产量、产品质量、成本等 |
| | | 成长类指标 | 核心人员流动率、新产品推出数量、推出速度、新产品销售额所占比重等 |
| 重点工作 | 与个人岗位职责相关的，公司作为年度工作计划重点开展的工作 | | |
| 阶段性任务 | 在阶段内公司要达成的工作 | | |

2) 能力态度绩效。采用 360 度考核方式，由被考核者的上级、同级、下级、自我进行全方位评价；不同考核主体所占权重不同，上级占 60%，同级占 20%，下级占 20%，自我评价仅作为个人制订发展计划时的对照依据。

（2）考核周期

1) 任务绩效指标。采用年度考核，次年 1 月进行考核。7 月进行绩效目标回顾，控股公司总裁与任职者年中对目标进行回顾面谈，就目标完成进展情况或目标调整情况进行沟通后双方签字确认。

2) 能力态度绩效。采用年度绩效考核，次年 1 月进行考核。

4. 经营层人员考核分数计算

（1）经营层管理人员的半年度预发绩效奖金。在年中业绩目标回顾时，按照绩效考核结果预发绩效年薪的 30%。

（2）经营层管理人员年度绩效得分计算。个人年度绩效奖金得分＝任务绩效考核得分×80%＋能力态度绩效考核得分×20%

（3）经营层管理人员年度奖金

个人年度应发绩效奖金＝绩效年薪×个人年度绩效奖金得分÷100

个人年终实发绩效奖金＝个人年度绩效奖金－半年度预发绩效奖金

（二）管理层

1. 管理层人员考核指标及权重（见表3—9）

表3—9　　　　　　　管理层人员考核指标及权重

| 指标类别 | 考核指标 | 考核周期 | 权重 |
| --- | --- | --- | --- |
| 任务绩效指标 | 重点任务 | 季度 | 70% |
| | 阶段性任务 | | |
| 能力态度绩效 | 执行力 | 年度 | 30% |
| | 专业知识与技能 | | |
| | 组织协调能力 | | |
| | 分析判断能力 | | |
| | 沟通与团队协作 | | |
| | 下属培养 | | |
| | 主动性 | | |
| | 责任心 | | |

2. 管理层人员任务绩效指标分解建议（见表3—10）

表3—10　　　　　管理层人员任务绩效指标分解建议

| 指标类别 | 说明 | 指标大类 | 指标名称 |
| --- | --- | --- | --- |
| 重点任务 | 管理人员重点任务可以分为部门管理、重点工作、下属培养三大类<br>1. 重点工作包括为公司下达到部门的指标以及从岗位职责内分解的工作<br>2. 部门管理主要侧重部门内部制度、体系及流程的建立及规范等<br>3. 下属培养指的是对员工的能力培养及指导 | 重点工作 | 根据公司经营目标、年度预算及年度工作计划，分解到各部门的、与部门职责相关的重点工作 |
| | | 部门管理 | 如部门费用预算达成率、规划、计划制定、制度、流程建设、协作配合满意度等 |
| | | 下属培养 | 部门培训计划完成率、员工自然流动率、员工违纪情况、培训参与率、内部员工满意度等 |
| 阶段性任务 | 与职责相关的，但仅为一定阶段内需要达成的工作 | | |

3. 管理层人员考核主体和考核分数计算

（1）考核主体

1）任务绩效指标。主要以直接上级考核为主，自我评价仅作为主管评价的参考和自我评价对照的依据。

2）能力态度绩效。采用360度考核方式，由被考核者的上级（直接上级和间接上级）、同级、自我进行全方位评价；不同考核主体所占权重不同，上级占70%，同级占30%，自我评价仅作为个人制订发展计划时的对照依据。

（2）考核分数计算

个人季度绩效考核得分＝任务绩效各项指标评分与其权重之积的和

个人年终绩效考核得分＝[（个人季度考核得分之和÷4）×70%＋能力态度绩效能力指标得分×30%]×公司总经理年终任务绩效得分÷100

4. 管理层人员绩效奖金分配

（1）管理人员的绩效奖金

个人季度绩效奖金＝个人季度奖金发放基数×个人季度绩效考核得分÷100×校正系数

个人年终绩效奖金＝个人年终绩效奖金基数×奖金等级系数

（2）个人绩效奖金基数（见表3—11）

表3—11　　　　　　　　　个人绩效奖金基数

|  | 第1～3季度的季度奖金基数 | 年终奖金基数 |
| --- | --- | --- |
| 管理型公司 | 年度岗位薪资×3% | 年度岗位薪资×6% |
| 经营型公司 | 年度岗位薪资×4% | 年度岗位薪资×8% |

（三）一般员工考核方案

1. 支持序列员工

（1）支持序列员工考核指标及权重（见表3—12）。支持人员的任务绩效指标考核采用工作计划考核的方式，上级主管根据部门工作重点以及员工个人岗位职责，制订考核期内的工作计划，计划需包括具体工作任务、完成时间、任务权重等要素。

（2）支持序列员工考核主体及考核分数计算

1）考核主体。主要以直接上级考核为主，自我评价仅作为主管评价的参考和自我评价对照的依据。

2）考核分数计算

个人季度绩效考核分数＝任务绩效各项指标评分与其权重之积的和

年终绩效奖金分数＝[（个人季度考核得分之和÷4）×60%＋能力态度绩效能力指标得分×40%]×公司总经理年终任务绩效得分÷100

（3）支持序列员工绩效奖金分配

1）支持序列员工的绩效奖金

表 3—12　　　　　　　　支持序列员工考核指标及权重

| 指标类别 | 考核指标 | 考核周期 | 权重 |
| --- | --- | --- | --- |
| 任务绩效指标 | 重点工作 | 季度 | 60% |
| | 阶段性任务 | | |
| 能力态度绩效 | 主动性 | 年度 | 40% |
| | 责任心 | | |
| | 遵守纪律 | | |
| | 分析判断能力 | | |
| | 解决问题能力 | | |
| | 沟通能力 | | |
| | 学习能力 | | |

个人季度绩效奖金＝个人季度奖金发放基数×个人季度绩效考核得分÷100×校正系数

个人年终绩效奖金＝个人年终绩效奖金基数×奖金等级系数

2）支持序列员工的个人绩效奖金基数（见表 3—13）

表 3—13　　　　　　　支持序列员工的个人绩效奖金基数

| | 第 1～3 季度的季度奖金基数 | 年终奖金基数 |
| --- | --- | --- |
| 管理型公司 | 年度岗位薪资×2% | 年度岗位薪资×4% |
| 经营型公司 | 年度岗位薪资×3% | 年度岗位薪资×6% |

2. 销售序列员工

（1）销售序列员工考核指标及权重（见表 3—14）。销售序列员工的任务绩效指标以销售指标为主，包括销量、回款等，同时还需要考虑客户管理、市场开发等方面的指标。

（2）销售序列员工考核主体及考核分数计算

1）考核主体。主要以直接上级考核为主，自我评价仅作为主管评价的参考和自我评价对照的依据。

2）考核分数计算

个人季度绩效考核得分＝任务绩效各项指标评分与其权重之积的和

个人年终绩效奖金得分＝［（个人季度考核得分之和÷4）×70％＋能力态度绩效得分×30％］×公司总经理年终任务绩效得分÷100

（3）销售序列员工绩效奖金分配

表 3—14　　　　　　　　　　　销售序列员工考核指标及权重

| 指标类别 | 考核指标 | 考核周期 | 权重 |
| --- | --- | --- | --- |
| 任务绩效指标 | 销售指标 | 季度 | 70% |
| | 客户管理类指标 | | |
| | 阶段性任务 | | |
| 能力态度绩效 | 主动性 | 年度 | 30% |
| | 责任心 | | |
| | 遵守纪律 | | |
| | 分析判断能力 | | |
| | 解决问题能力 | | |
| | 服从安排 | | |
| | 谈判能力 | | |

1) 销售序列员工的绩效奖金。个人季度绩效奖金按照提成方案进行考核发放。

个人年终绩效奖金＝个人年终绩效奖金基数×奖金等级系数

2) 销售序列员工个人绩效奖金基数（见表 3—15）

表 3—15　　　　　　　　　　销售序列员工个人绩效奖金基数

| | 季度奖金基数 | 年终奖金基数 |
| --- | --- | --- |
| 管理型公司 | — | — |
| 经营型公司 | 计入提成 | 年度岗位薪资×10% |

3. 研发、技术序列员工

（1）研发、技术序列员工考核指标及权重（见表 3—16）。研发、技术序列员工的任务绩效指标考核采用工作计划考核与关键绩效指标相结合的考核方式。

（2）研发、技术序列员工考核主体及考核分数计算

1) 考核主体。主要以直接上级考核为主，自我评价仅作为主管评价的参考和自我评价对照的依据。

2) 考核分数计算

个人季度绩效考核得分＝任务绩效各项指标评分与其权重之积的和

年终绩效奖金得分＝[（个人季度考核分数之和÷4）×60%＋能力态度绩效能力指标得分×40%]×公司总经理年终任务绩效得分÷100

（3）研发、技术序列员工绩效奖金分配

表3—16　　　　　　研发、技术序列员工考核指标及权重

| 指标类别 | 考核指标 | 考核周期 | 权重 |
| --- | --- | --- | --- |
| 任务绩效指标 | 重点工作 | 季度 | 60% |
| | 阶段性任务 | | |
| 能力态度绩效 | 主动性 | 年度 | 40% |
| | 责任心 | | |
| | 遵守纪律 | | |
| | 分析判断能力 | | |
| | 解决问题能力 | | |
| | 学习与创新能力 | | |

1) 研发/技术序列员工的绩效奖金

个人季度绩效奖金＝个人季绩效度奖金发放基数×个人季度绩效考核得分÷100×校正系数

个人年终绩效奖金＝个人年终绩效奖金基数×奖金系数

2) 研发序列员工个人绩效奖金基数（见表3—17）

表3—17　　　　　　研发序列员工个人绩效奖金基数

| | 第1～3季度的季度奖金基数 | 年终奖金基数 |
| --- | --- | --- |
| 管理型公司 | 年度岗位薪资×2% | 年度岗位薪资×4% |
| 经营型公司 | 年度岗位薪资×3% | 年度岗位薪资×6% |

4. 生产序列员工

(1) 生产序列员工考核指标及权重（见表3—18）。生产人员的任务绩效指标考核以生产任务的完成、安全、现场管理等指标为主。

(2) 生产序列员工考核主体及考核分数计算

1) 考核主体。主要以直接上级考核为主，自我评价仅作为主管评价的参考和自我评价对照的依据。

2) 考核分数计算

个人月度绩效考核得分＝任务绩效各项指标评分与其权重之积的和

年终绩效奖金得分＝[（个人月度考核得分之和÷12）×60%＋能力态度绩效得分×40%]×公司总经理年终任务绩效得分÷100

(3) 生产序列员工绩效奖金分配

1) 生产序列员工的绩效奖金

表 3—18 生产序列员工考核指标及权重

| 指标类别 | 考核指标 | 考核周期 | 权重 |
| --- | --- | --- | --- |
| 任务绩效指标 | 重点工作 | 季度 | 60% |
|  | 阶段性任务 |  |  |
| 能力态度绩效 | 主动性 | 年度 | 40% |
|  | 责任心 |  |  |
|  | 遵守纪律 |  |  |
|  | 服从安排 |  |  |
|  | 执行力 |  |  |
|  | 分析判断能力 |  |  |
|  | 解决问题能力 |  |  |

个人月度绩效奖金＝个人月度绩效奖金发放基数×个人月度绩效考核得分÷100×校正系数

个人年终绩效奖金＝个人年终绩效奖金基数×奖金等级系数

2）生产序列员工个人绩效奖金基数（见表 3—19）

表 3—19 生产序列员工个人绩效奖金基数

|  | 1—11月月度奖金基数 | 年终奖金基数 |
| --- | --- | --- |
| 管理型公司 | — | — |
| 经营型公司 | 年度岗位薪资×2.7% | 年度岗位薪资×5.4% |

（四）绩效考核方案要素汇总（见表 3—20）

表 3—20 绩效考核方案要素汇总

| 岗位序列 | 管理型公司 ||||| 经营型公司 |||||
| --- | --- | --- | --- | --- | --- | --- | --- | --- | --- | --- |
| | 任务绩效指标 || 能力态度指标 || 绩效奖金 ||| 任务绩效指标 || 能力态度指标 || 绩效奖金 |||
| | 考核周期 | 权重 | 考核周期 | 权重 | 绩效奖金比例 | 每个考核周期绩效奖金基数 | 奖金发放频率 | 考核周期 | 权重 | 考核周期 | 权重 | 绩效奖金比例 | 每个考核周期绩效奖金基数 | 奖金发放频率 |
| 经营层 | 年度 | 80% | 年度 | 20% | 40% | A×40% | 年中＋年度 | 年度 | 80% | 年度 | 20% | 40% | A×40% | 年中＋年度 |

续表

| 岗位序列 | 管理型公司 ||||| | 经营型公司 ||||| |
|---|---|---|---|---|---|---|---|---|---|---|---|---|
| | 任务绩效指标 || 能力态度指标 || 绩效奖金 ||| 任务绩效指标 || 能力态度指标 || 绩效奖金 |||
| | 考核周期 | 权重 | 考核周期 | 权重 | 绩效奖金比例 | 每个考核周期绩效奖金基数 | 奖金发放频率 | 考核周期 | 权重 | 考核周期 | 权重 | 绩效奖金比例 | 每个考核周期绩效奖金基数 | 奖金发放频率 |
| 管理序列 | 季度 | 70% | 年度 | 30% | 20% | A×3% | 季度+年度 | 季度 | 70% | 年度 | 30% | 20% | A×4% | 季度+年度 |
| 支持序列 | 季度 | 60% | 年度 | 40% | 15% | A×2% | 季度+年度 | 季度 | 60% | 年度 | 40% | 15% | A×3% | 季度+年度 |
| 销售序列 | — | — | — | — | — | — | 季度+年度 | 季度 | 70% | 年度 | 30% | 50% | A×10% | 季度+年度 |
| 研发、技术序列 | 季度 | 60% | 年度 | 40% | 15% | A×2% | 季度+年度 | 季度 | 60% | 年度 | 40% | 15% | A×3% | 季度+年度 |
| 生产序列 | — | — | — | — | — | — | 季度+年度 | 月底 | 60% | 年度 | 40% | 35% | A×2.7% | 月度+年度 |

说明：A 代表年度岗位薪资

# 第四单元　人力资源常用公文书写技能实训

**【学习目标】**

通过本单元的学习与训练，使实训对象能够熟练掌握人力资源管理中常用的公文写作技巧。能够按照要求及实际情况撰写各种公文。

**【本章重点】**

公文撰写。

**【关键技能】**

工作计划撰写能力；工作报告撰写能力；常用公文撰写能力。

人力资源管理常用公文是应用公文中的一个大类，指的是机关、事业、企业等各种社会组织在人才招聘、绩效考核、工资福利、流动配置、培训开发、退休退职、社会保险、劳动关系等人力资源管理方面的所用公文的总称。本单元将介绍人力资源常用公文的类型及写作方法。

## 一、人力资源管理工作计划

1. 什么是工作计划

工作计划是国家机关、社会团体和企事业单位对一定时期内的工作预先提出目标、要求、措施及安排而使用的一种实用性文体。

2. 如何写工作计划

计划的结构是：标题＋正文＋落款＋成文日期，具体写法如下：

（1）标题。制订计划部门名称＋计划期限＋计划内容＋计划种类。

（2）正文。包括制订计划的依据、目的，制订计划的目标、步骤、措施和结尾三部分。

1）制订计划的依据、目的——前言。这一部分相当于计划的前言，主要说明计划的原因和依据，包括达到的目的，前一阶段工作情况，当前的形势要求和现状，上级的有关政策、指示、要求、指导思想等。这一部分常用"特""为此"之类的词语过渡到下文。如"特制订计划如下""为此，制订计划如下"。

2）制订计划的目标、步骤、措施——主体。这一部分相当于计划的主体，是计划的核心内容，要写出计划的任务、措施、步骤和时限。在写作方法上，一般采用分条列项的方式，用小标题或者序号标明层次，然后逐项写出具体任务和具体目标；措施和步骤是完成任务的保证，措施要具体，分工要明确，步骤要有序；时间安排应当具体，到什么时间，完成哪些任务，要逐一说明。

3）结尾部分可以强调计划的要点、工作的关键环节；可以分析计划执行中可能出现的问题，说明注意事项；也可以提出号召希望，鼓励员工为实现计划而努力。

（3）落款。在正文的右下方，写明制订计划的单位的规范名称。如标题中出现制订计划部门的名称，落款可省略。

（4）成文日期。写在落款的下面，写明计划制订的具体时间。

注：上报或下发的计划应在署名和日期上加盖公章。

3. 范例 4—1：工作计划

## ××公司 2008 年度人力资源工作计划

本公司在 2007 年度基本完成了相关的任务。今年，我们将一如既往，按照公司的总体工作部署，在去年工作的基础上，本着"多沟通、多协调、积极主动、创造性地开展工作"的指导思想，发扬"精诚团结、求真务实"的工作作风，全面开展 2008 年度的工作。现制订工作计划如下：

**一、人力资源**

（一）建立人力资源规划工作机制

协助调查和分析公司目前的人力资源配置情况，为招聘、加班、合理配置、定员定岗、管理层的人事决策等提供依据。

根据公司发展规划，提出与之相匹配的人力资源规划。

（二）招聘与配置

1. 建立特殊人才（如售后工程师、研发人员、海外销售人员等）的储备机制及长期招聘渠道。

2. 计划于国内重点高校建立优秀人才长期供应关系。

3. 收集和关注国内知名招聘网站的人才信息。

4. 在实际应用中完善已修订的员工招聘操作规程、流程及相关表单。

5. 协助各部门实施招聘。

6. 建立招聘档案。

（三）培训

……

（四）绩效考核

……

（五）劳动关系管理

……

2007 年 12 月 25 日

## 二、人力资源管理报告

1. 什么是人力资源管理报告

报告是用于向上级部门汇报工作、反映情况、答复上级部门询问时所使用的陈述性公文，属于上行文。

报告分类繁复，根据报告的性质和用途来分类，可分为工作报告、情况报告、答复报告和报送报告。而日常的人力资源工作中，常用工作报告是指汇报工作的报告，包括汇报例行工作、成绩经验、问题教训、今后打算，汇报完成上级交办事项的结果，汇报工作进度等工作事项。下文以工作报告为例介绍如何写报告。

2. 如何写报告

报告的结构是：标题＋正文＋落款＋成文日期。具体写法如下：

（1）标题。由报告单位、事由、文种三部分构成。

（2）正文。由报告原由、报告事项、结尾三部分构成。

1）报告原由。通常写明报告的目的，或概括地提示报告的主要内容，或简要介绍报告的事项、情况等。

2）报告事项。一般包括各方面或某方面工作所取得的成绩、经验及问题。

3）结尾。一般在陈述完报告事项后，或说明以后的工作设想，或提出工作意见或建议，或者用"特此报告""专此报告"等尾语结束。不可写请示事项。

（3）落款。落款应在正文的右下方，写明制订计划的单位的规范名称。如标题中出现了制订计划部门的名称，落款可省略。

（4）成文日期。写在落款的下面，写明计划制订的具体时间。

3. 范例4—2：报告

**关于我区就业再就业工作目标完成情况的报告**

区政府：

现将全区今年就业再就业工作目标完成情况汇报如下。

一、基本情况

……

二、主要做法

（一）实行目标考核管理

（二）落实政策扶持

（三）加强就业服务及职业培训平台建设

（四）强化就业再就业工作台账

三、存在问题

（一）政策落实不到位

（二）少数部门重视不够

（三）就业稳定性差

四、下半年打算

……

特此报告，请审阅。

××区人力资源和社会保障局<br>××××年××月××日

## 三、人力资源管理其他公文

1. 请示

（1）什么是请示。请示是用于向上级请求指示、批准的公文。

（2）如何写请示。请示的结构：标题＋主送上级部门＋正文＋落款＋成文日期。

1）标题。包括发文部门、事由、文种三部分。

2）主送上级部门。上级部门即负责受理的部门。

3）正文。包括发文原由、请示事项、结尾三部分。

发文原由是请示正文的开头，往往需要说明请示的原因、目的和依据，有的还需要说明背景。

请示事项是请求上级部门指示、批准的内容。请示事项应具有可行性和可操作性，为利于批准，可进一步提出可行的办法、措施或建议。

结尾常以简短的文字概括请示的具体要求，常以尾语形势表达，一般有"当否，请批示""以上要求，请予批准""妥否，请批复"等。

4) 落款和成文日期。落款是指发出请示的部门，必要时还需要部门负责人签字。成文日期是指发出请示的日期。

(3) 范例4—3：请示

**关于在公司内试行部门职责说明书的请示**

公司领导：

为加强公司内部管理，进一步明确岗位职责，充分调动员工积极性，提高工作效率，便于业绩考核，人力资源部在调查研究的基础上，拟写了公司各部门职责说明书。部门职责说明书中较详细地介绍了各部门的宗旨、职责、基本任务，体现了责权利的统一。如无不妥，建议在公司各部门中试行。经试行一段时间后，再进行修改完善。

妥否，请批示。

附：各部门职责说明书（略）

人力资源部
2007年6月10日

2. 通知

(1) 什么是通知。通知是要求有关单位和人员周知、办理或共同执行的普遍使用的文种。

通知根据适用范围可分为指示性通知，任免人员的通知，颁布、转发性通知和事项性通知（如会议通知）。

(2) 如何写通知。通知的结构：标题＋主送部门＋正文＋落款＋成文日期。

1) 标题。一般有三种形式。

形式一：发文部门＋事由＋文种（通知），往往用于重要通知。

形式二：事由＋文种（通知），常用于一般性通知和内容单一的通知。

形式三：文种（通知），适用于单位内部的通知，正式发文的通知不应采用此种方式。

2) 主送部门。通知的发送应该很明确。

3) 正文。一般由通知事由、通知主体、结尾三部分构成。

①通知事由。写明制发通知的理由、目的、依据或情况。

②通知主体。即通知事项。要求受文单位承办、执行或知晓的事项。倘若遇到事项较多时，可将事项分条列项排序。

③结尾。通常有三种写法。一是事项结束，全文自然结尾，不写结束语；二是用习惯用语"特此通知"等收尾，但前言和主体若用"特作如下通知"等作为过渡语，不宜在结尾处再用；三是用简单的文字再次明确主题或作必要的说明，以引起重视。

4) 落款。在正文的右下方，写明制订计划的单位的规范名称。如标题中出现制订计划部门名称，落款可省略。

5) 成文日期。一般写在落款之下，也可写在标题下。

(3) 范例4—4：通知

**关于召开公司中层以上人员会议的通知**

公司各部门：

公司决定于2007年11月2—3日召开中层以上人员会议。

一、会议主要内容：公司前阶段工作情况通报、公司规章制度完善情况总体介绍、薪酬体系设计情况介绍、劳动合同管理情况介绍等。

二、参加人员：院领导、公司总部部门副经理及以上人员、各项目组总监（副总监）、顾问专家组全体成员。

三、会议地点：总部三楼会议室。

请各项目参会人员准时出席会议。

公司办公室<br>2007年10月30日

3. 启事

(1) 什么是启事。启事是行政机关、社会团体、企事业单位或公民个人为公开声明某件事情所适用的告知性应用文书。启事可以张贴在允许张贴的公共场所，也可以刊登在报纸杂志上，或由电台、电视台播出。

在人力资源管理活动中，常使用招聘启事，要求写清时间、地点、原因、目的、事项、条件、联系人及联系方式等。

(2) 如何写启事。启事的结构：标题＋正文＋落款＋日期。

1) 标题。标题写在首行止中。如招聘启事、重要启事、寻人启事，也可将"启事"两字省去。

2) 正文。根据不同种类有所不同。如果是招聘启事，则要写明招聘目的、招聘对象、招聘条件、应招办法等。

3) 落款。写在正文右下方，包括公布启事的部门名称或个人姓名。

4) 日期。写在落款之下。

(3) 范例 4—5：招聘启事

**招聘启事**

简介：×××研发部成立于 2003 年 10 月，是集软件开发和技术研究于一体的高新技术部门，并且按照总行软件开发中心的各项规范，开发符合业务发展要求的各类电子化金融软件产品。

×××研发部具有先进的技术设施、良好的工作环境和综合研发能力。目前，研发部正处于快速发展的阶段，为适应电子化金融产品开发需要，现招聘软件开发人才。欢迎应届高校毕业生加盟，携手共创美好未来。

应聘条件：

应届毕业生

招聘专业：

计算机科学与技术（及相关专业）、数理统计（及相关专业）、金融专业（及相关专业）等

应聘岗位：

软件开发、软件测试

应聘材料：

填妥《ICBCSDC 应聘专用表》附上彩色证件照（无照片无效）；毕业生推荐表复印件（校方盖章原件复印件有效）、成绩总表复印件（校方盖章原件复印件有效）及其他相关材料复印件

应聘方式：

邮寄：××××××××研发部　邮编：××××××

（请在信封左下角注明"应届毕业生应聘"）

e-mail：×××@sina.com

截止日期：

2008 年 02 月 10 日

×××研发部

2007 年 12 月 10 日

4. 会议记录

(1) 什么是会议记录。会议记录是记录会议组织、议程、报告、发言、决议等基本情况的应用文书。会议记录可分为摘要会议记录和详细会议记录。

(2) 如何写会议记录。会议记录的结构：标题＋会议基本情况＋会议的内容。

1）标题。包括会议名称、文体两部分。
2）会议基本情况
①会议的名称。
②会议的时间。
③会议的地点。
④会议的出席人、列席人、缺席人，缺席人注明缺席原因。
⑤会议的主持人。
⑥会议的记录人。
3）会议的内容
①会议的议题。
②会议的报告。
③会议的发言。
④会议的讨论过程。
⑤会议提出的问题。
⑥会议做出的决议等。
（3）范例4—6：会议记录

## ××公司人力资源部会议记录

➢ 时间：

➢ 地点：

➢ 出席者：

➢ 缺席者：××（病）

➢ 主持人：

➢ 记录人：

➢ 会议内容：

1. 传达上级文件

2. 学习会议材料

3. 讨论记录（各人发言，略）

4. 决议

①

②

③

➢散会。

5. 工作总结

（1）什么是工作总结。工作总结是单位或个人对前一阶段工作情况的回顾分析，肯定成绩、归纳经验教训而撰写的应用公文。

（2）如何撰写工作总结。总结的结构：标题＋正文＋落款＋日期。

1）标题。标题必须准确简洁。一般有以下几种写法：

①文件式标题。由单位名称、时限、内容、文种组成，如《××商场2006年销售工作总结》《××公司人力资源部2007年工作总结》。

②文章式标题。用简练的语言概括总结的主要内容或基本观点，如《股份制使企业走上快速发展之路》《以人为本，热情周到——××商场促销工作总结》。

2）正文。包括基本情况、取得成绩、存在问题、努力方向及改进意见及措施。

①基本情况。简明扼要地叙述工作的基本情况。

②取得成绩。可以用事实材料和具体事例、准确的数字、典型的事例、成绩及措施方法等，总结取得的成绩和经验。

③存在问题。分析存在的问题和不足。

④努力方向、改进意见及措施。对存在问题提出改进意见，说明努力方向和具体措施。

3）落款。部门总结的落款一般在正文的右下方，如果用于发表、交流，可把部门名称写在标题下面。个人总结的署名，一是写在正文右下方，二是居中排列于标题下。

4）日期。写在正文右下方的落款下方。

（3）范例4—7：工作总结

## ××公司人力资源部2007年度工作总结

2007年，是收获的一年，也是我们飞速发展的一年。今年，本部门在公司领导的正确指导下，在全体员工的共同努力下，紧紧围绕公司创业、创新、创造的"三创"主线，努力学习，积极工作，同心协力，努力完成了上级和公司领导交给的各项工作任务。

一、积极学习，不断开拓

二、考核工作方面

三、人力资源的管理和调配方面

四、主要经验和教训

（一）经验（略）

（二）教训（略）

××公司人力资源部

2007年××月××日

6. 申请书

（1）什么是申请书。申请书是部门、集体、个人为实现其愿望、要求，向领导部门或组织提出申请的公文。在日常工作、学习中，是应用范围广泛、使用频率较高的应用文种。如向党团组织或其他组织表达加入该组织的愿望，向有关部门提出在工作、学习、生活等方面的要求等。

（2）如何写申请书。申请书的结构：标题＋受文单位＋正文＋结尾＋落款＋日期。

1）标题。标题写在第一行的正中，一般由申请事项和文种构成，如"入党申请书"，也可以不写申请事项，只写"申请书"三字。

2）受文单位。指接受申请书的部门或组织。写在标题下第一行，顶格写。

3）正文。因所申请事项不同有所差异，但总体结构基本相同。正文部分一般先写所申请的事项，然后再写依据和理由。如果申请加入某组织，也可写对该组织的认识过程。

4）结尾。一般可写表示希望实现愿望的话，也可写表示敬意的礼貌用语，如请××组织部门批准，特此申请，此致敬礼等。

5）落款。写在正文的右下方，写上提出申请的部门名称或个人姓名。

6）日期。在落款下方写申请的日期。

（3）范例4—8：申请书

**入党申请书**

敬爱的党组织：

我志愿加入中国共产党！

中国共产党是中国工人阶级的先锋队，同时是中国人民和中华民族的先锋队，是中国特色社会主义事业的领导核心，代表中国先进生产力的发展要求，代表中国先进文化的发展方向，代表中国最广大人民的根本利益。党的最高理想和最终目标是实现共产主义。

我是沐浴着党的阳光长大的一代，对党怀有无比崇高的敬仰之情，在小学二年级就光荣加入了中国少年先锋队，中学又加入了中国共产主义青年团，我为能成为中国共产党的后备力量而感到无上光荣，并积极参加团里的各种活动，严格要求自己。作为一名共青团员,我深知自己的历史使命。在团组织的关心指导下,我对中国共产党的认识进一步提高,综合素质不断得到了锻炼。

中国共产党以解放全人类,实现共产主义作为自己的最终奋斗目标,1921年中共一大召开,宣布了中国共产党的成立。又在后面的几次会议中进一步对国情有了了解,提出了科学的革命纲领,领导中国人民最终战胜了帝国主义、封建主义、官僚资本主义,赢得全国人民的解放。在中国共产党的领导下,中国胜利地经过了一次又一次的波折,最终走向了改革开放的道路,迎来了国家的腾飞。

中国共产党是全国各族人民利益的忠实代表。自伟大的中华人民共和国成立以来,中国社会的面貌发生了翻天覆地的变化。中国人民由饥寒交迫的状态走向了温饱并正向小康社会迈进,综合国力得以明显提高,国际地位进一步提高。中国人民在党的英明领导下,正以崭新的姿态迈向世界,迈向未来。

如果党组织这次批准了我的申请,我将更加努力地学习科学文化知识,认真学习马列主义、毛泽东思想、邓小平理论、"三个代表"重要思想、科学发展观等重要理论思想,严格遵守党的章程,积极履行党的义务,按期缴纳党费,严格要求自己,使自己各方面进一步完善,更加符合党员要求。

如果党组织这次没有接纳我,我会更加努力,决不灰心丧气,让自己各方面素质进一步提高,使自己更快发展,争取早日加入中国共产党。

此致

敬礼

申请人:×××<br>××××年××月××日

7. 简报

(1) 什么是简报。简报是机关、团体及企事业单位编发的反映情况、汇报工作、交流经验、沟通信息的一种内部文件。

简报的特点可以用四个字概括:快、新、实、短。简报按性质分,有工作简报、动态简报和会议简报三种。

(2) 如何写简报。简报结构:报头+报体+报尾。

1) 报头。在首页上端,约占首页1/3的版面,共有五项。

①简报名称。居中排印,套红大字,如工作简报、情况简报等。

②期号。标注于名称正下方,先写第×期,下方再写总第×期,用圆括号括起来。

③密级。标注于名称左上方。

④编者。即制发单位,位于名称的左下方。

⑤时间。位于名称的右下方,年、月、日要齐全。

2）报体。这是简报的主体部分,主要包括如下内容：

①按语。在间隔线下,简报稿的标题之上。如编者按、编者的话,是由编发部门加写,为了引导读者理解所编发文章、了解编者意图而写的提示语。

②目录。如简报较多,标注在按语下方,简报稿上方,如只有一篇文章,不必有目录。

③标题。简明概括正文内容。每篇简报必须有标题。

④正文：类似于新闻的写法,即在开头部分（导语）对主要内容（如时间、地点、人物、事件等）进行概括,然后具体叙述文章所反映的情况内容。

3）报尾。位于末页的下 1/3 处,用间隔线隔开,包括两个项目：左边写发送对象、范围,右边写印刷份数。

（3）范例 4—9：简报

| 密级 | | 编号 |
|---|---|---|
| | ××简报 | |
| | 第×期（总第××期） | |
| ×××××编 | | ××××年××月××日 |
| 编者按 标题 正文： | | |
| 报： 送： 发： | | |
| | | 共印××份 |

101

# 第五单元　招聘管理岗位技能实训

**【学习目标】**

通过本单元的学习，能够理解招聘的基本原理，熟练掌握企业员工招聘的方法、工具及具体流程，并能够独立组织全过程的企业招聘，为企业用人提供科学、客观的参考。

**【本章重点】**

招聘计划；招聘实施；档案管理。

**【关键技能】**

制订后备人才计划；制订招聘计划；组织实施招聘；应聘人员评价。

招聘管理是企业在用人管理过程中的重要环节，它承担着为企业选择合适的员工、实现人才有效储备的职能。有序、高效、科学的招聘组织过程，更是展现企业管理有序性的重要方面。在企业中，招聘管理工作由人力资源管理部门负责，由于企业规模的大小不同，在规模较大的企业中，一般在人力资源管理部内下设专门负责员工招聘与录用的部门或岗位，而在规模较小的企业中，一般是由招聘专员兼做员工招聘等多项人事管理工作。尽管负责招聘管理的岗位名称不同，但还是可以根据其工作的内容和特点，将其分为两类：一是负责与招聘活动相关的重要事项的计划和组织的管理岗位，即招聘主管或人力资源部经理；二是负责与招聘活动相关的事务性工作为主的初级管理岗位，即招聘专员或人事专员。

# 第一节　岗位说明书及详解

## 一、招聘管理岗位说明书示例

### （一）招聘专员岗位说明书示例

| 岗位名称：招聘专员 | 所在部门：人力资源部 |
|---|---|
| 岗位编码： | 编制日期： |
| 岗位概要：为招聘主管提供信息支持及其他招聘事务的落实工作，协助招聘主管开展人才招聘工作、达成招聘计划。 ||
| 岗位职责 | 质量、标准 |
| 1. 协助制定招聘管理制度<br>1.1　调查招聘需求<br>1.2　落实招聘方案<br>1.3　制定招聘流程<br>1.4　草拟招聘岗位说明书 | 1. 确保招聘需求及招聘计划符合各部门实际需要<br>2. 招聘流程设计完善、合理 |
| 2. 实施招聘计划<br>2.1　招聘信息的发布和宣传<br>2.2　初步筛选简历<br>2.3　安排人员面试<br>2.4　应聘者材料管理 | 1. 招聘信息发布及时、准确且全面<br>2. 简历筛选合规，确保所选应聘者符合招聘最低要求<br>3. 招聘程序安排合理、组织顺畅<br>4. 应聘者材料妥善收集，及时存档 |
| 3. 人员入职和档案管理<br>3.1　办理人员录用手续<br>3.2　建立储备人才数据库<br>3.3　维护招聘渠道和网络 | 1. 入职流程明确，为确定录用人员及时办理入职手续<br>2. 人才数据库定期、及时更新 |
| 关键绩效指标 ||
| 招聘成功率；简历甄别、筛选、聘前测试、初试等工作的实际招聘成本；录用、入职手续办理的及时性；招聘空缺职位所用的平均天数。 ||
| 任职资格 | 必备要求 | 期望要求 |
| 学历及专业要求 | 大专以上学历，管理类专业 | 本科以上学历，企业管理、人力资源管理、心理学等相关专业 |
| 所需资格证书 | 人力资源管理师（三级以上） | 人力资源管理师（二级以上） |
| 工作经验 | 一年以上相关工作经验 | 三年以上相关工作经验 |

续表

| 任职资格 | 必备要求 | 期望要求 |
| --- | --- | --- |
| 知识要求 | 熟练掌握人力资源管理知识 | 熟悉国家有关政策法令，熟练掌握人力资源管理知识，熟知招聘的渠道、方法 |
| 技能要求 | 熟练掌握招聘管理知识 | 熟练掌握人力资源管理、薪酬管理知识 |
| 能力要求 | 工作具有条理性；善于沟通与协调；一定的文字表达能力；良好的团队合作精神 | 敏锐的观察力、服务意识和亲和力 |
| 个性要求 | 工作主动、热情；诚实守信；责任心强 | |
| 主要关系 | | |
| 关系性质 | 关系对象及频繁程度 | |
| 直接上级 | 招聘主管 | |
| 直接下级 | 无 | |
| 内部沟通 | 用人单位的其他工作部门 | |
| 外部沟通 | 各高校就业指导部门 | |
| 岗位环境和条件 | | |

使用工具设备：常用办公设备、计算机、网络
工作环境：办公场所
工作时间特征：正常工作时间，根据工作情况加班

## （二）招聘主管岗位说明书示例

| 岗位名称：招聘主管 | 所在部门：人力资源部 |
| --- | --- |
| 岗位编码： | 编制日期： |

岗位概要：在人力资源部经理的领导下，根据用人单位的发展规划和各部门的人才需求，开展人员招聘工作，完成用人单位人力资源招聘计划，为用人单位选拔优秀人才

| 岗位职责 | 质量、标准 |
| --- | --- |
| 1. 招聘体系制度建设<br>1.1　编制招聘管理制度<br>1.2　编制招聘流程方案 | 1. 招聘制度是否符合企业实际需求<br>2. 招聘体系是否完善<br>3. 招聘流程是否合理、操作性强 |
| 2. 制订招聘计划<br>2.1　招聘信息的发布和宣传<br>2.2　实施招聘选拔活动 | 1. 招聘信息发布及时、准确且全面<br>2. 招聘渠道选择恰当<br>3. 招聘过程组织有序 |

续表

| 岗位职责 | 质量、标准 |
|---|---|
| 3. 招聘战略研究<br>3.1 招聘方案评估<br>3.2 招聘效果评估 | 1. 及时在实施过程中完善招聘方案<br>2. 及时对招聘实施过程及结果进行评估，评估结果客观、真实、全面，能够为下一次培训提供参考 |
| 关键绩效指标 ||
| 招聘计划完成率；招聘成功率；制度和流程书面化比率；用人部门满意度；招聘空缺职位所用的平均天数；招聘费用预算达成率；招聘收益成本比；员工自然流动率 ||

| 任职资格 | 必备要求 | 期望要求 |
|---|---|---|
| 学历及专业要求 | 本科及以上学历，管理类专业 | 本科以上学历，企业管理、人力资源管理、心理学等相关专业 |
| 所需资格证书 | 人力资源管理师（三级以上） | 人力资源管理师（二级以上） |
| 工作经验 | 一年以上相关工作经验 | 三年以上相关工作经验 |
| 知识要求 | 熟练掌握人力资源管理、行政管理、劳动保障等相关专业知识 | 熟悉国家有关政策法令；熟练掌握人力资源管理、企业经营管理知识；熟知招聘的渠道、方法 |
| 技能要求 | 熟练掌握招聘管理知识 | 熟练掌握人力资源管理、薪酬管理知识 |
| 能力要求 | 计划与沟通能力、协调能力、较强的人际交往能力 | 良好的组织领导能力 |
| 个性要求 | 工作主动、热情；忠诚守信 | 责任心强、优秀的团队领导能力 |
| 主要关系 |||
| 关系性质 | 关系对象及频繁程度 ||
| 直接上级 | 人力资源部门经理 ||
| 直接下级 | 招聘专员 ||
| 内部沟通 | 用人单位的其他工作部门 ||
| 外部沟通 | 各高校就业指导部门 ||
| 岗位环境和条件 |||
| 使用工具设备：常用办公设备、计算机、网络<br>工作环境：办公场所<br>工作时间特征：正常工作时间，根据工作情况加班 |||

## 二、主要岗位职责详解

### (一)招聘体系构建

为企业提供足够的人力资源是人力资源管理部门的基本职责之一,招聘工作是一项长期、艰巨的任务,并且招聘工作本身并不能由人力资源部门独立实现,它涉及企业各个用人部门和相关的基层、高层管理者,因此在招聘工作中各部门、各层管理者的协调问题就显得十分重要。此外招聘工作还涉及企业的人力资源政策、人才的培养和储备制度、薪酬福利政策等多方面的问题。招聘管理活动本身是由一系列活动组成的,特别是人员的筛选本身难度非常大,为了协调各种业务之间的配合,保证招聘活动的规范,降低招聘工作中的盲目性和随意性,提高招聘质量,必须构建一个完善的招聘管理体系。

#### 1. 招聘的原则

(1) 公开原则。严格遵循招聘公开透明原则,能够确保招聘的结果可信、可接受。公开原则即指将拟用人的部门、岗位、需求数量、岗位任职资格、报考条件、考察方式、考察科目及时间、录用比例等均面向应聘者公开,并据此进行。

(2) 竞争原则。招聘过程的根本目的在于通过竞争选拔最适合公司的人才,因此招聘过程必须遵循充分竞争的原则,通过严格的考核程序和录取手段,防止徇私舞弊等现象发生,达到良性竞争的目的。

(3) 平等原则。指对所有应聘者一视同仁,不得人为制造各种不平等的限制、条件和优先优惠政策。

(4) 能级原则。招聘不一定要最优秀的人才,而是要找到最适合岗位工作的人才,应量才录用,做到人尽其才、用其所长,以持久、高效地发挥人力资源的作用。

(5) 全面原则。指招聘考察应涵盖应聘者的各方面,包括知识水平、专业技能、过去的工作经验和业绩、心理素质以及思想品德等。因为一个人能否胜任某项工作或者发展前途如何,是由其多方面因素决定的,非智力因素有时也会起到决定性作用。

(6) 效率原则。根据不同的岗位和招聘需求,灵活选取恰当的招聘方式,用尽可能低的招聘成本录用高质量的员工。

(7) 守法原则。人员招聘必须遵守国家相关法规与政策,杜绝在招聘中的歧视行为。

#### 2. 招聘体系的内容

招聘体系是指企业人才招募和聘用的规划、实施以及评估的全过程。主要包括制订招聘计划、招聘宣传及招聘渠道选择、招聘方法选择、招聘实施、招聘评估等过程。

招聘体系也由一系列的相关制度构成，主要包括：

（1）人员招聘管理制度。

（2）内部招聘管理制度。

（3）内部选拔制度。

（4）推荐制度。

（5）人员录用制度。

（二）招聘计划制订

招聘计划是企业招聘的主要依据，由用人部门根据业务发展需要制订，并由人力资源部门进行审核、汇总，最终报公司领导审批。一般来说，招聘计划的主要内容包括：

（1）人员需求清单，包括招聘的职位名称、人数、任职资格要求等。

（2）制定招聘策略，是采用内部招聘还是外部招聘，并明确招聘信息发布的时间和渠道。

（3）招聘小组人选，包括小组人员姓名、职务、各自的职责。

（4）筛选方案，包括考核场所、考核时间、考核方式。

（5）招聘截止时间。

（6）新员工上岗时间。

（7）招聘成本的预算和招聘效果的预测，制定风险控制措施。

（8）招聘的时间进度安排。

（9）招聘广告样稿。

（三）招聘实施

实施招聘计划的过程包括发布招聘公告、确定招聘渠道、选择招聘方式、招聘考试实施、确定录用人员等。

1. 招聘公告

招聘公告也称招聘简章，是招聘宣传的主要内容。通过精简的内容，向应聘者全面传递企业招聘的计划。

（1）招聘公告的编写原则

1）真实。公告的内容真实是首要原则。招聘的企业必须保证招聘公告的内容客观、真实，对公告中所涉及的录用人员的劳动合同、报酬、福利等政策必须兑现。

2）合法。公告中出现的信息要符合国家和地方的法律、法规和政策。

3）简洁。公告的编写要简洁明了，重点突出岗位的名称、任职要求、工作职责、薪资福利等，对于公司介绍须简明扼要，不要喧宾夺主。

（2）招聘公告的内容

1）题目。如"××单位诚聘英才"等。

2）公司的简介。包括公司的全称、性质、主营业务，也可以介绍企业价值观或使命。

3）招聘岗位的信息。包括岗位名称、任职资格、工作职责、工作地点、需求人数等内容。

4）人事政策。包括公司的薪酬政策、社会保障政策、福利政策和个人培训发展政策。

5）需应聘者提供的信息和携带的材料。

6）应聘时间、地点、联系人及联系方式。

2. 招聘宣传

招聘宣传的目的是为了充分引起外界人才资源的注意，能够吸引更多的人才报名，以便企业从尽可能大的范围内选拔最适合自身需求的人才。招聘宣传的渠道有多种，常见的包括在专门的招聘网站上刊登招聘公告，与高校沟通开展专场招聘宣讲会，在电视、广播、杂志、报纸等媒介上刊登招聘公告等。

3. 招聘渠道和招聘方式

招聘渠道是指企业通过何种路径选取人才。从整体上划分，招聘渠道包括内部招聘与外部招聘。

（1）内部招聘。内部招聘是指在出现岗位空缺时，从单位内部选择合适的人选来填补这个位置的过程。内部招聘的来源主要包括内部提升、工作调换、工作轮换和人员重聘等方式。

（2）外部招聘。外部招聘是企业的补充人员的主要形式，当企业需要补充初级岗位、获取现有员工不具备的技术、获得能够提供新思路并具有不同背景的员工时，自然要选择外部招聘。外部招聘的主要人员来源包括各类高校和职业技术学院、竞争者或其他公司、个体经营者、特殊群体人员、行业协会、其他。

内部招聘与外部招聘各有优缺点，见表5—1，企业应根据实际需求选取恰当的招聘渠道。

当内部补充机构不能满足企业对人才的需求时，组织必须从外部招聘相关的人员以满足企业的需求。招聘的方式包括以下几种：

第一，传统的媒体广告招募。广告是单位从外部招聘人员最常用的方法之一，通常是在一些大众媒体上刊登出单位岗位空缺的消息，吸引对这些空缺位置

表 5—1　　　　　　　　　内外部招聘渠道比较

| | 内部招聘 | 外部招聘 |
|---|---|---|
| 优点 | ①了解全面、准确性高<br>②可鼓舞士气，激励员工<br>③员工可更快适应工作<br>④使组织培训投资得到回报<br>⑤招聘费用低 | ①来源广，余地大，利于招聘一流人才<br>②带来新思想、新方法<br>③可平息或缓和内部竞争者之间的矛盾，激励员工进取<br>④现成人才，节省培训投资<br>⑤公平性更强 |
| 缺点 | ①来源局限、水平有限<br>②容易"近亲繁殖"<br>③可能造成内部矛盾<br>④易出现思维定式，缺乏创新性 | ①进入角色慢，适应期较长<br>②应聘者对企业了解少<br>③可能影响内部员工的积极性<br>④有不被工作群体接受的危险 |

感兴趣的潜在人才来应聘。刊登广告可选择的媒体很多，包括报纸、杂志、电视、广播、网络等，一定要选择合适的媒体才能达到预期的效果。

第二，中介机构。它有人才交流中心、人才市场、劳动力就业机构、人才招聘会等形式。目前人才交流中心是中介机构的主要形式。这些机构既为单位择人提供条件，也为求职者提供择业服务。其中人才交流中心或人才市场一般建有人才资料库，用人单位可以很方便地在资料库中查询基本相符的人员资料，目前很多人才交流中心和人才市场也建有自己的专业招聘网站。人才交流中心或其他中介机构每年都要举办多场招聘洽谈会，通过用人单位与求职者直接见面的方式，吸引足够的应聘者。招聘会可以分为专场和非专场招聘会。专场招聘会是面对各特殊群体举行的，比如校园招聘会、专门针对技术人员举办的招聘会。随着人才交流市场的日益完善，招聘会呈现出向专业方向发展的趋势。

第三，猎头公司。猎头公司本质上也是一种就业中介组织，但由于特殊的运作方式和服务对象，它被看成一种独立的招聘方式。猎头公司一般适用于专门"搜捕"和推荐高级人才，针对换工作没有太大积极性的人，设法诱引这些人离开原来的企业。猎头公司的服务程序为：接受委托、职位分析及公司背景了解、签约委托、寻猎行动、初试及综合测评、推荐与复试、录用、结算余款及后续跟踪服务。

第四，校园招聘。校园招聘是一种"上门"招聘，即由企业单位的招聘人员通过到学校招聘、参加毕业生交流会等形式直接招募人员。由于每年都有大批的毕业生走向社会，校园招聘是企业补充初级管理人员和技术人员的主要渠道，这种方式尤其适合选拔工程、财务、会计、计算机、法律以及管理等领域的专业化初级管理人员。对于应届毕业生的招聘可以在校园直接进行，具体可以通过举行人才供需洽谈会、招聘会、招聘张贴、招聘讲座和毕业分配办公室推荐等五种形式，还可以通过招收实习生或举行竞赛、企业和学校联合培养等方式。

第五，网络招聘。网络招聘也称在线招聘，是指利用互联网技术进行的招聘活动。通过数据库、搜索等网络技术，网络招聘服务商可以对庞大的求职者资料和企业空缺职位资料进行管理，并可以方便地增加、修改和删除这些资料。网络招聘成本较低，方便快捷；选择余地较大，涉及的范围广；不受地点和时间的限制；对求职者的信息也便于存储、分类、处理和检索，成为新兴的主要招聘渠道。现在越来越多的公司拥有自己的网站，不仅可以在上面提供公司的各种信息，宣传企业的形象，也可以发布招聘信息。

目前网络招聘的方式主要有专业性的职业招聘网站和公司自己的网站。专业性职业招聘网站同时为企业和个人报务，能够提供大量的招聘信息，并且也提供网上的招聘管理和个人求职管理服务。特别是专业性招聘网站上的简历库能够提供大量求职者信息，企业可以不用发布招聘广告而直接搜索网络上的简历库。

第六，员工推荐。员工推荐也称熟人介绍，通过单位员工、客户、合作伙伴等熟人推荐，也是单位招聘人员的重要来源，是一种非常有效的招聘方试。但员工推荐必须有明确的公司用人制度，避免其他人说三道四，招聘流程透明，选拔条件公开，内部管理制度健全，这样才能保证员工推荐的公正公平和有效，对于推荐成功的员工，组织会给予一定的奖励。员工推荐这一方式的优势是对候选人比较了解，并且候选人一旦被录用，顾及介绍人的关系，工作会更加努力，招募的成本较低。

### 4. 初步筛选

面试之前，通过阅读求职者的简历和求职申请表等，审查求职者的证件、背景和相关资格等信息，确认面试时要讨论的问题，同时剔出那些不符合基本要求的求职者，这是员工招聘过程中的初步筛选。

求职申请表是企业根据自身需求精心设计的标准化表格，包含个人信息、教育背景、工作经验、专业特点等项目，企业要将填好的求职申请表中的信息与现有职位的职责要求进行比较，以确定求职者与企业的要求是否一致，求职申请表的有效利用可以节省大量的时间和精力。

简历也提供了求职者的个人基本信息、教育背景、工作经历等内容，但是由于求职者为了更好地推销自己，往往会挑选对自己更有力的内容加以描述，不一定符合申请表的规范。当然求职申请表与简历都不一定能完全反映真实情况，只能作为初步筛选的手段和参考之一，录用还要结合多方面进行考核和评价。

(1) 通篇浏览，形成整体印象。主要查看求职申请表和简历书写格式是否规范、整洁、美观，有无错别字，语法是否正确，字迹是否清晰，打印的格式是否美观。简历一般为1~2页，格式要职业化。通过通篇浏览对其形成一个整体的印象评价。

(2) 查看内容。求职申请表和简历的内容大体分为两部分：主观内容和客观内容。在筛选时注意力应放在个人信息、受教育程度、工作经历和个人成绩等客观内容上。根据一些硬性的指标把不符合职位要求的求职者快速筛选掉。求职者工作经历是查看的重点，也是评价求职者基本能力的视点，其中要重点查看求职者总工作时间的长短、跳槽或转岗频率、每项工作的具体时间长短、工作时间衔接等。

(3) 判断求职者是否符合岗位技术和经验要求。判断求职者的专业资格和工作经历是否符合职位要求。如不符合要求，应直接筛选掉。分析求职者应聘职位与发展方向是否具有一致性。初步判定求职者与应聘职位的适合度。当判定求职者与应聘职位不合适时，应将此简历直接筛选掉。

(4) 审查简历中的逻辑性。主要是审查求职者的工作经历和个人成绩方面，要特别注意描述条理是否清晰、前后内容是否一致、工作时间的连贯性如何、相关内容的逻辑性等方面，对于前后矛盾或不符合常理的地方要重点关注，标出记号以待进一步考察。

(5) 慎重评价求职者的离职原因和工作变化的频率。人们离职的原因有很多，有些是因为企业经营方面被迫离职，也有因为个人需求无法满足，当然也有员工被解聘或开除的情况。对于求职者的就业记录要认真分析，不要轻易得出结论，同样对于求职者提出的离职理由也不能轻易认可，要综合进行评价和分析。

(6) 关注薪水要求。一般情况下，人们调换工作都愿意寻找一份薪水更高的工作。但有时一个人希望从一个专业领域转移到另一个专业领域，由于缺少经验可能会接受低于原来的薪水，或者是希望进入一家特别的公司的人也会乐意接受薪水少的工作，当然也有失意已久的人可能因为无法找到和以前一样薪水的工作而接受较低的薪水，这需要根据情况具体分析。对于要求薪水特别高的求职者也要注意，因为人们往往在求职时倾向于夸大其原来的薪水水平，以此来证明自己的能力，同时也为自己在新的岗位上求得更好的待遇。

审核求职申请表时如有遗漏很容易找到，但审核简历时要特别注意有无遗漏某些特别的信息，通常可以标出简历中感觉不可信的地方，以及感兴趣的地方，面试时可询问应聘者。

5. 确定考察方法

招聘考试的方法有多种,招聘方法指企业招募选拔人才所采用的方式,企业应根据拟招聘人员的群体特点、专业技能要求等选择最恰当的、最能够反映应聘人员能力的方式进行高效率的招聘。常用的招聘方法包括笔试、面试、情景模拟、心理测试、个性测评、操作技能考试等。

6. 笔试

笔试又称知识考试,是经常用的员工甄选工具之一,指通过纸面测验的方式对应聘者的基础知识广度、深度和结构进行直观了解,其形式主要有多种选择题、是非题、匹配题、填空题、简答题、回答题、小论文等,分别各有侧重和优缺点。笔试可以进行团体测试,是效率较高的一种测试方式,能够在短时间内获取大量的测试结果。但笔试对命题技术的要求较高,若命题随意,则会对测试结果造成明显影响。

(1) 笔试内容。笔试的题目一般是在对职位要求系统的分析后精心设计的,在内容上侧重于知识素质的测评。通过笔试,通常可以测出求职者的基本知识、专业知识、管理知识、相关知识以及综合分析能力、文字表达能力等素质能力的差异。

(2) 笔试实施过程控制。笔试实施过程控制包括试卷的设计、考试的安排、监考教师、监考过程控制、阅卷等内容。

1) 命题是笔试的首要问题。命题恰当与否决定着考试的效果。无论是以招聘管理人员和科技人员为目的的论述式笔试,还是以招收工人和职员为目的的测验式笔试,其命题必须既能考核求职者的文化程度,又能体现出空缺职位的工作特点和特殊要求。命题过难或过易都不利于择优。有条件的企业应该建立自己的题库,这样在每一次考试时,就可以抽出有关的试题进行组合,保证试题的科学性,但是入库的试题一定要经过科学的测定。

2) 拟定标准答案,确定评阅计分准则。各个试题的分值应与其考核内容的重要性及考题难度成正比,若分值分配不合理,则总分数不能有效地表示受测者的真实水平。

3) 考试安排是笔试环节中的一个重要步骤,考试前需要确定好考试的教室,通知考生到位,布置考试桌椅,同时应当选拔合适的监考老师。监考老师应当有监考经验,有责任心,能严格地执行考场纪律。

4) 对于监考过程,人力资源部在组织笔试时应当进行严格控制,禁止任何抄袭行为,以保证笔试质量,对完成考试后的试卷应立即进行封卷。

5) 对阅卷的要求如下:

①要有标准答案。

②要防止先松后紧或者先紧后松的情况。

③先试阅几张卷子，对考生的水平有一个初步的了解。

④如果由数位教师阅卷，可以由每位教师只阅其中的一题或者几题，这样掌握标准比较准确。

7. 面试

(1) 面试的种类

1) 依据面试实施的规范化程度，分为结构化面试、自由化面试和半结构化面试。

结构化面试是指面试实施的内容、程序和技法在试前经过相当完整设计的面试。自由化面试是对面试实施的内容、程序和技法在试前完全不确定、实施时随机而定的面试。半结构化面试是试前对面试实施的内容、程序和技法有设计、试中可以调整或部分自由确定的面试。

2) 根据对考生所施加的压力大小，面试分为压力式面试与非压力式面试。

压力式面试是指在招聘时招聘者有意对应聘者施加压力，从而制造出一种紧张的面试气氛，通常是提出一个出乎意料或者是生硬的冒犯性的问题，让应聘者无法回答，或者是寻找应聘者在回答问题时的破绽，再或者提出数个问题穷追不舍、步步紧逼，打击应聘者的自信心。压力面试的目的是考察应聘者反应机智程度、应变能力、心理承受能力和自控能力，以此确定应聘者将如何对工作上的压力做出反应。压力面试通常用于要承受较高心理压力的岗位人员的测试，特别适用于对高级管理人员的测试。非压力式面试较为普通，即在面试过程中并不突出对应聘者的压力承受能力进行测试。

3) 一次性面试和系列面试。一次性面试，即指用人单位对应聘者的面试集中于一次进行。面试考官的阵容一般都比较"强大"，通常由用人单位人事部门负责人、业务部门负责人及人事测评专家组成。在一次面试情况下，应聘者是否能面试过关，甚至是否被最终录用，就取决于这一次面试的表现。

系列面试又可分为按序面试和分步面试两种。按序面试一般分为初试、复试与综合评定三步。初试一般由用人单位的人事部门主持，将明显不合格者予以淘汰。初试合格者则进入复试。复试一般由用人部门主管主持，以考察应聘者的专业知识和业务技能为主，衡量应聘者对拟任岗位是否合适。复试结束后，人力资源部门会和用人部门一同综合评定每位应聘者的成绩，确定最终合格人选。分步面试一般是由用人单位的主管领导、处（科）长以及一般工作人员组成面试小组，按照小组成员的层次，由低到高的顺序，依次对应聘者进行面试。面试的内容依层次各有侧重，低层一般以考察专业及业务知识为主，中层以考察综合能力为主，高层则实施全面考察与最终把关。实行逐层淘汰筛选，标准越来越严。

4）根据面试人数的多少分为个别面试和小组面试。

个别面试就是对应聘者逐个进行测评。集体面试是同组考官同时、同地对若干个应聘者进行测评。

（2）面试的内容。由于招聘岗位不同，面试的内容必然不同，即使是同一个岗位，对不同的应聘者在面试内容上也会有所差异。从理论上讲，面试可以测评任何一种素质，但是在测评甄选实践中，并不是以面试成绩去测评一个人的所有素质，而是有选择地使用面试。一般来讲，面试应该有以下几方面的内容或项目：

1）仪表仪态。

2）求职动机。

3）专业知识及特长。

4）实践经验。

5）工作态度。

6）进取心和上进心。

7）人际交往能力。

8）综合能力。

（3）面试的程序。面试具有很大的灵活性，操作难度较大，对面试考官的要求较高。为了保证面试的效果，提高面试的质量，在面试的实施中应掌握面试的程序和技巧。

1）面试前的准备。面试前先要选定面试考官，通知应聘者，确定面试的时间和地点。特别是参与面试的直线经理，如果没有面试经验和技巧，人力资源部门可以事先做些面试技巧方面的培训。面试考官要事先确定需要面试的事项和范围，设计好面试评价的要素和标准。并且在面试前要详细了解应聘者的资料，这样在面试中可以更有针对性地提出问题，使面试更有效。

2）面试实施。一般情况下面试开始时，应聘者会比较紧张，从一些比较轻松的、可以预料到的问题开始发问，如工作经历、文化程度等，然后再过渡到其他问题，以消除应聘者的紧张情况，进而全面客观地了解应聘者。

经过引入阶段就可以进入正题，面试考官可以按照事先准备的提纲或根据应聘者简历、求职申请表或者临场的表现对应聘者提出问题，在提问时可以采用灵活多样的形式，面试考官要注意倾听，同时还要察言观色，密切注意应聘者的行为与反应，对所提的问题、问题间的变化、问话时机以及对方的答复要多加注意，并对关键内容加以适当记录。面试考官需要特别注意的是自己的态度举止，尽量不表现出异常的表情和行动，以免影响应聘者的回答。

主要问题问完以后，面试进入收尾阶段，这时可以让应聘者提出一些自己感兴趣的问题由面试考官解答，以一种比较自然友好的方式结束面试谈话。如果对某一对象是否录用有分歧意见时，不必急于下结论，还可以安排第二次面试。

3）面试结束。面试谈话结束后，要对面试记录进行整理，应根据面试记录表对应聘人员进行评估。评估可采用评语式评估，也可采用打分式评估，以便全部面试结束后进行综合评价，做出录用决策。

8. 情景模拟

情景模拟也称评价中心法，是把应聘者置于一个模拟的工作环境中，采用多种评价技术，观察和评价应聘者在该模拟工作情境下的心理和能力。目的就是测评应聘者是否适宜担任某项拟任的工作，预测应聘者的能力、潜力与工作绩效的前景，同时观察应聘者的欠缺之处，以确定培养的方法和方向。这种甄选方式的主要形式有公文筐测验、无领导小组讨论、角色扮演、管理游戏等。

（1）公文筐测验（In-tray Test）。也称公文处理练习或公文处理测验（official document processing test），是情景模拟最常用和最核心的技术之一。

在测验中，被测者将扮演企业中某一重要角色（往往是目标岗位），然后招聘者把这一角色日常工作中常常遇到的各种类型的公文经过编辑加工，设计成若干种公文（文件筐）等待被测者处理。这些待处理的公文包括各部门送来的各种报告、上级下发的各种文件、与企业相关的部门或业务单位发来的信函等，其内容涉及企业经营管理的各个方面，如生产原材料的短缺、资金周转不灵、部门之间产生矛盾、职工福利、环境污染、生产安全问题、产品质量问题、市场开发问题等，既有重大决策，也有日常琐碎小事。测验要求被测者对每一份文件都要做出处理，如写出处理或解决问题的意见、批示或直接与部门的人员联系并发布指示等。公文筐测验主要用来评价被测者的统筹规划能力、授权控制能力、协调能力、创新能力、战略决策能力、分析判断能力、资源配置能力、角色适应能力、书面表达能力，以及对待客观事物和外在环境的主动性与敏感程度等。这是通过对被评价者未来的管理工作进行模拟从而对其潜在能力进行评定的一种有效方法。

公文筐测验的优点主要表现在：公文筐测验具有良好的内容效度，因为测试中的成绩与实际工作中的表现有很大的相关性，所以这种测验对被测者的未来工作绩效有很好的预测能力。相对于其他测评方法，公文筐测验实施操作非常简便，对实施者和场地的要求最低。公文筐测验非常适合对管理人员，尤其是中层管理人员进行评价。

当然这种测验方法也有一定的缺陷：最主要的就是编制公文筐的成本很高，

评分比较困难，被测者在单独作答，很难看到他们与他人交往的能力。

（2）无领导小组讨论。是指一组应聘者开会讨论一个（实际经营中存的）问题，讨论前并不指定主持会议者，在讨论中观察每个被应聘者的发言，以便了解应聘者心理素质和潜在能力的一种测评方法。

无领导小组讨论的组织方法是，组织者安排互不相识的应聘者，组成一个临时的任务小组，每组6~8人不等，不指定负责人，大家地位平等，要求就给定的任务进行讨论，最后要拿出小组决策意见。如果有条件，考官最好坐在隔壁的暗室中，通过玻璃或电视屏幕观察整个讨论的情况，通过扩音器倾听应聘者的讨论。

在无领导小组讨论中，主要考察应聘者在团队中的工作与所表现出来的能力，包括言语和非言语沟通能力、辩论说服能力、组织协调能力、合作能力、影响力、人际交往的意识与技巧、团队精神等。

9. 心理测验法

心理测验法是根据标准化的实验工具，引发和刺激被测者的反应，所引发的反应结果由被测者自己或他人记录，然后通过不一样的方法进行处理，予以量化，描绘行为的轨迹，并对其结果进行分析。一般测试的难度较大，用人单位应选择专业的心理测试人员，或委托专业的人才机构或心理学研究机构进行测试。一般地说，用于招聘的心理测试主要包括以下几种类型：

（1）人格测验。人格测验是对人在工作中所体现出的态度、兴趣、气质、自信心、价值观、动机与品德的测验。人格对成就的影响是极为重要的，不同气质、性格的人适合于不同种类的工作。对于一些重要的工作岗位如主要领导岗位，为选择合适的人才，则需要进行人格测试。

（2）兴趣测验。职业兴趣揭示了人们想做什么和喜欢做什么，从中可以发现应聘者最感兴趣并能从中得到最大满足的工作。一个人的职业成功与否不仅受到能力的制约，而且与兴趣和爱好有密切关系。职业兴趣作为职业素质的一个方面，往往是一个人职业成功的重要条件。了解职业兴趣的主要测验方法是采用职业兴趣测验表或问卷。

（3）能力测验。职业能力是一种潜在的、特殊的能力，是一种对于职业成功在不同程度上有所贡献的心理因素。职业能力的测试可以分为两类：一类是一般职业能力测验，如判断推理能力、思维能力、创造力或创新力、观察能力等；另一类是专门职业能力测验，主要用于职业人员的选拔和录用，实际操作中要从具体的工作岗位说明书所提示的任职资格入手，需要什么知识就测什么知识，需要什么能力就测什么能力。

10. 背景调查

全面审查应聘者的资料有助于挑选出合格的人才。背景调查已成为众多企业做出录用决策的一个依据。背景调查是由独立专业机构依托权威数据源通过合法的途径和方式对应聘者提交的个人背景信息进行核查比对并形成背景调查报告以辅助委托调查人验证其真伪的一种调查方式，适用于中高层管理人员和核心、关键岗位的人员。

(1) 确定背景调查的主要内容

1) 是否可录用。

2) 前单位的任职情况。

3) 教育背景。

4) 身份确认。

5) 有无不良记录。

(2) 确定背景调查的来源

1) 来自校方的推荐材料。

2) 有关原来工作情况的介绍材料。

3) 关于申请人财务状况的证明信。

4) 关于申请人所受法律强制方面的记录。

5) 来自推荐人的推荐材料。

背景资料可以有不同的来源，究竟哪些更有用，取决于企业将向申请人提供什么样的职务。但注意所采纳信息必须是权威的数据源并被合法授权使用，必须具备应聘者的相应授权，避免卷入有关个人隐私权的法律诉讼。例如若公开的调查结果显示、公布了对应聘者不利的信息，招聘方可能会被应聘者控诉侵犯隐私或诽谤。

(3) 确定背景调查的方法

1) 电话调查。

2) 正式商业发信。

3) 传真。

4) 与应聘者提供的证明人进行面谈。

(4) 注意事项

1) 做背景调查时应征得应聘者的同意并签字确认。

2) 使用的调查方法、安排的时间等尽量方便证明人。

3) 应承诺对前雇主信息的保密性。

4) 对调查问题的设计要先易后难。

5）调查的问题不宜过多。

11. 录用决策

人员录用一般需要经过做出录用决定、通知应聘者、办理入职手续、新员工培训与考核上岗四个步骤。录用决策阶段是招聘人才的最后阶段。

录用决策注意事项如下：

（1）如果人力资源部门与用人部门在人选问题上意见有冲突，应尊重用人部门的意见。

（2）组织应尽可能选择那些与企业精神、文化相吻合又有个性特点的应聘者。因为知识背景和工作经验可以通过培训获得，但一个人的个性品质是难以改变的。

（四）招聘评估

招聘过程结束以后，应对招聘活动进行评估，这是被许多企业忽视的一个环节。通过评估过程，可以分析录用人员的数量、质量以及招聘管理人员自身的工作效率，进而分析和总结招聘工作的不足以及使用招聘手段的优劣，从而提高以后招聘的效率。

招聘评估的方法很多，但归根结底都要落实到招聘的投入与产出之比上。

1. 招聘成本评估

招聘成本评估是指对招聘中的费用进行调查、核实，并对照招聘预算进行评价的过程。招聘成本评估是鉴定招聘效率的一个重要指标，如果成本低，录用人员质量高，就意味着招聘效率高；反之，则招聘效率低。

另外，成本低，录用人数多，就意味着招聘成本高；反之，则意味招聘成本低。其计算公式如下：

总成本效用＝录用人数/招聘总成本

招募成本效用＝应聘人数/招募期间的费用

选择成本效用＝被选中人数/选拔期间的费用

人员录用效用＝正式录用人数/录用期间的费用

2. 录用人员评估

录用人员评估是根据招聘计划对录用人员的质量和数量进行评价的过程。主要的指标如下：

（1）录用比。录用比越小，表明企业可供选择的人员越多，相对来说录用者的素质可能越高，但同时也可能加大企业的招聘成本；反之，则说明录用者的素质低。公式为：

录用比＝（录用人数/应聘人数）×100％

（2）应聘比。反映员工招聘挑选余地和信息发布状况，应聘比越大，说明招聘信息发布的效果越好，同时说明录用人员的素质会相对比较高。公式为：

应聘比＝（应聘人数/计划招聘人数）×100％

（3）某职位选择率。这是衡量企业对人员选择的严格程度和人员报名的踊跃程度的指标。如果选择率为1.00，则表明这个职位只有一位申请人。出现这种情况则很难有一个有效的选择，选择率低于1.00的程度越大，管理者在选择决策中可行方案就越多。公式为：

某职位的选择率＝（某职位计划招聘人数/申请该职位的人数）×100％

（4）招聘完成比。如果招聘完成比等于或大于100％，则说明在数量上全面或超额完成了招聘任务。

公式：招聘完成比＝（录用人数/计划招聘人数）×100％

3. 招聘人员的工作评估

（1）平均职位空缺时间。这个指标表示每个职位空缺多长时间才能够有新员工补缺到位，能够反映招聘人员的工作效率。平均职位空缺时间越短或者越低于同行业平均水平，说明招聘效率越高，否则招聘的效率较低。公式为：

平均职位空缺时间＝职位空缺总时间/补充职位数

（2）招聘合格率。这里的合格招聘人数是指顺利通过适合适应性培训，试用期考核合格最终转正的新员工。招聘合格率高说明招聘人员对企业的适合度高。其公式为：

招聘合格率＝（合格招聘人数/总招聘人数）×100％

（3）新员工对招聘人员的满意度。这个指标表明新员工对招聘人员工作的认可度，可以在一定程度上反映招聘人员的工作情况。其公式为：

新员工对招聘人员工作满意度百分比＝（满意的新员工数量/新员工总数）×100％

（4）新员工对企业的满意度百分比。该满意度的百分比在一定程度上反映了新员工对企业的认可程度，也可以在很大程度上影响新员工的工作士气和工作效率，如果这个比例高于老员工，说明新员工的需求、动机、价值观等与企业的吻合度高。其公式为：

新员工对企业满意度百分比＝（满意的新员工数量/新员工的总数）×100％

4. 信度和效度评估

人员的招聘录用是一项复杂而易受主观倾向影响的工作，尽管选择录用可以用多种方法进行，但实际上这些选择方法都或多或少存在一些问题，因为每一种方法都不是最精确的，都存在一个有效性和可靠性的问题。信度和效度评估是对招聘过程中使用方法的正确性与有效性进行的检验。

（1）可信度评估。可信度主要是指测试结果的可靠性与一致性。可靠性是指多次测试总是得出同样的结论，它或者不产生错误，或者产生同样的错误。通常可信度分为稳定系数、等值系数、内在一致性系数。

（2）效度评估。效度是招聘测试的有效性或精确性，是指实际测到的应聘者的有关特征与想要测的特征的符合度，一个测试必须能测出想要测定的功能才算有效。效度主要有预测效度、内容效度、同侧效度三种。

（五）招聘相关管理工作

1. 入职办理

录用决策一经做出，就要着手为已经被录用的员工办理入职手续，入职手续主要包括：

（1）发放录用通知书。

（2）员工报到。

（3）确定工资、签订劳动合同。

（4）进行劳动合同备案。

（5）新员工培训。

（6）试用。

（7）正式上岗。

（8）建立员工档案。

2. 资料归档

在全部招聘工作结束后，招聘管理岗位需进行相应的总结及资料归档整理工作，确保应聘人员信息及考试成绩被妥善保存并管理，方便以后查档。主要归档整理的信息如下：

（1）员工技能档案库的建立。主要是为企业内部招聘提供决策的信息和依据。

（2）人才库的建立。建立企业内部员工人才库，包括员工的基本情况、主要技能以及职业生涯规划等，从而在出现职位空缺时能够快速从内部搜寻出相关的候选人。

（3）员工流动数据统计。能够动态地了解企业人员的变动规律，从而为招聘工作计划提供依据。

（4）建立面试题目库。

（5）网络招聘系统的设计和维护。越来越多的企业利用网络进行招聘，通过企业的网站发布招聘信息，并通过网络收集招聘申请和简历等，因此，有条件的企业要建立网络招聘系统。

### 三、关键岗位能力分析

1. 专业知识结构

（1）熟悉劳动力市场及相关的招聘政策，了解最新的政策和行业动态。

（2）了解招聘的基本理论、方法和技巧，熟悉各种测度工具。

（3）熟悉所在企业的经营活动与业务范围，包括组织架构、业务特长、组织愿景、文化特色和业务流程等。关注业务发展变化趋势，知晓组织经营企划的框架，从企业发展的角度来理解人力资源的需求与变化，从而预测企业人力资源的发展方向。

（4）拥有一定的心理学基础。在招聘中特别是在人员的测试和评价中，要根据岗位的真正需求来把握选人标准，而不是根据自己的好恶来做出判断。要客观地做出判断，必须克服刻板印象、首因效应、近因效应、晕轮效应、同类人偏差等一般人容易犯的错误。

（5）熟悉各种招聘渠道，有一定的社会关系。

2. 技能结构

（1）沟通协调能力。在与内部进行沟通的同时还要与组织外部的相关部门沟通，完成招聘信息的发布等工作。回答好应聘者的提问，完成各项测试工作。

（2）语言表达能力。能够准确、清晰、生动地向应聘者介绍企业情况，并准确、恰当地解答应聘者提出的各种问题。

（3）组织能力。能够将多项并行的事务安排地井井有条。

（4）统计分析能力。能够对相关的资料和数据进行收集、汇总和分析，以便为招聘管理工作做出的各项决策提供支持和依据。

（5）判断能力。当收到招聘申请表时，应能根据部门实际情况结合人力资源年度计划分析其用人需求是否必要。

（6）观察能力。能够很快地把握应聘者的心理。

（7）运用工具的能力。计算机与外语能力随着时代的发展已逐步从专业性过渡到应用工具的行列。对外发展离不开外语，高效率的管理离不开电算化管理。

（8）独立工作能力。能够独立完成布置招聘会场、接待应聘人员、应聘者非智力因素评价等工作。

### 四、招聘管理岗位工作流程

组织中的招聘活动是一项繁杂的系统工程，必须对招聘管理工作流程进行规范化和系统化管理，才能提高招聘管理工作的质量和效率。在大多数大中型组织中，人员招聘工作由其专业的人力资源管理部门负责，而在一些小型组织里，人员招聘可能由某一位副经理负责，但不管组织的人员招聘工作是由谁来负责，它都是组织的一项基本功能，而且即使不同的组织拥有不同的招聘管理流程和内容，但其基本的流程大致相同，主要由招募阶段、选拔阶段、录用阶段和评估阶段组成，如图5—1如示。

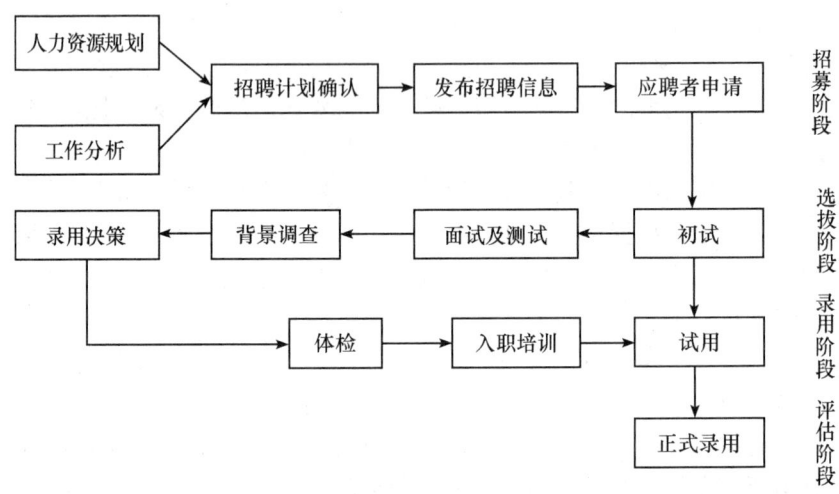

图 5—1　招聘管理基本流程

（一）招募阶段

1. 用人申请的提出与确认

首先由用人部门提出用人申请，由人力资源部门进行汇总，并根据企业的人力资源规划和工作分析，对这些用人申请进行查对，核查出现职位空缺的原因，做出是否招聘的决定。

2. 招聘审批

直线经理需要从人力资源部经理和业务单元的总经理那里得到招聘的许可。如果待招聘人员是在人员预算的范围内，可以不必批准直接向人力资源部门提出招聘请求；如果待招聘人员是在人员预算范围之外，必须要经过审批，获得审批的招聘申请会被发送到人力资源部负责招聘的人员处。

3. 制订招聘计划

由人力资源部门制订计划，包括明确招聘的人数、录用的标准、招聘的渠道、筛选的办法及招聘工作的费用。

4. 发布招聘信息

通过适当的媒体形式发布招聘信息。招聘负责人根据待招聘职位的个体情况选择招聘渠道和方法。一般情况下，所有的招聘职位在对外公布之前都先在内部公布，优先考虑内部员工的应聘和推荐。

5. 应聘申请者提出应聘申请

（二）选拔阶段

1. 初步筛选

由招聘管理部门接受申请者的申请，并进行初步的筛选。一个职位通常可能会获得比需要招聘的人数更多的职位候选人的申请，通过对这些人的简历或者应聘申请表进行筛选，把符合基本条件的候选人挑出来。

2. 组织测试和评价

按事先制订的筛选计划，由人力资源部门组织用人业务部门经理或者专业测评人员对应聘者进行多轮选拔和评价，一般把对职位需要的必要测试放在前期，将不具备必要条件或在必要条件上表现较差的候选人淘汰，然后在对其他任职资格进行评价，并提交最后的录用候选人。

3. 对候选人做背景调查

人力资源部门对录用候选人提供的有关证件和履历真实性进行审查，必要时可经应聘者同意后，向相关的单位或人员进行核实和查证。

4. 由决策人做出录用的决策

由人力资源部的招聘负责人向用人部门提出建议，并由用人部门做出录用决定。一般来说，人力资源部门的招聘负责人提供的评价报告重点在于核心能力方面的评价，直线业务经理提供的评价报告的重点在于专业知识方面。

（三）录用阶段

1. 通知应聘者

录用决策做出后，要及时发出录用通知，通知被录用的人员报到上岗的时间和注意事项，同时向未被录用的人发出辞谢通知，感谢其对招聘工作的参与。

2. 正式入职的准备

在确定录用人员后，该人员能否正式进入该公司还要看几个方面：一是能否与原单位解除劳动合同；二是进行体检，确保身体条件符合所从事工作的要求。

3. 签订录用合同，办理入职手续

对体检合格的候选人做出正式的录用决定，然后用人单位为新员工准备相应的工作条件，待与新员工签订劳动合同后，正式录用的员工的档案转移到公司指定的档案管理机构。

4. 新录用者进行入职培训

（四）评估阶段

1. 对招聘的相关资料、数据和信息进行收集、汇总和归档

要对人力资源部门经理、招聘主管、招聘专员的工作效果进行测评、分析，必须借助相关的基础数据和资料，包括各种渠道的实际投入成本和相应的简历收集数量、质量，每个岗位的计划招聘人数和实际应聘人数，用人部门对人力资源部门推荐的候选人的看法和意见等。

2. 进行招聘工作的总结和评估

招聘工作结束后，要回顾一下整个招聘过程，写出招聘总结，还要做出招聘效果评估，包括对应聘者的数量、质量、平均聘用的成本、招聘部门的工作水平等几个方面做出评价，总结经验，吸取教训，以改进招聘方法，提高招聘质量和效率。

为此，可以利用上一步搜集的资料进行下面关键指标的计算，包括以下几方面：一是完成指标，包括招聘成功率、招聘计划完成率；二是成本指标，包括简历甄别、筛选、聘前测试、初试等工作的实际招聘成本，招聘空缺职位所用的平均天数，招聘费用预算达成率；三是工作效率指标，包括人员入职手续办理的及时性，招聘成功率，招聘空缺职位所用的平均天数；四是满意度指标，包括用人部门满意度，招聘收益成本比，员工自然流动率。

通过横向、纵向的全面比较，衡量当前招聘工作的进展情况，以及各个招聘环节的工作效率，并分析原因，找出薄弱环节，为下一步的招聘工作指明努力方向。

# 第二节　招聘管理岗位常用工具及业务示例

## 一、招聘管理岗位常用工具表单

（一）人员增补申请表

填单：　　年　　月　　日

| 申请部门 | | 增补职位 | | 增补额人数 | |
|---|---|---|---|---|---|
| 申请增补理由 | □扩大编制　□储备人力<br>□辞职补充　□短期需要 | | | 希望到职日期 | |
| | | | | | |

续表

| 性别 | | 婚姻状况 | | 年龄 | |
|---|---|---|---|---|---|
| 学历 | | 外语 | | 个性 | |
| 经历 | | | | | |
| 具备技能 | | | | | |
| 增加人员工作内容 | | | | | |
| 申请人 | | | 部门主管 | | |
| 人力资源部意见 | | | | | |
| 总经理批示 | | | | | |

注：本表用于下级部门向主管单位申请增加员工。能使主管单位了解增加员工所应具备的条件及增员原因。

## （二）人事部年度招聘计划报批表

| 部门有关情况 | 录用部门 | 录用职位概况 | | | | 考试方法和其他 | | |
|---|---|---|---|---|---|---|---|---|
| | | 职位名称 | 人数 | 专业 | 资格条件 | 考试方法 | 招考范围 | 招考对象 |
| 公司核定的编制数 | | | | | | | | |
| 本年度缺编人数 | | | | | | | | |
| 本年度计划减员数 | | | | | | | | |
| 本年度拟录用人数 | | | | | | | | |
| 备注 | | | | | | | | |

年 月 日

## （三）招聘人员登记表

| 姓名 | | 性别 | | 出生年月 | | 照片 |
|---|---|---|---|---|---|---|
| 学历 | | 婚否 | | 民族 | | |
| 专业 | | 毕业学校 | | | | |
| 健康状况 | | | 户籍所在地 | | | |
| 政治面貌 | | | 身份证号码 | | | |
| 参加工作时间 | | | 有无住房 | | 要求待遇 | |
| 联系电话 | | | 电子邮件 | | 手机 | |
| 联系地址 | | | | | | |
| 现工作所在地 | | | | | | |
| 离职原因 | | | | | | |
| 简历 | 起止时间 | | 学习/工作单位 | | 专业/职位 | |
| | | | | | | |
| | | | | | | |
| | | | | | | |
| 家庭情况 | 姓名 | 关系 | 年龄 | 文化程度 | 现工作单位 | |
| | | | | | | |
| | | | | | | |
| | | | | | | |
| 特别提示 | 本人承诺保证所填写资料真实。<br>保证遵守公司招聘有关规程和国家有关法规。<br>请填写好招聘登记表，带齐照片、学历、职称证书等有效证件及相关复印件。 | | | | | |

## （四）面试评价表

| 面试职位 | | 姓名 | | 年龄 | | 面试编号 | |
|---|---|---|---|---|---|---|---|
| 居住地 | | | | | | 联系方式 | |
| 时间 | | | 毕业学校 | | | 专业 | |
| 学历 | | | 期望月薪 | | | 专长 | |

续表

| 工作经历 |||||||
|---|---|---|---|---|---|---|
| | | | | | | |
| 面试评价 |||||||
| 问题 | 回答 | 评价（分数） |||||
| 1. | | 5 | 4 | 3 | 2 | 1 |
| | | 理由 |||||
| 2. | | 5 | 4 | 3 | 2 | 1 |
| | | 理由 |||||
| 3. | | 5 | 4 | 3 | 2 | 1 |
| | | 理由 |||||
| 综合议价（分数）<br>A B C D E | 考官评语 | 分数总计 |||||

## 面试评价表

| 姓名： | | 应聘部门： | 填表日期： | | |
|---|---|---|---|---|---|
| 面试要素 | 观察考核要点<br>（A：完全符合  B：比较符合  C：基本符合  D：不太符合<br>E：不符合） | | 人力资源 | 直接上级 | 部门总经理 |
| 知识 | 学历情况、专业概况、所受培训与岗位要求的一致 | | | | |
| 责任感 | 回答问题诚实、负责，办事自信，对以往的工作负责 | | | | |
| 进取心 | 做事主动，努力把工作做好，不断汲取与工作相关的新知识 | | | | |
| 沟通协作 | 能够有效倾听，清晰地表达自己的观点；愿意帮助或协助他人做事，喜欢集体活动，与周围的人和谐相处 | | | | |
| 适应性 | 能够根据变化采取灵活的应对方式，达成目标 | | | | |
| 压力承受 | 有耐心、韧劲，在遇到批评、指责、压力或受到冲击时，能够克制、容忍、理智地对待 | | | | |

续表

| 面试要素 | 观察考核要点<br>（A：完全符合  B：比较符合  C：基本符合  D：不太符合  E：不符合） | 人力资源 | 直接上级 | 部门总经理 |
|---|---|---|---|---|
| 自我认知 | 能够客观、正确地评价自己的优势和不足 | | | |
| 逻辑思维 | 思路清晰，对事件描述符合逻辑、严密、有条理 | | | |
| 工作经验 | 以往的工作经验与目前岗位要求一致 | | | |
| 了解项目（不计分，只做描述） | 家庭背景特点对应聘者无不良影响 | | | |
| | 与原单位的关系能够处理妥当 | | | |
| | 上岗时间符合岗位要求 | | | |
| | 薪资要求或收入现状（分别注明） | | | |
| | 离职原因、应聘期望/动机、兴趣爱好无异常 | | | |
| 人力资源综合意见 | （背景调查情况、基本素质的优劣势评价） | 是否同意试用： | | |
| | | 签字： | | |
| 直接上级综合意见 | （专业知识技能适岗程度的优劣势评价） | 是否同意试用： | | |
| | | 签字： | | |
| 部门经理意见 | （团队融合、整体素质情况） | 是否同意试用： | | |
| | | 签字： | | |
| 部门主管VP意见 | （此栏面试高级经理及以上职位时填写） | 是否同意试用： | | |
| | | 签字： | | |
| 拟试用处： | | 岗位名称： | | |
| 指导人： | | 岗位性质：职员、管理技术岗、管理类、其他 | | |
| 备注： | | | | |

## （五）录用

## 录用通知书

_____先生（小姐）：经我公司研究，决定录用您为本公司员工，欢迎您加盟本公司，请您于____月____日____时到本公司_____部（处）报到。

_____公司人力资源部

_____年____月____日

——————————————————————————————

报到须知：报到时请持录用通知书；报到时须携带本人____寸照片____张；

须携带身份证、学历学位证书原件和复印件；指定医院体检表；本公司试用期为____个月；若您不能就职，请于____月____日前告知本公司。

## （六）新员工试用表

日期

| 人力资源资料 | 姓名 | | 应试职位 | | 入厂 | |
|---|---|---|---|---|---|---|
| | 分发部门 | | 甄选方式 | [ ]公开召考 [ ]推荐遴选 [ ]厂内提升 | | |
| | 工作经验 | | 相关　年，非相关　年，共　年 | | | |
| | 年龄 | | 学位 | | | |
| | 特殊技能训练 | | | | | |
| 试用计划 | 1. 试用职位：<br>2. 试用期限：<br>3. 督导人员：<br>4. 督导人员工作：[ ]观察　[ ]训练<br>5. 拟安排工作：<br>6. 训练项目：<br>7. 试用薪资：　　　　核准：　　　　拟订： | | | | | |
| 试用结果考察 | 1. 试用期间：自　年　月　日到　年　月　日<br>2. 安排工作及训练项目：<br><br>3. 工作情形：[ ]满意　[ ]尚可　[ ]差<br>4. 出勤情况：早退　次，病假　次，事假　次<br>5. 评语：[ ]拟正式任用　[ ]拟予辞退<br>6. 正式薪资拟核：<br><br>人力资源经办　　　　核准　　　　考核： | | | | | |

## （七）试用查看通知单

| 姓名 | | 职位 | | 服务部门 | |
|---|---|---|---|---|---|
| 查看期间：<br>自　　　　到 | | 延长查看期：<br>自　　　　到 | | 查看期间解除日期．<br>自　　　　到 | |
| 试用查看报告 | | | | | |
| | | | | | |

续表

| 主管 |  | 日期 |  |
|---|---|---|---|
| 部门经理 |  | 日期 |  |
| 人事经理 |  | 日期 |  |
| 本人已收到这份通知 ||||
| 被通知人签名 |  | 日期 |  |

## 二、招聘管理岗位业务示例

（一）构建企业的招聘体系

1. 完善招聘工作的流程

前面已经介绍了招聘管理工作的流程，包括招聘管理工作的各项工作内容、时间上的先后顺序以及各部门职责权限的划分，目的就是做好各个部门之间的沟通和协调，同时在招聘选拔过程中既要考核应聘者的专业知识、岗位技能等专业因素，又要考核应聘者的职业道德、进取心、工作态度、性格等非智力因素，让招聘工作更加科学、合理，从而有效地提高招聘效率、质量，同时降低招聘成本。相对一整套招聘管理工作的整体工作流程，还需要设计在招聘管理过程中子工作的流程。员工招聘体系的主要内容包括人力预测、招募管理、甄选管理、人才评鉴、录用管理、离职管理、人才库管理等。通过各项工作、相关的管理制度和资源得以建立。

2. 招聘管理的工作流程

招聘管理工作流程主要是指员工招聘过程中，各个环节的工作职责和相对的权限的规定，以使整个招聘过程更加规范、明确。

（1）招聘需求确认流程。

（2）人员甄选流程。

（3）面试流程。

（4）录用流程。

（5）新员工报到入职流程。

（二）校园招聘的组织

校园招聘一般主要集中在每年11月、12月到次年6月、7月，知名企业校园招聘的时间安排较早，有的企业从9月中旬就开始通过网络等渠道进行在线宣讲，介绍企业背景和招聘需求信息，10月中旬就开始进行校园宣讲，着手实施校园招聘。

校园招聘的组织和实施大致可以分为三个阶段。

1. 准备阶段

（1）确定招聘职位和人数。根据企业发展的规划以及人员增减情况，确定招聘岗位以及人数。

（2）成立招聘小组。招聘小组一般由人力资源部经理负责，也有主管人力资源的副总负责的。小组成员的构成包括人力资源部的工作人员、用人部门的主管、业务员和往届毕业生。招聘小组的主要职责包括准备招聘前期资料、制订招聘计划和政策、招聘实施、面试等。

（3）联系招聘学校。根据招聘岗位的任职要求，确定拟选择的院校及相关专业。

（4）准备相关资料。包括制定招聘政策（包括招聘整体实施、招聘纪律、招聘经费等）、明确小组成员内部分工、准备面试相关的表格、准备企业宣传资料等。

2. 招聘实施阶段

（1）发布招聘信息。可以通过公司网站、专业招聘网站、校园网站介绍企业的基本情况和相关的招聘信息；也可以通过在校园张贴海报的方式发布招聘信息，还可以通过专门的校园宣讲来发布招聘信息。

（2）收集和筛选应聘资料。

（3）测试与面试。一般在校园招聘前，招聘小组就要制定筛选的方案，一般用于校园招聘的筛选方式主要是针对专业知识的笔试、针对个人综合素质的评价中心测试和面试。由于应届毕业生没有工作经验，因此对其面试重点在于考察基本素质，即对潜质进行考察。

（4）录用。

3. 应届生的接收与跟踪阶段

（1）应届生接收。人力资源部负责通知应届生来公司报到，并做好接待，安排好食宿，减少应届生的陌生感。同时，尽快安排入职培训，让其了解企业，以及企业的运作情况，使其更快地融入社会。

（2）跟踪阶段。人力资源部要定期了解应届生的心态，倾听他们的声音，及时给予帮助与引导。不能用对待社会招聘人员的方式对待应届生，他们需要更多的时间熟悉企业与本职工作，需要更多的理解与引导。企业始终要思考的一个问题是"如何让应届生在短期内完成从学校到企业的转变"。因为转变所花的时间越短，企业支付的培养成本就越低，应届生也会越快为企业创造价值。

（三）笔试

# 某集团公司销售类人员考试题

姓名：_____  日期：_____

## 一、综合试题（20分）

A. 公司常识测试（10分）

1. 本公司是集____、____、____、____四位于一体的_____型企业。
2. 本公司的宗旨是_____。
3. 本公司成立于_____年，其前身是_____。
4. 列出本公司的主要竞争对手（不少于3家）_____。
5. 请阐述对本公司logo的理解。

B. 基本常识测试（10分）

1. 商品的两重性是_____和_____。
2. 哲学的基本问题是_____和_____的关系问题。
3. 当前我国各大报刊、新闻媒介宣传的主题是_____。
4. 五四运动前夕新文化运动的倡导者提出了_____和_____的口号。

## 二、专业试题（80分）

（一）甲公司现有库存：

A——松汁牌牙膏10 000支（价值1万元）

B——洁净牌洗衣机200台（价值10万元）

C——COM牌电脑200台（价值400万元）

D——牛头牌牛仔裤10 000条（价值40万元）

E——《现代经济管理》杂志1 000本（价值1 000元）

从A、B、C、D、E中任选一种商品由你承包推销。请你制定你推销该商品的计划（市场分析、广告战略、价格政策、销售计划、售后服务……）。

（二）乙公司用贷款购进B－205仪器100台（总价100万），从当月起，每月售出等量的一批（批零比例为4∶1）。平均批发价为11 000元/台，平均零售价为12 000元/台。假设贷款月息为10‰，每月分摊费用4 000元，批发税应交差额的10%，零售税应交零售价的3%。请问：

1. 每月售出10台，全部仪器售出后，乙公司所获利润为多少？
2. 每月售出20台，全部仪器售出后获利润多少？
3. 因为花了20 000元广告费，所以每月能售出50台，全部仪器售出后所获利润是多少？

4. 每月至少售出多少台，乙公司才能在第一个月就赚钱？

5. 请对问题1、2、3、4做出自己的评论。

（三）丙公司用贷款每月进10台B—205仪器，进价为10 000元/台，当月即能售出10台（批零比例为4∶1），平均批发价为11 000元/台，平均零售价为12 000元/台。假设贷款月息为10‰，每月分摊费用4 000元，批发税应交差额10%，零售税应交零售价的3%。请问：

1. 售出100台后，该公司所获利润为多少？

2. 第一批10台因故没有售出造成积压，以后每批进销都正常，售出100台后，该公司所获利润为多少？

3. 第一批10台全部按进价于当月批出，以后每批进销都正常，售出100台后，该公司所获利润为多少？

4. 请对问题1、2、3的答案做出分析。

（四）面试（见表5—2）

表5—2　　　　　　　　　　面试提纲示例

| 面试项目 | 评价要点 | 提问要点 |
| --- | --- | --- |
| 仪表与风度 | 体格外貌，穿着举止，礼仪风度，精神状态 | |
| 工作动机与愿望 | 过去和现在对工作的态度，更换工作与求职原因，对未来的追求与抱负，本公司所提供的岗位或工作条件能否满足其工作要求和期望 | • 请谈谈你现在的工作情况，包括待遇、工作性质、工作满意度<br>• 你为何希望来本公司工作<br>• 你在工作中追求什么？个人有什么打算<br>• 你想怎样实现你的理想和抱负 |
| 工作经验 | 从事所聘职位的工作经验丰富程度，职位的升迁情况和变化情况，从其所述工作经历中判断其工作责任心、组织领导力、创新意识 | • 你大学毕业后的第一个职业是什么<br>• 在这家企业里担任什么职务<br>• 你在这家企业里做出了哪些你自己认为是值得骄傲的成就<br>• 你在工作中遇到过什么困难？你是怎样处理和应付的<br>• 请你谈谈职务的升迁和工资变化情况 |
| 经营意识 | 判断应聘者是否具有商品概念、效率概念、竞争意识以及是否具备基本的商品意识 | • 通过经营小案例来判断其是否有这方面的观念和意识 |

续表

| 面试项目 | 评价要点 | 提问要点 |
| --- | --- | --- |
| 知识水平与专业特长 | 应聘者是否具有应聘岗位所需要的专业知识和专业技能 | • 你大学接受过哪些特殊培训，谈谈对你大学所学专业的理解<br>• 你在大学对哪些课程最感兴趣？哪些课程学得最好？<br>• 询问专业术语和有关专业领域的问题<br>• 询问一些专业领域的案例，要求其进行分析判断 |
| 精力、活力兴趣、爱好 | 应聘者是否精力充沛、充满活力，其兴趣和爱好是否符合应聘岗位的要求 | • 你喜欢什么运动？你会跳舞吗<br>• 你怎样消磨闲暇时间<br>• 你经常参加体育锻炼吗 |
| 思维力、分析力、语言表达力 | 对所提问题是否能够通过分析判断，抓住事物本质，并且说明透彻，分析全面，条理清楚，是否能顺畅地将自己的思想、观点、意见用语言表达出来 | • 你认为成功和失败有什么区别<br>• 你认为富和贫、美和丑有什么区别<br>• 如果让你筹建一个部门，你将从何入手<br>• 提一些小案例，要求其分析、判断 |
| 反应力与应变力 | 头脑的机敏程度，对突发事件的应急处理能力，对提出的问题能否迅速、准确地理解，并尽快做出相应的回答 | • 询问一些小案例或提出某些问题要求其回答 |
| 工作态度、诚实性、纪律性 | 工作态度如何，谈吐是否实在、诚实，是否热爱工作、奋发向上 | • 你目前所在单位管得严吗？在工作中看到别人违反制度和规定，你怎么办<br>• 你经常向领导提合理化建议吗<br>• 除本工作外，你还在其他单位兼职吗<br>• 你在处理各类问题时经常向领导汇报吗<br>• 你在领导与被领导之间喜欢哪种关系 |
| 自知力与自控力 | 应聘者是否能够经常性自我检查，善于发现自己的优缺点，同时在遇到批评、遭受挫折以及工作有压力时，能够克服、容忍、理智地对待 | • 你认为你自己的长处在哪里<br>• 你觉得你个性上最大的优点是什么<br>• 领导和同事批评你时，你如何对待<br>• 你准备如何改正自己的缺点 |

续表

| 面试项目 | 评价要点 | 提问要点 |
|---|---|---|
| 一般问题 | • 为何要到本公司来<br>• 你以往做过哪些工作<br>• 为何要离开原单位<br>• 你认为原单位有哪些缺点 | • 你认为你对本公司会作出什么贡献<br>• 你认为你有何缺点？如有请举例<br>• 别人评价你时，你一般会如何应付<br>• 你喜欢和哪些人交往？同学、同事、邻居 |

# 第三节 招聘管理岗位教学实训

一、实训作业

（一）招聘计划的制订

**案例一：**

### ××网站的招聘计划

××网站成立于2002年6月，是由一家香港风险投资基金成立的网站，主要的上网人群是老年人。网站的创始人欧某早年留学美国，在硅谷的一家公司担任高级管理人员。回到上海后，他发现作为一个人口老龄化程度已经很高的城市，上海竟然没有一个专门为老年人开设的网站。他决定抓住这个机会。

经过一番艰苦地筹备，××网站终于成立了。目前管理层中，除总经理欧某以外，还有两个副总经理张小姐和李先生，以及技术总监汪先生。汪先生曾担任某大型国企的信息部主管，技术经验非常丰富。李先生来自政府部门，在政界有很多社会关系，张小姐过去的职业是某外企的人力资源部主管。从总体上来说，公司的领导层能力强，经验丰富，而且非常年轻。

目前××网站急需的人才有三类：系统部，主要任务是建设网站平台；软件部，主要任务是开发网站的特色产品；网页部，主要任务是网页制作。其中前两个部门是网站的关键部门，关系着网站的核心竞争力，因此对这些部门的员工素质要求很高。网页部对人才的网页制作和美工功底的要求比较高。张小姐为公司制订的人力资源计划是：到2002年8月，员工人数要达到30人，其中系统部5人，软件部5人，网页部10人；到2002年年底，员工人数达到40人，其中系统部8人，软件部10人，人员增加主要集中在系统部和软件部；到2003年第二季度，估计员工人数将达到100人左右。

在竞争激烈的因特网产业中，拥有足够的高素质人才是商业网站生存的基础。没有强大的技术力量支持的网站生存空间很小，更不用说成为同类网站中的佼佼者了。在上海IT人才市场，资金雄厚的网站已经凭借高薪收罗了大量人才，刚刚成立的××网站显然不具备这方面的优势。××网站目前的资金大概可以维持网站运营两年。所以，总经理欧某一再强调要把钱花在刀刃上，精打细算，细水长流，员工的薪资水平将采取保守策略。但是，较低的薪资水平可能带来较高的人员流动，因此，必须采取积极的措施来防止这种情况的发生。另外，欧某相信对网站而言，时间就是生命，因此他决不允许在人才招聘上花费太多的时间。

综上所述，作为公司人力资源部的副总经理张小姐认为，××网站的招聘工作有一定难度，保守的薪资给招聘工作带来了很大压力，同时招聘的周期短又成了招聘工作的主要障碍。经过仔细考虑，她认为在开展招聘工作以前，必须首先确定影响企业招聘工作的因素：目前人才市场上IT公司数量的多少和质量的高低；公司目前的薪资水平，及其在同行中的竞争力如何；公司在培训员工和业务发展方面提供什么样的承诺；公司提供的福利能否满足不同部门员工工作和生活的需要；公司的领导层是否年轻有为，经验丰富，有很强的团队合作精神；公司的企业形象如何；公司是否能够提供令人感兴趣并且有挑战性的工作。

实训要求

请根据案例中资料的信息，帮助张小姐分析一下××公司的内外环境和条件？根据××公司的处境和条件，张小姐应该如何制订招聘计划？

实训提示

（1）××公司的优势是创业期，公司和员工的发展空间大。××公司招聘的障碍是所在行业人才竞争激烈，人员薪金低，招聘周期短，招聘费用少。

（2）在招聘计划方面，应聘者主要是内地技术人员和毕业生，招聘渠道主要是网络招聘。

评价标准

（1）结论是否正确，理由是否充分。

（2）能否为××公司的招聘及用人方面提供一些有建设性的可行建议。

（二）招聘广告的设计

实训要求

结合案例一，为该企业设计并起草一份招聘广告样稿。

实训提示

（1）在做公司介绍时要重点介绍公司的成长潜力以及公司为员工提供的发展

空间和各项福利。

(2) 对招聘岗位的任职资格要明确具体。

评价标准

(1) 广告内容要有足够的信息。

(2) 广告的设计新颖，有一定的吸引力。

（三）校园方案的设计

**案例二：**

S公司是一家新兴的商业零售连锁企业，近年来公司发展迅速，在中国28个省级行政单位的180多个城市拥有600家连锁店，员工人数超过90 000名。2007年预计全年实现销售额900亿元，是国家商务部重点培养的"全国15家大型商业企业集团"之一。

S公司的发展获得了社会各界的广泛认可，先后入选2006年最具影响中国上市公司、2006年最具竞争力上市公司、中国商业科技100强企业、中国民营企业三强和中国民营企业500强前三甲，荣获2006年最佳企业公众形象奖、2007年中国顶尖企业榜首、全国就业与社会保障先进民营企业、企业社会责任50强、2007年十大慈善企业等荣誉。

未来企业的竞争是人力资源的竞争，人力资源是S公司的七大核心竞争力之一。本着"自主培养、内部提拔"的用人理念，2002年10月，S公司开始启动一项毕业生培养计划，每年在全国范围内招聘应届毕业生若干名，专项负责应届毕业生的引进、培训与培养。目前，该工程一期、二期员工通过全面、系统的培养，已经成长为集团中层管理团队的核心，部分优秀的员工已进入高管梯队；三期、四期员工逐步成为部门骨干；五期员工经过集训与实习，已全面上岗。目前即将启动第六期的计划。

S公司的用人理念是"人品优先，能力适度"。该公司认为员工的事业心、对企业的忠诚度是首要的。但是，对人品的判断不是通过短暂的接触就能把握和衡量的。在对大学生的面试中，设计了各种各样的问题，以衡量应聘者的人品。比如，在综合素质面试中，对应聘者要求"坦诚"这一项，希望应聘者面对问题，能够直截了当地回答出自己的想法及最隐讳的东西，包括自己的优势、不足，这就能很真实地反映自己，而不是回避一些核心问题。同时，希望应聘者不要怕得罪领导，能主动地提出问题和建议，而不是迎合主考官的一些想法。选人时该公司坚持"综合素质第一，专业技能第二"，首先注重的是应聘者的综合素质，其次才是专业技能。招聘程序中，应聘者都要通过面试和笔试。第一轮面试主要是对应聘者基本情况和综合素质的了解，对应聘者的人品、逻辑思维能力、职业意向和价值观取向进行全面的了解，然后考察应聘者相关专业背景和技能，最后由人力资源部门与专业部门共同完成复试，对应聘者的专业性方面做进一步的了解。今年，由小王负责校园招聘计划的实施，其招聘的岗位主要是一些专业的技术人员和作为管理储备干部的初级管理人员。

具体招聘信息如下：

| 招聘岗位 | | 岗位描述 |
|---|---|---|
| 职能类 | 高级秘书 | 协助总经理完成对各部门日常工作的跟进、管理。宣传管理、会务管理、外联工作、印章管理、员工文体活动管理、员工行为规范管理 |
| | 人力资源管理 | 基础人事管理、薪酬福利管理、招聘管理、培训管理、干部管理及奖惩、终端人事管理 |
| 营销类 | 采购管理 | 采购部门是公司业务体系的核心，承担了商品采购、库存管理、销售控制等各项经营作业的主要职责，是公司销售、毛利指标的直接承担者 |
| | 连锁店销售管理 | 连锁店销售策划管理、销售服务管理、筹建及突击队的管理、服务培训管理、检查和监督、分析改进等。连锁店是S公司的四大终端之一，是S公司真正意义上的销售与服务工作的开始，连锁店的运行质量及管理状况直接关系到整个公司的效益和战略的实现 |
| | 市场策划 | 日常促销活动的策划、宣传、执行。负责公司形象的维护、宣传。媒体关系的维护、协调，新闻软文的策划和撰写，报纸广告的创意、设计与制作 |
| | 广告平面设计 | |
| 连锁发展类 | 连锁发展 | 连锁发展规划与计划、连锁店选址与租赁谈判、新开公司与新开店筹建、店面标准化设计 |
| | 装饰管理 | |
| 行政类 | 行政管理 | 各项后勤事务的管理，包括行政费用预算管理、行政物品采购管理、电话费用管理、餐饮住宿管理、行政固定资产及低值易耗品管理、印刷品管理、服装管理等 |
| | 物业管理 | 负责地区管理中心各项物业设备设施的运行、维护和改造，为员工与顾客提供一个良好的办公环境与购物环境 |
| 财务类 | 财务管理 | 预算管理、费用控制、会议核算管理、日常资金管理，售后、物流财务管理等 |
| 工程类 | 网络维护 | 负责计算机网络的建设与维护 |
| 服务类 | 物流储运管理 | 仓储管理、配送作业管理、车辆管理、物流筹建等 |
| | 售后服务管理 | 负责公司销售的各类电器产品的售后服务及其管理工作 |
| | 客户服务管理 | 客户信息受理、回访、服务监督与改善、服务承诺的统一管理 |

实训要求

（1）可以以小组为单位，通过讨论分析招聘岗位的任职要求，从而确定应聘者的专业来源以及学历水平。

（2）结合案例中的要求，通过收集本地院校的信息，了解院校的专业设置特点。

（3）设计一个校园招聘的方案。

（4）撰写校园招聘通知。

（5）整理校园招聘说明资料。

实训提示

（1）根据招聘岗位的特点，会计、平面设计等专业性强的岗位直接选择，而其他的岗位重点看应聘者的个人素质，受专业限制相对较小。

（2）校园招聘方案的设计包括院校的选择、招聘的时间、信息发布和校园宣讲、选拔的方式、费用的预算等内容。

评价标准

（1）招聘院校的选择及理由是否合理。

（2）校园招聘方案的内容是否齐全。

（3）语言表述的专业性和准确性。

（四）人才招聘会的组织

**案例三：**

华田公司是一家专营奶粉的企业，随着生产规模的扩大，华田公司原技术部经理被调往公司总部委以重任，于是经理一职空缺，招聘技术部经理便成了企业的当务之急。

华田公司人力资源部很快拟定出技术部经理的招聘简章，对应聘者提出如下要求：

1. 大学本科以上学历。

2. 年龄在35～45岁。

3. 能熟练地掌握英语听、说、写的能力。

4. 能熟练地操作计算机。

5. 具有相关工作经历。

在几天后的一次人才专场招聘会上，华田公司参与了招聘会，并把公司的招聘简章贴出来。

很快，该公司所设的招聘点前围满了求职者，收到了大量的求职简历。招聘会结束后，人力资源部门开始对这些简历进行初步筛选，并拟出了面试者名单。

面试结束后，人力资源部门对面试结果进行了评审，打算从中挑选出最合适的人选。但公司很快就发现很难做出最后的抉择，似乎每个被面试者的优势都非常突出，同时，每个被面试者又都有其不足之处。然而技术部经理的职位只有一个，到底录用谁，这让公司管理层颇感为难。

陈×，42岁，大学毕业后一直从事设备管理和技术研究工作，属于技术专家型领导，对技术研究业务非常熟悉，工作态度严谨，但为人严肃，不苟言笑，在面试时，针对华田公司提出的如何管理好下属这方面没有独到的见解。他习惯于向下属布置工作，在与属下的沟通方面似乎有所欠缺。通过侧面了解，过去陈×的下属评价他"业务熟练，但缺少人情味"。

从×，44岁，在基层工作多年，他思维非常活跃，点子很多，善于与同事及下属进行沟通与交流，在调动员工积极性方面很有研究，过去的员工普遍反映他"很会笼络人"。但他的不足之处是技术理论知识根基不厚，没有独立进行技术研究的能力。

袁×，35岁，硕士研究生，在多家外资企业工作过，十分聪明，接受新事物的能力很强，有强烈的求知欲，且在科研方面颇有见地。通过面试，得知他过去跳槽的原因是看不惯能力不及自己的人，什么事都想一个人包揽。

现代社会科技发展日新月异，企业要在激烈的市场竞争中取胜，离不开技术的支持，技术部经理的人选非常重要。华田公司在最后的录用上也是慎之又慎。公司的上层领导准备专门召开一次会议，大家一起商量到底选择谁来做公司的技术部经理。

实训要求

根据案例中的资料，模拟布置一个招聘会现场。

学生分成小组扮演应聘者和招聘者，对招聘的现场进行模拟，做好接待和咨询工作。

实训提示

(1) 招聘会地点的选择和事前的沟通，要明确招聘会的规模、对象、费用等。

(2) 确定招聘人员，准备好宣传资料、应聘者申请表等。

(3) 了解应聘者普遍关心的问题，做好咨询的各项准备。

(五) 无领导小组讨论的组织

**案例四：**

人力资源部的小王已经通过校园招聘形式从应聘者中挑选了若干名候选人。公司进行校园招聘的目的，一方面是补充空缺的岗位，满足企业发展的需要，另一方面是为了从这些应届毕业生中发掘有潜力的人员进行长期的培养和训练，使其成为公司未来的管理者，为公司的长期发展进行战略性人才储备。因此，公司在选择人员时，特别注意考察这些应聘者的综合能力和潜力，在对学生进行考察时，采用了多种评价方式，其中之一就是运用工作评价方法中的无领导小组讨论的形式。

背景资料：沙漠逃生

大约7月中旬上午十点钟，你乘坐的飞机坠落在美国西南部索纳拉地区，飞行员和副飞行员都死了，其他人都活着。飞行员在飞机坠落前没有告诉任何人飞机所在的位置，只有一些人在出事前向外观看，根据地上的标记，估计偏离航线约105千米。在出事前几分钟，飞行员曾告诉你：在东北方向距离约113千米的煤矿上，有人居住。索纳拉地区是平原，除了一些灌木丛外一无所有。当时气温将近45摄氏度，所以地表温度会接近50摄氏度。你穿着单薄的衣服，短袖衬衫、短袜和皮鞋，每个人都带有手帕。你们小组总共有25英镑、一盒烟和一支圆珠笔。

问题

请将下列15件物品根据重要性排列为1~15，以便在飞机着火前尽可能多的取得必需品。你们小组的成员决心待在一起。相信共同努力能使你们成为幸存者。

1. 手电筒（4节电池）
2. 匕首
3. 坠落区的地图
4. 塑料雨衣（大的）
5. 指南针
6. 救护箱
7. 0.45口径手枪
8. 降落伞（红色和白色）
9. 装有盐片的瓶子（1 000片）
10. 每人1升水
11. 书（沙漠里能吃的动物）
12. 每人一副太阳镜
13. 烈性伏特加酒2升
14. 每人一件外套
15. 化妆镜

实训要求

首先，根据案例中的资料设计出无领导小组讨论的评价表。

其次，对学生进行角色分配，包括无领导小组讨论的组织者1名、被测试者5~9名，评分者若干人，由学生自己组织一场无领导小组讨论的测试。

最后，根据测试的结果，撰写出测试报告，并组织学生就测试的过程和评价结果进行交流和讨论。

实训提示

要明确小王的校园招聘中，哪些岗位适合采用无领导小组讨论的形式对应聘者进行筛选。

无领导小组讨论的评价表的设计要按照测试的项目进行设计，主要考察：思维分析能力、语言表达能力、人际敏感性、组织协调能力、人际影响力、团队意识等。

布置相关的场地，应聘者的模拟者坐在中间，其他同学作为评委坐在四周，由组织者按无领导小组讨论的要求组织测试活动。

作为评委的观察者要重点观察应聘者的行为表现，包括应聘者所说的内容、应聘者发言的形式和特点、应聘者的发言在整个讨论进程中产生了哪些作用，即发言的影响力。

（六）面试的组织

实训要求

结合所学的人力资源管理知识，可选择案例二、案例三中的某些岗位，列出面试计划，并说明通过面试想要测试应聘者哪些方面的素质，针对不同岗位设计出不同的面试提纲。

进行角色分配，布置一个面试的场地，模拟面试。

撰写面试评价报告。

实训提示

由老师把学生分成3~5人一组，组成面试评价小组，以小组为单位设计出本小组的面试题目。

在条件允许的情况下请其他班级或专业的学生扮演应聘者，以小组为单位对应聘者进行面试。

每组的面试时间大约为20分钟。

（七）背景调查

**案例五：**

上海××化工有限公司拥有员工近千人，主要加工的化工产品以出口为主。

2004年年底，公司高层会议决定高薪招聘一名市场总监，负责公司整体市场策略的推广及产品运营。出于成本考虑，人力资源部决定自行招聘，没有委托猎头。

一个多月后，人力资源部筛选了7位候选人来参加面试，而其中的一个候选人陈亮吸引了高管人员及人力资源部的关注。

陈亮本科毕业后在山西太原的一个国有企业工作了5年，尤其是后期担任了3年的市场部经理。之后到上海化工行业的一个民营企业做了2年的市场部经理，刚从那里离职。从学历、履历上分析，完全符合公司的要求。

无论是做行业分析、市场推广方案，还是经历情景面试、无领导小组讨论面试，陈亮过五关、斩六将，在综合评价中遥遥领先于排名第二的候选人。

"当时，我们对陈亮的表现非常欣喜，都为公司有机会录用到如此优秀的人才而高兴。"周洁回忆说，"但我们还是非常谨慎地提出，要最后决定录用他，还需做最后一件事情：背景调查。只要他过了这一关，就录用了。"

**实训要求**

根据案例四中的资料，请你设计一份对陈亮的背景调查计划，包括进行背景调查的主要目的、调查的对象和调查的内容和方法。

（八）录用决策

**实训要求**

根据案例三中的资料，得出录用决策并说明理由。

**实训提示**

要结合岗位的特点和企业的特点做出录用决策。

（九）招聘管理综合分析（一）

**案例六：**

小王是某公司人力资源部的招聘主管，专门负责企业招聘工作的具体计划、组织与实施。最近，有一桩烦心事使其彻夜难眠，事情的起因是：两个月前，营销部的黄经理给他下达了一份经过各级领导签字批准的招聘申请单，让他负责在20天左右的时间里为营销部招聘一名客户经理。在招聘申请单上，对客户经理的招聘条件及岗位职责也做出了较为详细的说明。小王以为是小菜一碟，就爽快地答应了黄经理的要求。过了10天左右，小王就把通过人才网站选到的候选人全部约来，带到黄经理面前让其面试，结果出乎所料，全部候选人都被黄经理否定。过了一段时间小王又招到一批人，结果仍然是没有一个被黄经理看中。这样经过两次面试后，黄经理很生气，向老板投诉人力资源部工作不力，人力资源部李经理也很生气，责怪小王办事不认真，使本部门名誉蒙受损失。同时，李经理也代表老板的意思对小王下达了最后通牒：如果10天之内再招不到合适的人满足营销部黄经理的要求，就考虑给自己另外找份工作吧。为此，小王这两天压力很大，已经到了茶饭不思、郁郁寡欢的地步。

实训要求

结合案例六，你认为小王的问题出在哪里？

如果你是他，该怎样做呢？

以报告的形式完成。

实训提示

做好招聘前的准备工作，了解目标岗位的工作职责和任职要求。

对于不同的岗位要选择适当的渠道。

（十）招聘管理综合分析（二）

**案例七：**

烦恼的招聘

晨星公司是生产高科技产品的制造型企业，由于良好的外部市场环境和正确的内部决策，2002年公司取得了高速的发展，员工人数从2002年年初的176人增加到同年年末的600人。晨星公司一直采用扁平式的组织结构，总经理下并列着八个部门。人力资源部王经理相对于其他部门经理有着更高的威信，工作雷厉风行。由于公司的快速发展，人力资源部的各项工作都面临着严峻的考验，特别是招聘工作，被动招聘的问题日趋严重。招聘专员小夏为此很烦恼。

时间：2003年元旦后的某天

地点：人力资源办公室走廊

人物：招聘专员—小夏，培训专员—小梁

小夏："小梁，你说我该怎么办。这么多用人需求申请，时间紧不说，一些岗位都是新设立的，连岗位描述都没有（岗位描述由部门经理负责起草，人力资源部的绩效专员负责定稿，按照人力资源部规定在招聘新岗位前应完成招聘岗位的岗位描述，而目前存在着严重的滞后现象，其主要原因在于部门经理的拖延）。你看这几张用人需求申请，对人员资格描述那么含糊。叫我怎么做招聘广告。再说面试，我选上的人，他们又看不中，他们不说清楚，我怎么知道他们想要什么样的人，真怀疑他们自己心里都没个谱，觉得缺人，就填个单子。"

小梁："那你多催催部门经理，让他们及时补上，告诉他们没有这些基础资料，你无法正常进行招聘工作，会影响到招聘速度的。"

小夏："你以为我没说，催了好几次了，口头上都答应得好好的，转过身就忘了,他们总有比这事更重要的事情。"

小梁:"那你就只能缓缓。"

小夏:"缓缓?我可担不起这个责任。王经理已经找我谈过话,她说在去年的年终会议上,许多部门提出由于人员配备不足影响部门绩效,问到为什么不及时补充人员,回答就是招聘速度太慢。真是天地良心,我可没有偷过闲,每天在网上搜索简历熬得两眼通红,这三个月来我已放弃了6个节假日去参加各种招聘会了,没有合适的人,总不能怪我工作不力吧!"

**实训要求**

请用学过的理论分析这家公司在招聘管理中存在哪些问题?

如果你是小夏应如何来做?

以分析报告的形式完成你的分析和建议。

(十一)招聘效果评估

某公司招聘活动,准备招聘副总经理1人,生产部经理1人,销售部经理1人。副总经理应聘者8人,参加招聘测试25人,送企业候选3人,录用0人;生产部经理应聘者19人,参加招聘测试14人,送企业候选3人,录用1人;销售部经理应聘者35人,参加招聘测试29人,送企业候选3人,录用1人。招聘经费:广告费20 000元,招聘测试费15 000元,体检费1 500元,应聘者纪念品1 000元,招待费3 000元,杂费3 500元,录用人员安置费5 000元。

**实训要求**

请计算出本次招聘的总成本效用、招聘录用比、招聘完成比、应聘比。

根据计算结果写出分析报告。

# 第六单元　培训管理岗位技能实训

**【学习目标】**

通过本单元的学习与训练，使实训对象能够充分理解培训岗位的职责与要求，熟练掌握企业中员工培训的工作流程与方法，能够依据培训需求制订合理的培训计划，选定恰当的培训方式与方法，并制订科学的培训效果评估方法。同时能够通过培训、实训作业，体验培训管理实践中的管理情境，完成实训任务。

**【本章重点】**

培训需求；培训类别；培训方法；培训效果评估。

**【关键技能】**

培训方案设计；培训类别划分；培训方法选择；组织协调能力；沟通表达能力。

员工培训是企业人力资本投资的重要形式，是开发现有人力资源和提高人员素质的基本途径。通过有效的培训能够促使员工快速地提升工作技能，提高工作的自主性与自觉性。企业的规模与发展阶段的不同，对培训岗位的设置也有所区别。在企业发展初期或规模较小的阶段，对培训业务的重视程度较低，并不单独设置培训岗位，而是将相应工作合并至人力资源部其他岗位。随着企业逐渐发展，规模逐渐壮大以及对培训业务的重视程度提高，培训岗位会单独设置，包括培训专员、培训主管。对于大型跨国企业或央企，还会设置专门的教育培训部门。本单元的内容侧重于基础性的主管与专员一级的培训管理工作。

# 第一节　岗位说明书及详解

## 一、培训管理岗位说明书示例

### （一）培训专员岗位说明书示例

| 岗位名称：培训专员 | 所在部门：人力资源部 |
|---|---|
| 岗位编码： | 编制日期：××××年××月××日 |
| 岗位概要：负责制定公司培训方案，汇总各部门培训需求，制订相应的培训计划并组织实施，进行培训效果的评估与反馈 | |
| 岗位职责 | 数量、质量标准 |
| 1. 培训制度的建设与维护<br>1.1　起草培训制度<br>1.2　培训制度的动态维护<br>1.3　制定培训方案并组织实施 | 1. 培训制度及方案是否符合公司与员工的双赢发展<br>2. 培训制度及方案是否能够根据组织内外环境的变化而及时进行调整<br>3. 针对不同类别、不同层级员工是否均设计并实施了相应的培训方案 |
| 2. 负责企业培训工作的实施开展<br>2.1　进行培训需求调查并制订培训计划<br>2.2　依据培训计划定期制定培训方案并组织实施 | 1. 培训需求调查是否全面、科学<br>2. 培训计划是否全面，是否符合部门需求<br>3. 培训方式及培训工具选择是否合理<br>4. 培训结果评估是否公平<br>5. 培训效果跟踪反馈是否及时 |
| 3. 负责企业培训日常管理工作<br>3.1　制定培训预算方案，报审批后实施<br>3.2　整理各次培训信息并存档管理<br>3.3　维护培训设施 | 1. 培训预算方案是否节约、合理<br>2. 是否建立完整、有序的员工培训档案<br>3. 是否定期对培训设备进行检查、维护 |
| 关键绩效指标 | |
| 1. 培训管理制度的完整性与可行性<br>2. 培训计划的科学性与合理性<br>3. 培训预算的控制<br>4. 培训档案的完整有序性 | |
| 任职资格 | 必备要求 | 期望要求 |
| 学历及专业要求 | 大专以上学历，管理类专业 | 本科以上学历，人力资源管理专业 |
| 所需资格证书 | 人力资源管理师（三级以上） | 人力资源管理师（二级以上） |

续表

| 任职资格 | 必备要求 | 期望要求 |
|---|---|---|
| 工作经验 | 一年以上相关工作经验 | 三年以上相关工作经验 |
| 知识要求 | 培训管理为主的人力资源管理知识 | 掌握心理学相关知识 |
| 技能要求 | 熟练使用办公软件 | |
| 能力要求 | 沟通协调能力、计划执行能力 | |
| 个性要求 | | |
| 主要关系 | | |
| 关系性质 | 关系对象及频繁程度 | |
| 直接上级 | 人力资源部门经理（或培训主管） | |
| 直接下级 | | |
| 内部沟通 | 其他部门的直线主管 | |
| 外部沟通 | | |
| 岗位环境和条件 | | |
| 使用工具设备：一般办公设备、计算机、网络<br>工作环境：办公场所及培训场地<br>工作时间特征：正常工作时间，根据工作情况加班 | | |

## （二）培训主管岗位说明书示例

| 岗位名称：培训主管 | 所在部门：人力资源部 |
|---|---|
| 岗位编码： | 编制日期：××××年××月××日 |
| 岗位概要：负责建立公司培训体系与培训制度并组织实施，对培训过程进行全面管理与监督 | |

| 岗位职责 | 数量、质量标准 |
|---|---|
| 1. 培训制度的建设与维护<br>1.1 制定培训制度<br>1.2 培训制度的动态维护<br>1.3 审核培训方案并监督实施 | 1. 培训制度及方案是否符合公司与员工的双赢发展<br>2. 培训制度及方案是否能够根据组织内外环境的变化而及时进行调整<br>3. 针对不同类别、不同层级员工是否均设计并实施了相应的培训方案 |
| 2. 组织企业培训工作的实施开展<br>2.1 审核培训计划与培训方案<br>2.2 负责培训实施过程的组织管理 | 1. 培训计划是否全面，是否符合部门需求<br>2. 培训方式及培训工具的选择是否合理<br>3. 培训结果评估是否公平<br>4. 培训效果跟踪反馈是否及时 |

续表

| 岗位职责 | 数量、质量标准 |
|---|---|
| 3.负责指导培训专员开展日常管理工作<br>　3.1　对培训预算方案进行审批、监督其实施<br>　3.2　组织建立培训信息及档案系统<br>　3.3　定期组织开展培训设施维护与保养 | 1.培训预算方案是否节约、合理<br>2.是否建立完整、有序的员工培训档案 |

| 关键绩效指标 ||
|---|---|
| 1.培训体系与培训制度建设的完整性<br>2.培训计划的科学性与合理性<br>3.培训预算的控制<br>4.培训档案的完整有序性 |||

| 任职资格 | 必备要求 | 期望要求 |
|---|---|---|
| 学历及专业要求 | 本科学历，管理类专业 | 本科以上学历，人力资源管理专业 |
| 所需资格证书 | 人力资源管理师（二级） | 人力资源管理师（二级以上） |
| 工作经验 | 三年以上相关工作经验 | |
| 知识要求 | 培训管理为主的人力资源管理知识 | 掌握心理学相关知识 |
| 技能要求 | 熟练使用办公软件 | |
| 能力要求 | 沟通协调能力、计划制订能力 | |
| 个性要求 | | |

| 主要关系 ||
|---|---|
| 关系性质 | 关系对象及频繁程度 |
| 直接上级 | 人力资源部门经理 |
| 直接下级 | |
| 内部沟通 | 其他部门的直线主管 |
| 外部沟通 | |

| 岗位环境和条件 |
|---|
| 使用工具设备：一般办公设备、计算机、网络<br>工作环境：办公场所及培训场地<br>工作时间特征：正常工作时间，根据工作情况加班 |

## 二、主要岗位职责详解

### （一）培训制度建设

随着人力资源管理在企业管理中的地位逐渐提升，员工培训也逐渐受到管理者与员工的普遍重视。有效的培训,不仅能够提升员工工作技能,满足其职业发展要求,更能够转变员工对工作的态度,满足企业长远的战略发展要求。因此,培训管理相关职能人员,需要通过建立符合企业实际需求的、科学合理的培训制度并组织实施,以实现培训的价值。

1. 培训的原则

(1) 战略导向原则。培训要服从或服务于企业整体发展战略,其最根本的目的是为了实现企业战略发展目标。

(2) 长期性原则。培训是一项长期的系统性工作,其效果需要经过长期的积累才能够逐渐体现。

(3) 按需施教原则。培训课程及方式的设置应符合部门和员工的需求,减少低效或无效培训。

(4) 分层分类原则。杜绝"培训大锅饭""培训福利化"的现象,不分等级、类别地对所有员工进行统一化、格式化培训,效果甚微且浪费资源。

2. 培训的误区

培训不可能解决企业所面临的所有经营管理问题,因此在设计培训方案、开展培训工作时,也应注意避免一些认识上的误区。

(1) 通过培训弥补招聘失误。认为聘用了一个技能不符合要求的人也没关系,可以通过培训加以弥补。殊不知,聘用的员工不能满足工作的基本要求,是招聘与录用的问题,并非培训能够解决的。俗话说:训练火鸡爬树远不如直接聘用一只松鼠。

(2) 通过培训解决所有的工作绩效问题。造成员工绩效低下的原因有多种,包括沟通不畅、奖惩不公等,并非都能通过简单的培训解决。

(3) 认为培训支出是提高成本而不是投资行为。松下幸之助曾说:"企业中各方面的钱都可以省,惟独研发费用及培训费用绝对不能省。"有效的培训支出能够为企业带来巨大的回报与收益。

(4) 认为培训是企业的义务,与己无关。作为企业的管理者,有责任也有义务让每一位员工明白:关心并参与培训,意味着把握自己未来发展的主动权,这不仅仅是企业单方面利益的事,也是员工自身应有的权利。

(5) 流行什么就培训什么。企业应当有目的、有步骤、系统地设计培训方案并实施。

3. 培训制度的主要内容

(1) 培训制度的目的、原则与组织体系。

(2) 培训实施的流程。

(3)培训制度的动态维护。

4.培训计划及具体方案的主要内容

(1)培训需求调查及分析汇总。

(2)培训对象及相应培训内容。

(3)培训周期及频率。

(4)培训地点、培训方式及工具。

(5)培训效果评估与反馈。

(二)培训管理实施

1.培训计划制订

培训计划是根据企业的战略发展目标,结合培训需求分析结果,从而制定培训具体方案的过程。制订培训计划及方案的一般流程如图6—1所示。

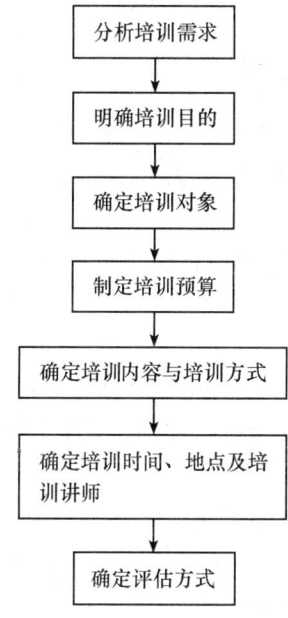

图6—1 培训计划制订流程

2.培训需求分析

培训需求分析是指在规划与设计每项培训活动之前,由培训部门、主管人员、工作人员等采用各种技术与方法,对组织及其成员的目标、知识、技能等方面进行系统的鉴别与分析,以确定是否需要培训及培训内容的一种活动或过程。这既是确定培训目标、设计培训计划的前提,也是进行培训评估的基础,因而成为培训活动的首要环节。

（1）影响因素。影响培训需求的因素大致分为两类：常规性因素和偶然性因素。前者指在分析培训需求时需要考虑的一般性因素，后者指由于特殊事件决定的因素。具体内容见表6—1。

表6—1　　　　　　　　　影响培训需求的因素

| 常规性因素 | 偶然性因素 |
| --- | --- |
| 社会发展环境<br>企业发展目标和经营环境<br>同类企业培训的发展状况<br>员工个人职业生涯发展设计<br>员工考核<br>员工行为评估<br>企业资源状况对评估需求的限制 | 新员工的加入<br>员工职位调整<br>员工工作效率下降<br>顾客抱怨投诉<br>发生生产事故<br>产品质量下降或销售量下降<br>企业内部耗损升高，成本增加<br>发生导致员工士气低落的事件 |

（2）分析层次。培训需求分析分为三个层次：组织分析、工作分析、个人分析。

1）组织分析。组织分析主要包括组织目标分析和组织状况分析。组织目标的设立与改变会对人员素质提出要求；组织状况分析是对企业进行系统的诊断，找出问题，从而分析培训需求。

2）工作分析。工作分析主要包括工作任务分析和工作标准、任职条件分析。工作任务分析的目的是明确某项工作的性质、工作职责，并作为进一步分析的基础，在明确工作任务的基础上确定工作标准和履行职责、达到工作标准的素质要求。任职条件分析则是明确从事该岗位工作所必须具备的知识、技能等要求。

3）个人分析。通过分析员工实际工作绩效表现与理想表现之间的差距，确定是否需要进行培训以及进行哪些方面的培训。

（3）分析方法。培训需求分析的方法有很多，包括问卷调查法、访谈法、观察法、工作分析法、绩效分析法等。企业中常用的方法及其优缺点见表6—2。

3. 确定培训对象

员工的岗位等级、类别的不同，对培训的需求也不尽相同，应选择差异化的培训内容与培训方式。

通常情况下，岗位等级划分为一般岗位、基层管理岗位、中层管理及高层管理岗位。依据业务及工作内容不同，可将岗位类别划分为职能管理类、技术研发

表6—2　　　　　　　　培训需求分析方法比较

| 方法介绍 | 优点 | 缺点 |
| --- | --- | --- |
| 【问卷调查法】<br>通过发放问卷了解员工个人培训需求。问卷一般分为开放式问卷、封闭式问卷和综合问卷 | • 效率高，短时间内获取大量信息<br>• 花费较少<br>• 调查对象可畅所欲言，表达真实想法 | • 对问卷设计能力有较高要求，调查结果仅体现问卷所含信息<br>• 需耗费大量时间对调查信息进行筛选、汇总、分析 |
| 【申报法】<br>各部门根据各自的年度工作目标并结合个人的培训需求提出本部门的培训需求，由人力资源部门汇总制订培训计划及方案 | • 调查结果反映部门整体需求<br>• 调查结果更符合被培训者需求 | • 需平衡各部门需求，制订整体培训计划 |
| 【访谈法】<br>培训管理人员通过与员工深入沟通、访谈，分析培训需求 | • 可充分了解培训对象的信息及需求<br>• 有利于培训双方建立信任关系<br>• 易于得到员工对培训工作的支持<br>• 有利于激发员工参加培训的积极性 | • 需要占用大量的时间进行深入沟通访谈<br>• 员工可能在沟通中有所保留，并未真实全面反映自身培训需求 |
| 【绩效分析法】<br>结合工作分析方法，通过对员工工作任务及任职条件进行分析，并对比实际绩效与理想绩效之间的差距，确定培训需求 | • 培训需求直接反映绩效改进需求<br>• 培训结果可通过绩效考核进行评价 | • 需要对员工的岗位工作及绩效要求有充分了解 |

类、技能操作类岗位。如图6—2所示。

4. 确定培训内容

（1）依据岗位等级类别确定培训内容。通过上述岗位分类可知，针对不同等级、不同类别的岗位要求，应选择有差别的培训内容。例如，基层管理及以上的岗位均承担对下属的培训、考核、招聘面试等工作，应具备一定的招聘、培训、考核、激励等人力资源管理知识。

（2）依据培训层次确定培训内容。依据培训深度所确定的培训层次包括核心业务技术技能培训、岗位工作相关培训和普遍培训，如图6—3所示。

各层次培训的范围及示例见表6—3。

|  | 职能管理类 | 技术研发类 | 技能操作类 |
|---|---|---|---|
| 高层管理岗位 | ××副总经理<br>××总监 | 总工程师 | ××高级技师 |
| 中层管理岗位 | ××部经理/部长 | 高级工程师 | ××中级技师 |
| 基层管理岗位 | ××主管 | 中级工程师 | ××技师 |
| 一般岗位 | ××专员/管理<br>××见习员 | 技术员/工程师<br>技术/研发助理 | ××操作工 |

图6—2　企业岗位类别及一般序列

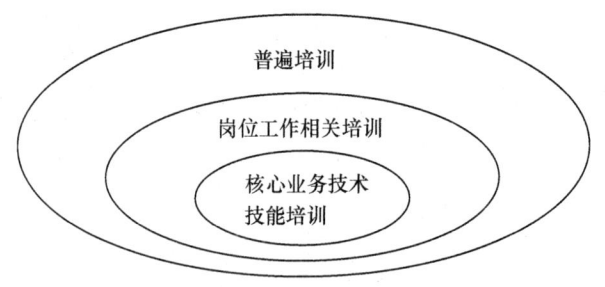

图6—3　培训层次划分

表6—3　　　　　　　　　培训层次划分

| 培训层次 | 培训范围 | 培训示例 |
|---|---|---|
| 岗位核心业务技术技能培训 | 本岗位员工 | 针对IT岗位的软件技术开发培训课程 |
| 岗位工作相关培训 | 某一类相关岗位员工 | • 针对各类管理人员的管理相关培训<br>• 针对人力资源部门内各专业岗位的人力资源全面培训 |
| 普遍培训 | 全体员工 | • 企业文化培训<br>• 员工手册培训 |

（3）依据培训类别确定培训内容。总体上讲，培训类别可划分为岗前培训、在岗培训和离岗外派培训。每种类别的培训内容见表6—4。

表 6—4    培训类别划分

| 培训类别 | 培训内容 | 培训示例 |
|---|---|---|
| 岗前培训 | • 企业规章制度、企业概况、产品知识、行为规范<br>• 岗位说明书讲解、主要工作流程及管理实务 | • 新员工入职培训<br>• 新员工岗前业务培训 |
| 在岗培训 | • 对在岗员工的知识、技能、业务提升的培训<br>• 对新转岗员工进行的新岗位业务、要求培训<br>• 针对低绩效员工的业务培训 | • 转岗培训<br>• 晋升培训<br>• 业务更新培训<br>• 任职资格培训<br>• 绩效提升培训 |
| 离岗外派培训 | • 系统的知识培训<br>• 行业研讨交流 | • 长期学历教育培训<br>• 短期培训班、学术研讨会<br>• 标杆企业考察 |

5. 确定培训形式

根据培训的目的、周期、地点不同，培训形式不尽相同，每种方式的特点也各不相同。培训形式包括课堂培训、现场培训及自学培训三种，每种方式的优缺点见表 6—5。

表 6—5    培训形式对比

| 培训形式 | 优点 | 缺点 |
|---|---|---|
| 【课堂培训】<br>授课、研讨、案例分析等 | • 易于操作<br>• 经济高效 | • 针对性较弱<br>• 缺乏实际体验，效果欠佳 |
| 【现场培训】<br>岗位认知培训、绩效提升培训 | • 针对性强<br>• 直观感受强烈 | 程序复杂，成本较高 |
| 【自学培训】<br>指定材料自学、网络及电视远程教育 | • 不占用工作时间<br>• 充分体现员工个体差异与需求<br>• 培养员工自学能力 | • 学习效果存在差异<br>• 学习过程难以控制<br>• 容易引起烦躁情绪 |

此外，根据培训的地点及培训师的不同，可分为内部培训、引入式培训及外派培训。内部培训主要指企业内部自行开展的各类培训活动，包括以老带新、内部讲座等；引入式培训指通过聘请外部专家进驻企业为员工进行培训；外派培训指到企业外部培训场地或机构进行培训。

6. 确定培训方法

培训的方法多种多样，最基本、最常用的培训方法包括讲授、研讨、实践、模拟、团队建设等。除此之外，根据培训目的的侧重点不同，还包括基于能力提升的培训，如事件处理法、管理者训练法、管理竞赛、头脑风暴法、沟通训练等；基于行为调整与心理训练的培训，如角色扮演法、行为模拟法、自信心训练、拓展训练等。在企业培训中运用频率较低的培训方法不做详细阐述，仅对基本的培训方法进行介绍。

（1）讲授法。讲授法是最为直接、普遍的培训方法，通过邀请经验丰富的讲师进行专题讲座，高效地向员工传达前沿的知识。讲授的思路包括以原理为中心和以问题为中心，前者注重系统讲解某一知识点或原理，以达到传授知识的目的，后者注重针对某一特定问题进行分析，选择恰当方法解决问题。

（2）研讨法。研讨法指学生与教师或学生之间针对某一特定的主题进行深入交流、讨论，以加深对主题的理解。研讨的形式包括集体讨论、分组讨论和对立辩论等。

（3）实践法。实践法是通过让学员在真实的工作环境中，亲身操作、体验，掌握工作所需知识、技能的培训方法。常用的实践法包括师带徒训练、工作轮换、角色扮演、案例研究等。

（4）模拟法。模拟法是指将实际工作中的资源、约束条件及工作过程模型化，学员在假定的工作情境中参与活动，以提高工作技能。模拟法的形式包括人—机仿真模拟和人工模拟。

（5）团队建设法。团队建设法是指有意识地在组织中努力开发有效的工作小组。每个小组由部分员工组成，通过自我管理的形式，负责一个完整的工作过程或其中一部分工作。通过有效的团队建设，能够增加员工彼此间的信任，探索影响工作小组发挥作用的核心问题。团队建设的形式包括行为示范、冒险性学习、团队培训、行动学习等。

7. 培训效果评估

培训效果评估是指对已完成的培训工作的效果进行估量，为培训成果的运用提供标准和依据，也是改进和完善下一阶段培训工作的重要依据。培训效果评估是培训过程中的重要步骤，如果没有恰当的效果评估，则无法检验培训过程对学员所产生的效果，将导致培训工作逐渐流于形式。培训效果评估分为四个层面。

（1）反映层评估。了解学员对培训项目的感受和看法，包括对培训内容、方法、教师、设施等的看法。通常采用访谈、问卷调查等方式。

（2）学习层评估。了解学员经过培训后，其知识、技能、态度是否得到有效的提高和改善，需要将学员培训前后知识、技能、态度的水平进行比较，确定培训收获。通常采用工作模拟法以及自我评估法。

（3）行为层评估。了解学员经过培训后，是否能在后续实际工作中有效应用培训所学的知识、技能等，工作行为是否发生有效改变。该项评估可直接反映培训效果，但操作较为复杂。通常采用问卷调查、面谈、观察、业绩监测等方法。

（4）业务结果层评估。了解培训使学员个人绩效和组织绩效提升的程度，如成本降低、产出增加、质量提高、满意度提高、流动率下降等方面的效果，反映了培训对组织的影响，体现了企业培训的最终效果。业务结果评估需要针对培训目的提炼大量评估指标，在此基础上通过绩效评估法或业绩目标法进行评估。

各层次评估的主旨及评价方法见表6—6。

表6—6　　　　　　　　　培训评估层次

| 评估层次 | 评估主旨 | 评估方法 |
| --- | --- | --- |
| 反映层评估 | • 学员是否喜欢该项目<br>• 学员对培训人员是否认可<br>• 学员对培训设施是否满意<br>• 学员对课程设置是否满意<br>• 学员对培训过程的改进建议 | • 问卷调查法 |
| 学习层评估 | • 学员在培训前后的知识广度与深度对比<br>• 学员在培训前后的技能及实务操作熟练程度对比 | • 试卷<br>• 技能比赛<br>• 绩效考核 |
| 行为层评估 | • 学员在培训后的行为变化<br>• 学员在后续工作中是否运用培训中所学知识与技能 | • 观察法<br>• 360度考核法 |
| 结果层评估 | • 企业运营是否更有效 | • 生产率、事故率、员工流动率、客户满意度、投诉率等 |

（三）培训相关日常管理工作

1. 培训预算管理

培训预算是指在培训计划形成后，为完成培训计划内各项培训任务所需的全部费用。有效的培训预算能够使决策者对培训方案有更直观、深入的认识，也是企业实施成本控制的重要环节。培训预算的制定可以分为两种情况。

（1）广义培训预算。根据费用总额按照一定比例提取，如按照每年人事费用的3%～8%，每年营业额的0.5%～3%，每年利润的5%～10%等。这种提取方法如果延续下来就很有参考价值，当然，还要考虑公司业绩情况进行调整。

（2）狭义培训预算。根据制订的年度培训计划逐项做出每项培训活动的费用预算。这种做法也是较能得到认可的做法，工作量稍大，适用于培训工作开展较顺畅的公司，市场课程的报价和供应商资料库的建立保障这项工作得以开展。

一般培训费用包括讲师费、教材费、差旅费、场地费、器材费、茶水餐饮费等，一项培训课程应全面考虑这些费用，做出大致预算。在预算得出后，可在总数基础上上浮10%~20%，留些弹性的空间。

2. 培训档案管理

员工培训档案是指对所有员工参加的培训进行详细记录，包括培训时间、培训周期、培训内容、培训方式、考核方式及考核结果等，一方面建立公司有效培训档案，另一方面为员工后续的晋升、发展提供依据。

3. 培训设施管理

培训管理人员需对公司自有的培训教室、计算机设备等进行归口管理，包括设备信息建档、组织清洁维护、定期进行检查维修等。

### 三、培训管理岗位能力分析

从事培训管理工作需要具备较强的方案设计与执行能力、组织协调能力、人际沟通能力、工具运用能力等。

1. 培训计划及培训方案设计与执行能力

培训管理人员应具备较强的计划及方案设计能力，不仅要制定企业长期的培训体系及培训制度，更要依据短期的培训需求制订某一特定阶段、针对特定培训对象的培训计划和具体实施方案。如新员工入职培训方案、业务人员团队建设培训方案、中层管理人员管理效率提升培训方案等。此外，对各项培训方案的推动执行能力也尤为重要，有效的推动执行才能真正体现培训的作用。

2. 组织协调能力

培训管理人员不可能也不应该承担全部培训过程工作，而是应从组织协调的定位出发，对公司的培训过程进行全面组织管理。培训工作与全体员工均息息相关，且员工参与的培训过程较多，因此要求培训管理人员具备较强的组织协调能力，有效地对各部门、各类别以及各等级员工的培训需求进行组织协调，形成高效的培训方案。此外，在培训实施过程中，往往有大量员工参加，也要求培训管理人员具备较强的组织协调能力，对培训现场进行有效的协调与控制。

3. 人际沟通能力

培训的实施过程不仅需要协调企业内部，还需要跟外部的培训机构、培训讲师、培训场所甚至交通、餐饮部门进行多面沟通、协商，因此需要培训管理人员具备较强的人际沟通与语言表达能力,以确保培训过程稳步、顺利进行。

4. 运用培训工具的能力

除了以上的能力外,培训管理人员还应熟悉常用的培训方式和方法,并依据培训需求进行组合、优化,以确保培训实施效果能够最大限度地满足企业需求。

### 四、培训管理岗位工作流程

（一）培训管理循环流程

企业为员工提供的培训并非一次性行为,而是一个持续的、不断改进优化的过程。培训的全过程按时间顺序包括：培训需求分析、制订培训计划、培训方案设计、实施培训、培训效果评估与反馈、培训改进及优化。循环过程如图6—4所示。

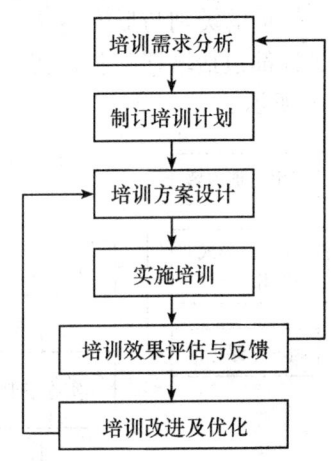

图6—4 培训管理循环流程

（二）培训需求分析流程

根据培训需求的三个分析层次,可知公司整体培训需求分析的流程如图6—5所示。

（三）培训计划制订流程

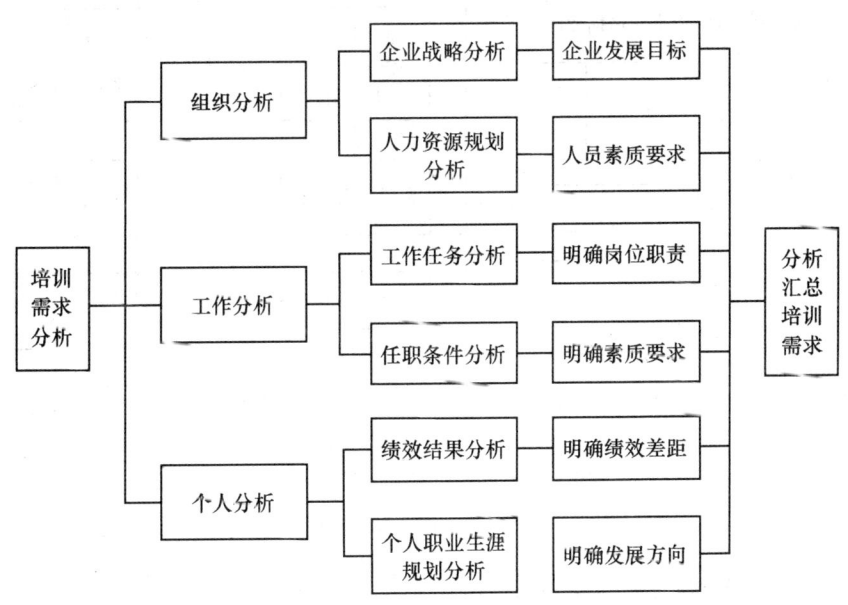

图6—5 培训需求分析流程

培训计划制订流程包括培训需求分析及培训目标确认、确定培训对象、制定培训预算、确定培训内容、选取培训方式、选择培训时间、地点及培训讲师、明确考评方式等。

（四）培训实施流程

培训的类别与形式不同，其相应的实施过程也不尽相同。一般而言，培训实施过程都包括培训准备、实施培训、培训考评及结果运用四个过程，具体如图6—6所示。

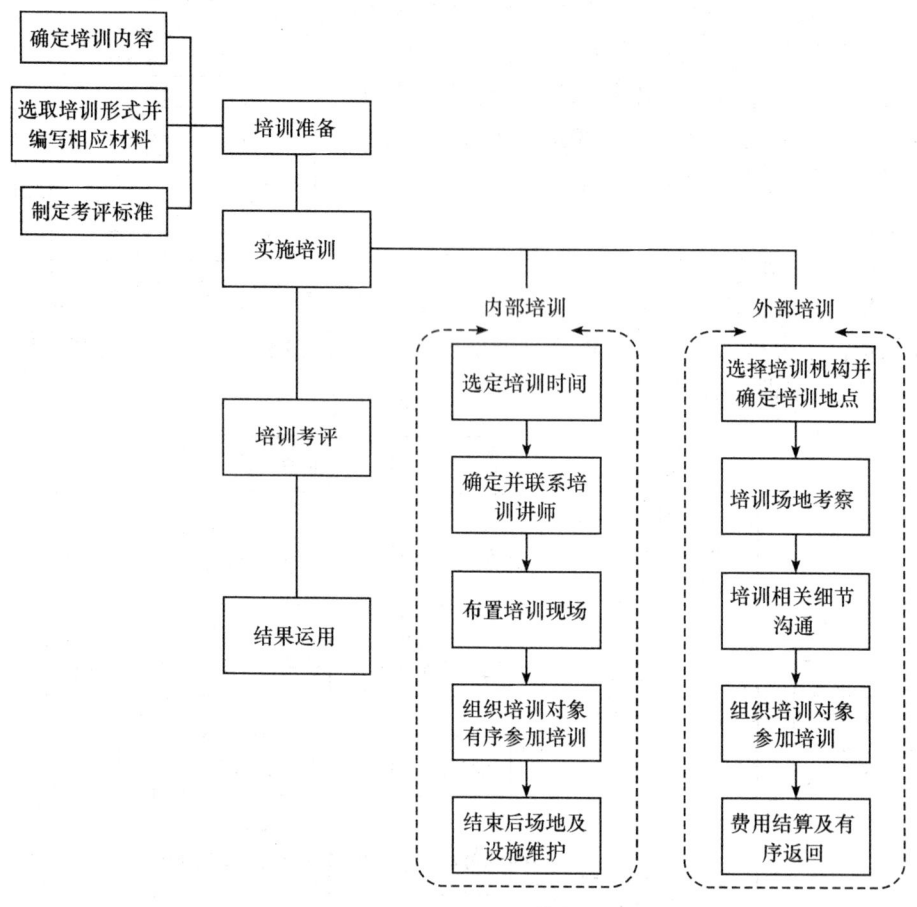

图 6—6 培训实施流程

（五）培训评估流程（见图6—7）

培训评估是培训过程中的重要环节，是检验培训效果的必要手段，培训评估的过程包括明确评估目的、选取评估指标及评估标准、确定评估形式、实施培训考评、汇总分析评估结果、评估沟通反馈及撰写评估报告。

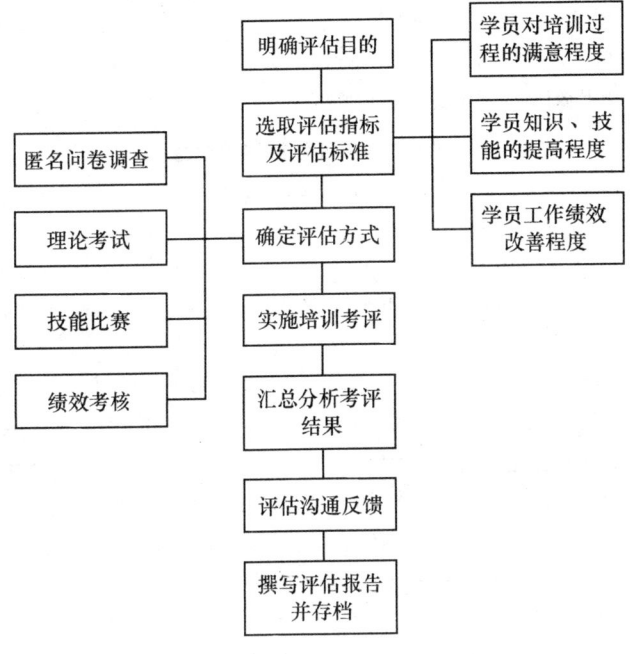

图 6—7　培训评估流程

## 第二节　培训管理岗位常用工具及业务示例

### 一、培训管理岗位常用工具表单

（一）培训需求与培训计划常用表单

1. 培训需求调查表（见表 6—7）

表 6—7　　　　　　　　培训需求调查表

| 个人情况 | 姓名 | | 年龄 | | 学历 | |
|---|---|---|---|---|---|---|
| | 岗位 | | 在岗年限 | | 工龄 | |
| 培训认知 | 对下列说法的同意程度进行打分，5分为非常同意，1分为非常不同意 ||||||
| | 培训对于帮我做好工作非常重要 |||||（　　） |
| | 总体上说我接受的培训不够 |||||（　　） |

续表

| | | |
|---|---|---|
| 培训认知 | 如果培训与个人职业生涯发展相关联，我会更感兴趣 | （　　） |
| | 培训内容应当更切合工作实际 | （　　） |
| | 培训中应更多采用案例分析、研讨等方法 | （　　） |
| | 相比较而言，我认为外部培训更有效 | （　　） |
| 综合调查 | 1. 回顾上一阶段工作情况及所遇到的困难和问题。<br><br><br><br>2. 以往接受的培训是否能够帮助你解决工作中遇到的问题？如果不能解决，原因是什么？<br><br><br><br>3. 未来的工作计划及目标是什么？预计会遇到哪些挑战？<br><br><br><br>4. 你渴望接受哪些培训以应对可能遇到的挑战与困难？<br><br><br><br> | |

## 2. 部门培训需求汇总表（见表6—8）

表6—8　　　　　　　　　部门培训需求汇总表

部门：

【培训对象】部门全体员工/某岗位员工/主管及以上/部门领导

【培训形式】内部培训/引入式培训/外派培训

【培训方法】讲授/研讨/实践/模拟/团队建设

| 课程名称 | 培训对象 | 培训形式 | 培训方法 | 课时 |
|---|---|---|---|---|
| | | | | |
| | | | | |
| | | | | |
| | | | | |

3. 年度培训计划汇总表（见表6—9）

表 6—9　　　　　　　　　年度培训计划汇总表

| 序号 | 课程名称 | 培训目标 | 课程体系 | 培训形式 | 培训方法 | 培训对象 | 培训讲师 | 培训时间 | 培训地点 | 课时 | 培训预算 | 备注 |
|---|---|---|---|---|---|---|---|---|---|---|---|---|
|  |  |  |  |  |  |  |  |  |  |  |  |  |
|  |  |  |  |  |  |  |  |  |  |  |  |  |
|  |  |  |  |  |  |  |  |  |  |  |  |  |
|  |  |  |  |  |  |  |  |  |  |  |  |  |
|  |  |  |  |  |  |  |  |  |  |  |  |  |
|  |  |  |  |  |  |  |  |  |  |  |  |  |
|  |  |  |  |  |  |  |  |  |  |  |  |  |
|  |  |  |  |  |  |  |  |  |  |  |  |  |
|  |  |  |  |  |  |  |  |  |  |  |  |  |
|  |  |  |  |  |  |  |  |  |  |  |  |  |

（二）培训实施管理常用表单

1. 新员工上岗培训

（1）新员工培训内容（见表6-10）

表 6—10　　　　　　　　　新员工培训内容

| 项目 | 内容 | |
|---|---|---|
| 企业介绍 | ・企业概况<br>・企业文化与经营理念<br>・企业主要政策和组织机构 | ・部门职能及定位介绍<br>・企业规章制度<br>・员工规范与行为守则 |
| 就业规则 | ・就业规则与劳动法规<br>・工资制度 | ・财务制度<br>・人事制度 |
| 工作方法 | ・如何提高工作效率<br>・如何进行工作总结与汇报<br>・办公工具使用 | ・如何提出合理化建议<br>・工作态度 |

(2) 培训计划安排表（见表6—11）

表6—11　　　　　　　　　　培训计划安排表

| 日期 | 时间 | 培训内容 | 培训形式 | 培训讲师 |
|---|---|---|---|---|
|  |  |  |  |  |
|  |  |  |  |  |
|  |  |  |  |  |
|  |  |  |  |  |
|  |  |  |  |  |

2. 个人外部培训申请（见表6—12）

表6—12　　　　　　　　　　个人外部培训申请

| 姓名 |  | 部门 |  |
|---|---|---|---|
| 岗位 |  | 工作年限 |  |
| 申请说明 ||||

| 培训内容 | 培训时间 | 培训费用 | 课时 |
|---|---|---|---|
|  |  |  |  |
|  |  |  |  |

| 部门领导审核 | 签名：　　　　　日期： |
|---|---|
| 人力资源部领导审核 | 签名：　　　　　日期： |
| 公司领导审核 | 签名：　　　　　日期： |

## 3. 培训效果评估
（1）反映层评估量表（见表6—13）

表6—13　　　　　　培训反映评估表

| 项目 | 评估 | | | |
|---|---|---|---|---|
| | 很好 | 好 | 一般 | 差 |
| 请给下列各项打分，并简要说明给分原因，尤其当给分为"一般""差"时 | | | | |
| 培训内容的有用性<br>给分原因： | | | | |
| 课程安排<br>给分原因： | | | | |
| 培训教材<br>给分原因： | | | | |
| 培训形式<br>给分原因： | | | | |
| 时间的分配<br>给分原因： | | | | |
| 培训讲师的水平<br>给分原因： | | | | |
| 培训的组织过程<br>给分原因： | | | | |
| 培训环境与设施<br>给分原因： | | | | |
| 对本次培训的总体评估和建议 | | | | |

(2) 学习层与行为层自我评估表（见表6—14）

表6—14　　　　　　　　培训效果自我评估表

| 姓名 | | 日期 | | | | | | | | | |
|---|---|---|---|---|---|---|---|---|---|---|---|
| 评估指标 | | 低 | | | | 得分 | | | | | 高 |
| | | 1 | 2 | 3 | 4 | 5 | 6 | 7 | 8 | 9 | 10 |
| | | | | | | | | | | | |
| | | | | | | | | | | | |
| | | | | | | | | | | | |
| | | | | | | | | | | | |

（三）培训日常管理常用表单

1. 部门培训预算申报表（见表6—15）

表6—15　　　　　　　　部门培训预算申报表

申请部门：　　　　　　责任经理：

| 培训项目 | 培训内容 | 培训对象 | 预期效果 | 费用预算 | | | |
|---|---|---|---|---|---|---|---|
| | | | | 讲师费 | 场地费 | 交通、餐饮、住宿费 | 其他 |
| | | | | | | | |
| | | | | | | | |
| | | 小计 | | | | | |
| | | 预算合计 | | | | | |

人力资源部审批意见

　　　　　　　　　　　　　　　　　　　　签字：
　　　　　　　　　　　　　　　　　　　　年　　月　　日

财务部意见

　　　　　　　　　　　　　　　　　　　　签字：
　　　　　　　　　　　　　　　　　　　　年　　月　　日

公司领导审批意见

　　　　　　　　　　　　　　　　　　　　签字：
　　　　　　　　　　　　　　　　　　　　年　　月　　日

2. 年度培训档案（见表6—16）

表 6—16　　　　　　　　　　　年度培训档案

| 序号 | 培训时间 | 培训地点 | 培训项目 | 培训内容 | 培训对象 | 课时 | 培训形式 | 培训讲师 | 考核方式 | 培训费用 | 备注 |
|---|---|---|---|---|---|---|---|---|---|---|---|
|  |  |  |  |  |  |  |  |  |  |  |  |
|  |  |  |  |  |  |  |  |  |  |  |  |
|  |  |  |  |  |  |  |  |  |  |  |  |
|  |  |  |  |  |  |  |  |  |  |  |  |
|  |  |  |  |  |  |  |  |  |  |  |  |
|  |  |  |  |  |  |  |  |  |  |  |  |
|  |  |  |  |  |  |  |  |  |  |  |  |
|  |  |  |  |  |  |  |  |  |  |  |  |
|  |  |  |  |  |  |  |  |  |  |  |  |
|  |  |  |  |  |  |  |  |  |  |  |  |

**3. 培训签到表（见表 6—17）**

表 6—17　　　　　　　培训签到表

| 培训内容： | | | 主办者及时间： | | |
|---|---|---|---|---|---|
| 培训对象 | 签到（姓名） | 时间 | 培训对象 | 签到（姓名） | 时间 |
|  |  |  |  |  |  |
|  |  |  |  |  |  |
|  |  |  |  |  |  |
|  |  |  |  |  |  |

**4. 员工培训登记表（见表 6—18）**

表 6—18　　　　　　　员工培训登记表

| 序号 | 培训内容 | 培训形式 | 课时 | 考评成绩 | 备注 |
|---|---|---|---|---|---|
|  |  |  |  |  |  |
|  |  |  |  |  |  |
|  |  |  |  |  |  |

## 二、培训管理岗位业务示例

### （一）各培训环节实施示例

**1. 年度培训规划示例（见表 6—19）**

表 6—19　　　　某公司中基层管理人员管理能力培训计划

| 序号 | 课程名称 | 课程体系 | 培训方法 | 培训讲师 | 培训时间 | 培训地点 | 课时 | 培训预算 |
|---|---|---|---|---|---|---|---|---|
| 1 | 高效执行力 | 1. 工作目标和指令的准确理解<br>2. 行动计划的迅速落实<br>3. 工作目标管理 | 讲授＋实操 | | 3月 | 公司内 | 4 | |
| 2 | 项目管理 | 1. 项目管理理论<br>2. 项目管理方法与技术<br>3. 项目管理案例与模拟练习 | 讲授＋实操 | | 4月 | 公司内 | 4 | |
| 3 | 问题解决与决策分析 | 1. 问题解决系统方法<br>2. 决策分析系统方法 | 讲授＋实操 | | 5月 | 公司内 | 4 | |
| 4 | 有效沟通 | 1. 沟通理论<br>2. 沟通要素和方法<br>3. 沟通步骤<br>4. 沟通风格及应用 | 讲授＋实操 | | 6月 | 外部培训场地 | 8 | |
| 5 | 创新思维与工具 | 1. 创新理论<br>2. 创新思维训练<br>3. 创新工具应用 | 讲授＋实操 | | 9月 | 公司内 | 4 | |
| 6 | 跨部门沟通与协作 | 1. 认知影响力<br>2. 跨部门沟通的影响策略<br>3. 如何进行跨部门沟通前的会议准备<br>4. 如何建立跨部门沟通的机制 | 讲授＋实操 | | 11月 | 公司内 | 4 | |

**2. 新员工岗前教育示例**

（1）新员工岗前教育示例一（见表 6—20）

表 6—20　　　　　　　某公司新员工岗前培训安排表

| 日期 | 时间 | 培训内容 | 培训形式 | 培训讲师 |
|---|---|---|---|---|
| 8月9日 | 8：15<br>10：15<br>11：00<br>14：00 | 公司领导做动员报告<br>预备会（分小组自我介绍）<br>行业形势及公司地位<br>公司组织机构、部门职能介绍 | 讲座＋讨论 | |
| 8月10日 | 8：00<br>14：00 | 公司各项管理制度介绍<br>公司人事制度介绍 | 讲座 | |
| 8月11日 | 8：00<br>14：00 | 公司技术及业务介绍<br>公司企业文化介绍 | 讲座 | |
| 8月12日 | 8：00<br>14：00 | 如何树立正确的人生观和价值观<br>座谈、分组讨论 | 座谈＋讨论 | |
| 8月13日 | 8：00<br>14：00 | 新老员工交流<br>分组讨论、准备个人总结 | 讲座＋讨论 | |
| 8月14日 | 8：00<br>11：00 | 新员工代表发言<br>培训总结 | | |

(2) 新员工岗前教育示例二

## 某公司新员工岗前教育计划

1. 培训对象

本年度新招收录用的大学生、军队转业干部。

2. 培训目的

通过岗前教育使新录用的大学生及军队转业干部初步了解企业的基本情况和企业对新员工的基本要求，尽快促成其由学生及军队转业干部到企业员工的转变，为以后更好地适应岗位工作要求奠定基础。

3. 培训内容

(1) 概述企业的基本性质、特点，介绍本企业的发展历史、行业现状、行业改革及本企业的发展趋势；

(2) 介绍本企业概况，主要包括经营业务范围、发展规划、经营管理基本情况；

(3) 介绍本企业的组织机构设置、部门定位、各项管理制度的主要内容，重点介绍劳动人事管理制度；

(4) 围绕如何树立正确人生观、价值观的主题，开展相应教育。

4. 培训时间：8月9日—8月14日。

5. 培训地点：公司培训中心。

(3) 新员工岗前教育示例三

### 让新员工对第一天印象深刻的办法

1. 举办一个招待会，备好茶点和咖啡。邀请公司的每一位老员工与新员工见面。

2. 帮助新员工做好工作准备，看其办公桌上的办公用品是否齐备。如果需要的话，为新员工准备一本台历，并为其印好名片和放在桌子上的姓名牌。

3. 在显著的位置上放一个欢迎新员工的条幅。

4. 送给新员工一份公司的纪念品，如印有公司标识的水杯、T恤衫、钢笔或小计算器等。

5. 邀请新员工共进午餐。

6. 给新员工准备一个救生包，里面放一些不落俗套的小玩意，从中也可以反映公司的文化特色。

7. 用公司的"行话"写一封欢迎信送给新员工，当其读信时，给其解释一下这些"行话"的意思。

8. 老员工自我介绍时，请其列出公司的特点来。一一介绍完之后，新员工也就掌握了大量关于公司和公司员工的信息。

3. 在岗培训课程示例

### 某企业年度在岗培训课程

1. 各级领导者课程

(1) 解决工作难题的技巧。内容：每个人的知识、经验、技能都是有限的，因此，工作中难免会遇到难题，本课题让学员学会如何通过有效的协作确定解决难题的最佳方法。

目的：通过本课程的学习，学员能够做到：

1) 以共同参与的方式解决工作中的问题；

2) 在工作中获得支持，化解冲突。

方式与方法：讲授、案例分析等。

学时：12小时。

(2) 绩效管理。内容：绩效管理是各级领导日常工作的重要内容。本课程讲授绩效管理的方法和技巧，包括目标的设定、绩效评估、绩效沟通等。

目的：通过本课程的学习，学员能够做到：

1）熟悉公司的绩效管理制度；

2）帮助下属确定工作目标；

3）掌握绩效评估的方法；

4）帮助下属制定改进绩效的措施。

方式与方法：讲授。

学时：18小时。

（3）PDCA循环。内容：PDCA循环是质量管理的基本方法。本课程让学员掌握PDCA循环的基本原理，以及如何将PDCA循环应用于质量管理，不断改善产品质量。

目的：通过本课程的学习，学员能够做到：

1）理解和掌握PDCA循环的基本原理；

2）增强质量意识，树立精益求精的理念；

3）将学到的方法熟练应用于工作中。

方式与方法：讲授、工作模拟。

学时：6小时。

（4）领导的有效技巧。内容：领导技巧决定领导效果，而领导效果决定企业的效益。本课程从领导的角度出发，通过讲授和角色扮演使学员的领导技巧进一步提高。

目的：通过本课程的学习，学员能够做到：

1）制订有效的工作计划；

2）成功的组织会议；

3）掌握有效激励下属的基本技巧；

4）掌握组织与监督的基本技巧。

方式与方法：讲授、角色扮演。

学时：24小时。

（5）面试技术。内容：本课程讲授公司的选拔程序和标准、面试的组织、面试的各种技巧等。以上技巧能够提高面试的效率，帮助面试官从众多候选人中选择合适的人选。

目的：通过本课程的学习，学员能够做到：

1）掌握公司的选拔程序和标准；

2）计划和实施结构化面试；

3) 掌握提问的技巧和如何控制时间；
4) 准确把握候选人的特点。

方式与方法：讲授。

学时：9 小时。

2. 共同课程

(1) 必要法律知识。内容：本课程介绍中国的法律制度、法律概念、各项法律（劳动法、税法、经济合同法等）及其在经营管理活动中的应用。本课程可以使学员加深对中国法律的了解，帮助学员运用法律处理日常工作中的问题。

目的：通过本课程的学习，学员能够做到：

1) 了解中国的法律制度；
2) 将相关法律知识运用于工作中。

方式与方法：讲授、讨论。

学时：12 小时。

(2) 商业谈判。内容：本课程介绍谈判的要领、如何与客户搞好关系、如何与不同客户打交道、如何灵活处理各种问题并赢得优势。

目的：通过本课程的学习，学员能够做到：

1) 掌握谈判的要领；
2) 掌握谈判的基本技巧；
3) 掌握各种问题的处理技巧。

方式与方法：讲授。

学时：15 小时。

(3) 如何培训员工。内容：本课程将使学员学会如何在企业里担当培训者的角色，包括如何组织讨论、如何组织模拟练习、如何在工作现场对员工进行指导。

目的：通过本课程的学习，学员能够做到：

1) 组织气氛活跃的讨论；
2) 根据案例指导员工进行模拟练习；
3) 制订现场指导计划，对员工进行现场指导。

方式与方法：讲授、演练。

学时：24 小时。

(4) 语言表达技巧。内容：本课程帮助学员学会在特定场合完整地叙述一件事情或陈述自己的看法，顺利与协作者沟通。

目的：通过本课程的学习，学员能够做到：

1）掌握口头表达基本技巧；
2）当众表达时从容自信；
3）领会良好的语言表达对工作的作用。

方式与方法：讲授、看示范片、演练。

学时：12小时。

（5）如何与人协作。内容：本课题让学员掌握与他人协作的基本技巧，包括如何倾听和反馈，如何调解团队成员之间的矛盾，如何在团队中建立良好的人际关系，如何通过协商达成一致意见。

目的：通过本课程的学习，学员能够做到：
1）通过协商与他人达成一致意见；
2）协调团队中的关系；
3）具备维持良好人际关系的意识和技巧。

方式与方法：讲授、工作模拟。

学时：18小时。

4. 培训评估指标体系示例

（1）硬指标示例（见表6—21）

表6—21　　　　　某公司培训评估硬指标

| 产出 | 成本 |
|---|---|
| • 生产的件数 | • 单位成本 |
| • 生产的吨数 | • 可变成本 |
| • 组装的件数 | • 固定成本 |
| • 售出的件数 | • 间接成本 |
| • 处理的表格数 | • 运营成本 |
| • 库存的周转量 | • 事故成本 |
| • 小时产量 | • 项目成本 |
| • 劳动生产率 | • 销售费用 |
| • 积压的工作量 | |
| • 发货量 | |
| 质量 | 时间 |
| • 废品 | • 设备停工时间 |
| • 退货 | • 加班 |
| • 废料 | • 准时发货 |
| • 错误率 | • 项目完成时间 |
| • 返工 | • 加工时间 |

续表

| | |
|---|---|
| • 缺货<br>• 产品缺陷<br>• 与标准的偏差<br>• 产品故障<br>• 存货的调整<br>• 正确完成任务的比率<br>• 事故数量 | • 管理时间<br>• 培训时间<br>• 会议时间<br>• 维修时间<br>• 工作中断时间<br>• 订货的回应时间<br>• 报告延误时间 |

（2）软指标示例（见表6—22）

表6—22　　　　　　某公司培训评估软指标

| 工作习惯 | 员工的发展 | 主动性 |
|---|---|---|
| 旷工<br>迟到<br>看病次数<br>违反安全规定<br>沟通失败次数<br>过多的休息 | 晋升的人数<br>加薪的人数<br>参加的培训项目人数<br>调动的要求<br>工作效率的提高<br>业绩评估等级 | 新想法的实施<br>计划的成功完成<br>建议的数量<br>实施的建议的数量<br>设定目标 |
| 新技能 | 工作氛围/员工满意度 | 顾客服务 |
| 决策<br>问题的解决<br>冲突的避免<br>沟通的改进<br>申述的处理<br>提供的问题咨询<br>倾听的技能<br>面谈技术<br>新技能的使用频率 | 工作满意度<br>员工的忠诚度<br>信任的增加<br>员工的不满<br>申述次数<br>员工流动率 | 顾客的印象<br>顾客满意度<br>顾客的抱怨<br>顾客的持续度<br>留住的顾客<br>失去的顾客 |

（二）培训体系与培训制度示例

1. 宝洁的培训体系

宝洁把人才视为公司最宝贵的财富。重视人才并重视培养和发展人才，是宝洁公司为全世界同类企业所尊敬的主要原因之一。公司每年都从全国一流大学招聘优秀的大学毕业生，并通过独具特色的培训将其培养成一流的管理人才。宝洁为员工特设的 P&G 学院，提供系统的入职、管理技能和商业知识、海外培训及委任、语言、专业技术的在职培训。

（1）入职培训/新员工加入公司后，会接受短期的入职培训。其目的是让新员工了解公司的宗旨、公司文化、政策及公司各部门的职能和运作方式。

（2）管理技能和商业知识培训。公司内部有许多关于管理技能和商业知识的培训课程，如提高管理水平和沟通技巧，领导技能培训等，它们结合员工个人发展的需要，帮助新员工在短期内成为称职的管理人才。同时，公司还经常邀请P&G学院其他分部的高级经理和外国机构的专家来华讲学，以便公司员工能够及时了解国际先进的管理技术和信息。公司独创了P&G学院，通过公司高层经理讲授课程，确保公司在全球范围的管理人员参加学习并了解其所需要的管理策略和技术。

（3）海外培训及委任。公司根据工作需要，通过选派各部门工作表现优秀的年轻管理人员到美国、英国、日本、新加坡、菲律宾和中国香港等地的P&G学院分支机构进行培训和工作，使其具有在不同国家和工作环境下工作的经验，从而得到更全面的发展。

（4）语言培训。英语是公司的工作语言。公司在员工的不同发展阶段，根据员工的实际情况及工作的需要，聘请国际知名的英语培训机构设计并教授英语课程。新员工还参加集中的短期岗前英语培训。

（5）专业技术的在职培训。从新员工加入公司开始，公司便派一些经验丰富的经理悉心对其日常工作加以指导和培训。公司为每一位新员工都制订个人的培训和工作发展计划，由其上级经理定期与员工进行总结回顾，这一做法将在职培训与日常工作实践结合在一起，最终使其成为本部门和本领域的专家能手。

2. 日立分对象、分层次培训体系

日立公司的经营者认为：企业要担负起为社会培养人才的使命，通过公司内部教育，一是要培养员工高尚的人格以及创造能力、责任感和实践能力；二是要促使公司内部人员学习、掌握知识和技能，从而保证企业人员顺利地完成工作，适应高水平的经营技术革新。为了达成上述目标，日立公司摸索出一套完备的人才培养体系，它按照培训对象的不同，把培训分为三大类，每一类又按照不同级别进行培训。

（1）经营管理人才培训。经营管理人才培训的目的是增强经营管理人员的组织和经营管理能力，扩展其视野，促使年轻一代迅速进入经营管理第一线，培养其开拓事业的意识。

经营管理人才的脱产培训主要在日立综合研修所进行，该所共有四个培训中心。培训根据不同的级别分别进行。

1) 最高级别：事业部总责任人（厂长）培训。

培训时间：每年2次，每次16人，时间为3天。

培训内容：国内外形势、经营思想。

培训方式：以讨论为主。

2) 第四级别：事业部副负责人（副厂长）培训。

培训时间：每年2次，每次20人，时间为10天。

培训内容：各种管理技术。

培训方式：白天上课，晚上讨论。

3) 第三级别：部长培训。

培训时间：每年9次，每次16人，时间11天。

培训内容：经济动向、文化素养，另有部分特别培训，以专项业务为主。

培训方式：白天一半上课，一半讨论，晚上个人研究和小组讨论。

4) 第二级别：副总工程师、主管研究员培训。

培训时间：每年1次，每次16人，时间为12天。

培训内容：经济和技术动向、管理技术、文化素养。

培训方式：上课加讨论。

5) 第一级别：课长、主任工程师培训。

培训时间：每年44次，每次20人，时间为5天。

培训内容：管理技术、文化素养和专业技能。

培训方式：上课加讨论。

(2) 专业技术人员培训。专业技术人员培训的目的如下：

1) 促使专业技术人员了解公司传统产品和新产品方面的知识以及技术方面的基础知识。

2) 培养专业技术人员的商品企划能力、开发能力、生产技术能力、销售企划能力等，扩展视野，提高综合思维能力。

3) 促使专业技术人员学习尖端技术，如极限技术、跨学科技术和系统技术等新领域，以避免产品落伍，失去竞争力。

日立所属的各事业部或工厂都举办以本单位专业技术人员为对象的技术培训或讲座，全公司规模的专业技术人员培训主要由日立技术研修所、日立茨城工业专科学院以及日立京滨工业专科学院举办。培训内容也因培训对象的级别不同而不同。

①培训对象：新进员工。

培训内容：基础知识和技术的培训。

主要课程：进修员教育、基础技术专门讲座和各事业部专门技术讲座。

②培训对象：骨干员工。

培训内容：第一线技术人员、研究人员所需要的技术。

主要课程：基础技术专门讲座、各事业部专门讲座、综合基础、技术进修、高技术专业、讲演会、研究会、学习会、轮流讲读会、研究发表会和海外留学等。

③培训对象：管理层。

培训内容：技术革命管理。

主要课程：讲演会、研究发表会、高技术专业技术进修、管理人员技术进修。

（3）现场技术人员培训

生产技能培训以日立所属各工厂的现场技术人员为对象，由日立生产技能研修所举办。包括管理类培训和技能类培训。

1）管理类培训

培训对象：骨干技师、监督者、作业主任和专职人员（监督员、执行员、企划员和技术员）。

培训内容：管理、监督者研修、管理技法、人际关系和新技术、系统等。

2）技能类培训

培训目的：主要是为了提高工程技巧，取得国家或行业资格。

培训对象：执行员、技师、企划员和技术员。

培训内容：技能专门研修，包括机械加工、电气电子、自动机器、机器控制、OA、半导体制造和焊接等。

3. 西门子多级培训制

在人才培训方面，西门子创造了独具特色的培训体系——多级培训制。

西门子的人才培训计划从新员工培训、大学精英培训到员工在职培训，涵盖了业务技能、交流能力和管理能力的培训。通过一系列的培训，帮助公司新员工具备较高的业务能力，提高员工知识、技能、管理能力，并储备了大量的生产、技术和管理人才。因此西门子长年保持着公司员工的高素质，这是西门子强大竞争力的来源之一。

（1）新员工培训。新员工培训又称第一职业培训。在德国，一般从15岁到20岁的年轻人，如果中学毕业后没有进入大学，要想工作，必须先在企业接受3年左右的第一职业培训。

在第一职业培训期间，学生要接受双轨制教育：一周工作5天，其中3天在企业接受工作培训，另外2天在职业学校学习知识。这样，学生不仅可以在工厂学到基本的技巧和技术，而且可以在职业学校受到相关基础知识教育。通过真实作业，他们的职业能力会得到提高。

由于企业内部的培训设施基本上使用的是技术最先进的培训设施，保证了第一职业培训的高水平，因此第一职业教育证书在德国经济界享有很高的声誉。由于第一职业培训理论与实践结合，为年轻人进入企业提供了有效的保障，也深受年轻人欢迎。在德国，中学毕业生中有60%～70%接受第一职业培训，20%～30%选择上大学。

西门子早在1992年就拨专款设立了专门用于培训工人的"学徒基金"。这些基金用于吸纳部分15岁到20岁的中学毕业后没有进入大学的年轻人，参加企业3年左右的第一职业培训。

现在西门子公司在全球拥有60多个培训场所，如在公司总部慕尼黑设有韦尔纳·冯·西门子学院，在爱尔兰设有技术助理学院，它们都配备了最先进的设施，每年培训经费近8亿欧元。目前共有10 000名学徒在西门子接受第一职业培训，大约占员工总数的5%，他们学习工商知识和技术，毕业后可以直接到生产一线工作。

新员工培训（第一职业培训）保证了员工正式进入公司就具有很高的技术水平和职业素养，为企业的长期发展奠定了坚实的基础。

（2）大学精英培训。西门子计划每年在全球接收3 000名左右的大学生，为了利用这些宝贵的人才，西门子也制订了专门的计划。

西门子注意加强与大学生的沟通，增强对大学生的吸引力。公司同各国高校建立了密切联系，为学生和老师安排活动，并无偿提供实习场所和教学场所，举办报告会等。

1995年4月，西门子在北京成立了"高校联络处"，开始与高校建立稳定而持久的伙伴关系，加强与高校教师、学生及各院系、研究所的联系和沟通。西门子每年在重点院校颁发300多项奖学金，并为优秀学生提供毕业后求职的指导和帮助，"高校联络处"也因此被称为西门子和高校沟通的桥梁。

进入西门子的大学毕业生首先要接受综合考核，考核内容既包括专业知识，也包括实际工作能力和团队精神，公司根据考核的结果安排适当的工作岗位。

此外，西门子还从大学生中选出30名尖子生进行专门培训，培养他们的领导能力，培训时间为10个月，分3个阶段进行。

第1阶段：让大学生全面熟悉企业的情况，学会从因特网上获取信息。

第2阶段：让大学生进入一些商务领域工作，全面熟悉本公司的产品，并加强他们的团队精神。

第3阶段：将大学生安排到下属公司（包括境外公司）承担具体工作，在实际工作中获取实践经验和知识技能。

目前，西门子共有400多名这种精英，其中1/4在接受海外培训或在国外工作。大学精英培训计划为西门子储备了大量管理人员。

（3）员工在职培训。西门子人才培训的第三个部分是员工在职培训。西门子公司认为，市场竞争日趋激烈，在革新、颇具灵活性和长期性的商务活动中，知识和技术必须不断更新、换代，才能跟上商业环境以及新兴技术的发展步伐，所以西门子特别重视员工的在职培训，在公司每年投入的培训费中，有60%用于员工的在职培训。

西门子员工的在职培训主要有两种形式：西门子管理教程和在职培训员工再培训计划，其中管理教程培训尤为独特有效。

西门子员工管理教程分五个级别，各级培训分别以前一级别培训为基础，从第五级别到第一级别所获技能依次提高，其具体培训内容大致如下：

1）第五级别：管理理论教程。

培训对象：具有管理潜能的员工。

培训目的：提高参与者的自我管理能力和团队建设能力。

培训内容：西门子企业文化、自我管理能力、个人发展计划、项目管理、了解及满足客户需求的团队协调技能。

培训日程：与工作同步的一年培训、分别为为期3天的2次研讨会和一次开课讨论会。

2）第四级别：基础管理教程。

培训对象：具有较高潜力的初级管理人员。

培训目的：让参与者准备好进行初级管理工作。

培训内容：综合项目的完成、质量及生产效率管理、财务管理、流程管理、组织建设及团队行为、有效的交流和网络化。

培训日程：与工作同步的一年培训、为期5天的研讨会2次和为期2天的开课讨论会一次。

3）第三级别：高级管理教程。

培训对象：负责核心流程或多项职能的管理人。

培训目的：开发参与者的企业家潜能。

培训内容：公司管理方法，业务拓展及市场发展策略、技术革新管理、西门子全球机构、多元文化间的交流、改革管理、企业家行为及责任感。

培训日程：与工作同步的一年半培训；为期5天的研讨会2次。

4）第二级别：总体管理教程。

培训对象：必须具备下列条件之一：

①管理业务或项目并对其业绩全权负责者。

②负责全球性、地区性的服务者。

③至少负责两个职能部门者。

④在某些产品、服务方面是全球性、地区性业务的管理人员。

培训目的：塑造领导能力。

培训内容：企业价值，前景与公司业绩之间的相互关系，高级战略管理技术、知识管理、识别全球趋势、调整公司业务、管理全球性合作。

培训日程：与工作同步的培训2年；每次为期6天的研讨会2次。

5）第一级别：西门子执行教程。

培训对象：已经或者有可能担任重要职位的管理人员。

培训目的：提高领导能力。

培训内容：培训内容根据管理学知识和西门子公司业务的需要而制定，随着两者的发展变化，培训内容需要不断更新。

培训日程：根据需要灵活掌握。

通过参加西门子管理教程培训，公司中正在从事管理工作的员工或有管理潜能的员工得到了学习管理知识和参加管理实践的绝好机会。这些教程提高了参与者管理自己和他人的能力，使他们在跨职能部门交流和跨国知识交流中受益，在公司员工间建立了密切的内部网络联系，增强了公司和员工的竞争力，达到了开发员工管理潜能、培养公司管理人才的目的。

4. 某公司培训管理制度

## 培训管理制度

## 第一章 总 则

**第一条 目标**

为配合公司的发展目标，确保员工培训工作的规范化，有计划地提高员工的知识水平和工作技能，保证员工能够胜任相应的工作，特制定《培训管理制度》（以下简称本制度），作为公司进行员工培训实施与管理的依据。

**第二条 适用范围**

适用于公司所有员工的各项培训计划的制订、组织实施、督导、结果记录和效果评估的过程。

**第三条　强制措施**

1. 新进员工若不参加"新员工培训"，试用期满不能转正。

2. 各部门、各分公司负责人应积极组织与协调本部门、分公司的培训工作，协助员工提高工作技能，不得对培训工作持消极态度，此项工作将以"培育下属"为指标纳入干部考核中。

**第四条　权责划分**

1. 公司人力行政管理中心权责

（1）制定、优化公司培训制度。

（2）拟订公司年度、季度、月度培训计划。

（3）收集整理各种培训信息并及时发布。

（4）组织实施公司级各项培训课程。

（5）检查、评估培训的实施情况。

（6）管理、控制公司的培训费用。

（7）负责对各项培训进行记录和相关资料存档。

（8）追踪考查和反馈培训效果。

2. 公司各部门、各分公司权责

（1）定期呈报月度培训报表、需求及预算。

（2）制定部门级培训课程的培训大纲。

（3）收集并提供相关专业培训信息。

（4）配合公司培训的实施和效果反馈、交流的工作。

（5）协助公司对内部培训师进行培养。

（6）有序开展内部培训，并定期向公司人力资源管理中心呈报培训结果。

## 第二章　培训职责管理

**第五条**　培训安排应根据员工岗位职责，并结合个人兴趣，在自觉自愿的基础上尽量做到合理公平。

**第六条**　凡本公司员工，均有接受相关培训的权利与义务。

**第七条**　本公司培训规划、制度的订立与修改，所有培训费用的预算、审查与汇总呈报，以及培训记录的登记与资料存档等相关培训事宜，以公司人力资源管理中心为主要权责单位，各相关部门、各分公司负有提出改善意见、建议和配合执行的权利与义务。

**第八条**　公司人力资源管理中心负责公司级别的培训，各部门、各分公司负责做好各环节部门内部培训，由公司人力资源管理中心督促指导、检查考核培训落实情况。

## 第三章 培训体系管理

**第九条 新员工入职/转正培训**

1. 培训对象：公司各部门及各分公司新入职员工。
2. 培训目的：让新员工顺利融入现有的组织结构和公司文化氛围之中，消除对新环境的陌生感，使其尽快进入工作角色。
3. 培训形式：总部统一培训，外埠分公司采取视频方式与总部同步培训。
4. 培训内容：涉及公司简介（包括公司发展史及发展前景、企业文化、公司组织架构、公司核心业务等）、公司制度介绍、商务礼仪、时间管理、职业生涯规划等。

**第十条 内部培训**

凡由公司内各部门、各分公司所举办的教育培训。

1. 培训对象：全体员工。
2. 培训形式：在公司内部以培训课程、现场指导、讲座、研讨会、交流会的形式进行。

**第十一条 外派培训**

凡非属公司内权责单位所主办，派员工到企业外参加培训课程的培训均属外派培训。

1. 培训对象：本制度适用于公司公派培训及各部门、各分公司因业务需要提出外出培训学习申请的员工。
2. 培训形式：外派培训包括国内外参观、考察或进修、各类研讨会、外派实习、技能训练及各级机关、学校团体、咨询公司主办的培训课程。

## 第四章 培训策划管理

**第十二条 公司级培训策划**

1. 公司级培训包括由公司人力资源管理中心统一组织的外派培训和内部培训。根据培训内容分为管理培训、业务培训、技术培训和其他培训。
2. 结合公司整体战略目标及发展计划，由公司人力资源管理中心依据对内部员工培训需求分析的结果，以及公司相关培训的政策、财务预算等，统筹各部门的需求，于每年年初拟订年度培训计划。
3. 公司级培训计划由公司人力资源管理中心总监审批。公司级员工培训计划经过审批后，公司人力资源管理中心在每月30日前将下月公司级培训计划发布给各部门及各分公司。

**第十三条  部门级培训策划**

1. 部门级培训主要是由部门组织的各项内部培训。

2. 每年年末由部门自行制订下一年度的部门级培训计划，同时完整填写"培训计划表"报公司人力资源管理中心，计划表中应明确写明培训的具体内容、拟培训对象等。"培训计划表"经公司人力资源管理中心审核，最后由公司人力资源管理中心总监审批后生效。

**第十四条**  公司人力行政管理中心根据实际情况分解年度培训计划，拟订季度计划，编制培训课程清单，并呈报审核。

## 第五章  培训实施管理

**第十五条  公司级培训计划的实施**

1. 公司级培训由公司人力资源管理中心制定培训实施方案，包括确定培训讲师、教具、教材以及组织实施；公司人力资源管理中心在每次培训前20天内将培训实施方案提交公司人力资源管理中心总监，经审批通过后，向相关部门、分公司发出培训通知。

2. 培训计划中确定的员工原则上必须参加培训，如因故不能参加，须提交经本部门第一负责人同意的书面请假单，方可请假。未经请假擅自缺席的员工将以旷工处理。

3. 培训课程结束后，由学员填写"培训反馈评估表"。公司人力资源管理中心将评估反馈分析和培训相关资料发送给学员。

**第十六条  部门级培训计划的实施**

各部门按照已批准的培训计划组织部门级培训，包括确定培训讲师、选择场地、编撰、审查及印制教材；公司人力资源管理中心在需要时给予一定资源上的支持。

**第十七条  外派培训**

培训课程的选择应结合公司的内部需求和公司情况，并需严格审批。

1. 参加培训人员的选择应突出目的性、自愿性，结合个人的职业生涯发展规划。

2. 培训相关资料（包括教材、讲义、证书、培训小结等）必须在公司人力资源管理中心备份存档。

3. 培训后对于外部培训机构的课程内容、讲师、效果等的评估，填写"员工外派培训总结考核表"，交公司人力资源管理中心存档。

## 第六章　培训考核管理

**第十八条　培训的考核和改进**

1. 原则上各部门组织的培训都应有考核成绩，考核成绩记入员工档案，作为员工提薪、升职的必要条件之一。

2. 公司人力行政管理中心组织的培训由公司人力资源管理中心负责考核；各部门、各分公司自行组织的培训，由各部门、各分公司自行组织考核，公司人力资源管理中心负责检查并备案。

3. 考核的形式以定量考核为主，定性考核为辅。考核的方式可以是现场考试、培训总结、项目过程评估、技能提升评估等。

4. 公司各级人力资源管理部门应根据培训评估情况，并结合定期考核、员工技能评估结果，总结培训中发现的问题，提高培训质量。

## 第七章　培训纪律管理

**第十九条　出勤制度**

1. 所有培训一经报名确认，受训人员须提前做好安排，除特殊原因外，应准时参加；不能参加人员需提前告知人力资源管理中心，并给出合理理由，否则视为无故缺席。

2. 凡在公司内部举办的培训课（包括外部讲师的内部集训、内部培训讲座及各种内部研讨会、交流会等），参加人员必须严格遵守培训规范；课前签到由专人负责记录，填写"培训签到表"；考勤状况将作为培训考核的一个参考因素。

## 第八章　培训资源管理

**第二十条　培训设施资源**

1. 培训所用一切资源，包括培训设备、教具等均属公司资产，要登记在册，任何人不得占为己有。

2. 培训中需要购置必要的教材、教具时，要写出书面申请，经人力资源管理部门审核批准后方可购买。

3. 培训场地要合理使用。根据培训的实际情况、培训规模、参加人数确定培训地点，避免资源浪费。

4. 珍惜公司的教材、教具，必要时请专业人士操作。如因个人操作失误或对公司财产不珍惜造成教材、教具的损坏或作废，当事人要承担一定的责任。

**第二十一条 培训讲师管理**

1. 培训讲师分为内部讲师，外聘讲师，外部培训机构专职讲师。

2. 内部讲师的资格评定：根据公司《内训师管理制度》的规定对所聘请的内部讲师进行资格评定。

3. 外聘讲师的资格评定：外聘讲师具有所授课程相关专业本科以上（含本科）学历，具有两年以上的授课经验，公司人力资源管理中心培训主管对其业务能力评估通过后方可担任授课讲师。评估范围包括授课讲师对课程内容的精深程度、授课经历及表达技巧等。

**第二十二条 外部培训机构管理**

当培训需要委托外部培训机构实施时，根据情况可选择性地对外部培训机构进行资格评定。评定范围包括其有能力提供培训的课程内容、从事培训活动的经历、培训讲师资源的情况。

1. 公司人力资源管理中心负责对公司级培训课程所需的外部供应商信息进行评估和管理。

2. 为保证培训质量，公司各部门、各分公司培训计划中涉及需由外部培训供应商提供的培训服务，须提前30天将备选供应商的"培训供应商甄选评估表"及针对具体培训课程的"培训实施方案""培训协议"等相关资料提交公司人力资源管理中心进行审核，批准后方可实施培训。

3. 公司人力资源管理中心要定期对各部门、各分公司掌握的培训供应商信息和资源进行收集、汇总，并对各部门、各分公司培训供应商选择提供指导建议。各部门、各分公司有责任将优秀的培训供应商信息在公司内共享，以降低培训成本并提高培训课程实施的质量。

## 第九章 培训费用管理

**第二十三条 培训费用管理**

1. 公司级培训发生的费用，由公司人力资源管理中心统一申请借款或由培训所涉及的个人申请借款并由公司人力资源管理中心审核后方可报销。

2. 部门级培训发生的费用，在不超过年初预算的情况下由部门负责人或分公司负责人签字后即可报销，部门级培训费用划入各部门、分公司培训费用中。部门级培训需严格按计划执行，无特殊情况，培训费用不得超过预算。

3. 员工自费参加某种培训通过考试或认证后，可向公司申请报销全部或部分培训及认证费用。公司将根据该次培训是否是其岗位工作所必须的来决定是否报销以及报销的额度。予以报销的，必要时可签订延长服务期协议。

## 第十章 附　　则

**第二十四条　附则**

1. 本制度自发布之日起执行。
2. 本制度由公司人力资源管理中心负责执行、解释及修订。

公司人力行政管理中心<br>××××年××月××日

# 第三节　培训管理岗位教学实训

### 一、实训作业

**【实训作业1】**

某生产加工企业，本年度新进了一批大学毕业生，包括机械制造类专业、电气专业、财会类专业、管理类专业。公司领导认为，随着企业的日益发展，以后会逐年批量引进各类别专业的应届毕业生，因此公司急需建立一套完善的新员工培训体系。

基于此，公司领导提出，本年度公司培训的重点就是开展新员工培训工作，并逐步建立新员工培训体系，在以后每年的新员工培训过程中不断改进完善。

作业：

（1）作为培训专员（主管），起草本年度新进大学生入职培训方案。

（2）制定新进大学生入职培训实施日程。

（3）撰写培训日志及分析报告，总结经验及日后需改进的方面。

**【实训作业2】**

某家居装饰集团公司，在创业初期，由于员工数量少，公司老板与员工均为"多面手"，不仅负责家装设计工作，同时还负责市场开拓、客户开发与沟通、工程实施、内部管理等各方面工作，因此企业凝聚力较强。近几年随着业务的迅速扩张，市场份额逐步提高，公司业绩也稳步提升。但随着公司规模的不断扩张，集团领导意识到，公司管理人员与业务人员逐渐割裂，互生抱怨。业务人员（设计人员、客户经理等）抱怨管理人员不了解实际业务，只会"纸上谈兵"；管理人员则认为业务人员缺乏管理素养。公司领导也逐渐发现，近几年由于管理人员为直接招聘，对公司业务了解程度较低，因此在制度设计过程中难以全面考虑业务工作开展的情况；而业务人员缺乏对管理岗位工作的了解，对公司推行的一些管理制度、目标也不以为然。

基于此，公司领导提出内部人员轮岗培训的想法，让管理人员走向客户经理、设计助理、工程助理等工作，真实了解家装业务流程；而在业务淡季时，让业务人员分批阶段性到不同的管理部门轮岗，锻炼基本的管理素养。同时定期开展不同主题的管理培训或讲座，提高员工管理认知。

作业：

作为培训专员（主管），依据公司领导的想法与理念，制订相应的轮岗培训计划及实施细则。

【实训作业3】

## 东方公司"培训难题"

东方公司原来是一家设备简陋的小化工公司，现在已发展成一家设备先进的跨国公司。该公司年销售额20亿元，纯收入翻了两番，公司的职工人数也从原来的1 300人增加到2 700人。该公司有皮革产品、医疗器械、药物和塑料制品、化纤等化工产品。

东方公司的成就应部分归功于公司人事关系处处长柳成功。他过去一直担任人力培训科科长，其领导的培训项目调动了员工的积极性，促进了公司的发展。只是自从他被提升为人事关系处处长后，人力培训的事务就不再是他的主要职责了。不过今天早晨的办公例会表明，他应该抓一下人力培训科的工作，而且要快。

柳成功坐在办公室里，手里拿着几分钟前人力培训科科长章明红送来的刘巧英的档案材料。刘巧英的问题是今天早晨办公例会讨论的重点。今天早晨的办公例会开得很不顺心，柳成功弄不清一贯头脑冷静的人力培训科科长章明红怎么突然在会上大发脾气。他想是不是他人变了，还是公司人力培训项目真的出现了严重的问题。想着想着，突然一声敲门声打断了他的思考。

"请进。噢，是你，小刘。"

"老柳，老章刚刚来过，要我将这封信交给您。"

"好，谢谢你。"

柳成功打开信，发现是章明红亲笔写的一封长信，柳成功希望这封信能解释今天早晨例会上章明红发脾气的原因。

"老柳，很抱歉，我今天早晨在会上发脾气。不过，你要知道，我们公司的问题很严重。我们一直为本公司能吸引到最好的人才来公司工作而自豪。在过去几年中，有许多职工参加公司的培训计划，尤其是公司支付职工学费学习的培训计划。其中不少人已通过业余时间攻读大学课程获得学士学位，也有的人获得了硕士学位。"

"但是，这种支付职工学费的培训项目对公司来说花费太大，而收益很小，去年我们支付的教育培训项目就达 110 万元。"

"刘巧英提出辞职。她在公司统计室担任统计员已有 9 年了。她的理想是担任公司财务处的会计，她用业余时间在大学里读财会专业，成绩全优。她获得财会专业学士学位也已有一年多了，但至今没有人过问她的事。"

"按理说，我是人力培训科科长，应该负责人力计划系统，了解公司的人力培训情况。可我们公司各分公司各部门自己决定培训计划，公司很难有一套总体培训方案，培训计划不是根据组织、任务、个人三方面需要而制订，人力计划系统根本没有一种方法确定组织中哪些人是可以晋升的。"

"公司花费了大量资金供职工培训、提高，但是如果我们不注意充分利用这些人才，我们就会失去这些人才，那时我们的损失就更大了。现在已经开始出现这种苗头。如果我们不赶快找出解决这一问题的方法，我认为应该立即停止培训的项目。"

柳成功将章明红的信反复看了几遍。再打开刘巧英的档案。刘巧英工作表现一直很好，她用业余时间前后花了 6 年读完了财会专业，公司支付了所有费用。可是由于公司未安排她当会计，她提出辞职，这对公司损失太大。问题究竟出在哪里呢？

柳成功拿起电话，打给章明红："老章，我是柳成功。我看了你的信，你的看法很正确，我们的问题确实很严重。我们公司现在有多少像刘巧英这样的情况？"

"今年已有 15 个。"

"你最好把所有这些人的情况弄一份材料给我，如果你能提供更详细一点的情况就更好。我今天下午 4 点钟与公司副总经理们见面，我想向他们提出这一问题并一起讨论解决问题的措施。"

问题：

(1) 东方公司目前在员工培训上出现了什么问题，其根源何在？

(2) 你认为应如何解决该公司培训花费大而收益小的问题，如何对培训运营过程进行管理以使培训服务于公司发展目标？

## 二、实训作业评价

实训作业一：

1. 新员工入职培训计划及培训方案，应明确所选取的培训形式、培训内容、培训场地、评价方式等；自主开展或是全部外包，各自预算方案的制定，预算方案应体现各模块费用；外包机构的介绍及对比。

2. 实施细则应详细制定至以分钟为单位；各时间段相应的工作内容、内部负责人、配合单位等。应提前对培训场地进行勘察，如为外宿场地，则应提前对相应的食宿标准、会议室使用、设备使用等费用进行沟通确定。

3. 培训日志应包括在培训实施过程中，各项活动的详细记录包括前期与培训机构、培训场地、培训讲师的沟通情况；各项费用的列支情况；培训过程中员工的出勤情况，特殊事件记录等。同时，需对培训整体进行分析并提出改进建议。

实训作业二：

培训方案应包括轮岗时间及时长、参与轮岗的岗位、轮岗前培训的内容与组织方案、轮岗工作表现考察等。

实训作业三：

1. 培训计划首先要与企业的整体战略发展及人力资源规划目标相结合，在此前提下再结合人员素质差距制订相应的培训计划并予以实施。

2. 对培训效果应及时给予评价，并在员工晋升、奖励中加以有效体现。

3. 加强培训的投资效益，最重要的仍是从培训需求入手，进行有必要的培训，减少或杜绝不必要的培训。

# 第七单元　薪酬管理岗位技能实训

**【学习目标】**

通过本单元的学习，能够理解薪酬管理的重要意义和基本内涵，掌握企业薪酬设计的方法与流程，熟知薪酬管理岗位包含的实际操作内容，能够在用人单位内部建立完整的薪酬管理体系；在熟悉我国现有薪酬管理政策法规的基础上，合理设计和执行用人单位内部的薪酬管理制度，保证薪酬的公平。

**【本章重点】**

薪酬设计流程、员工工资和社会保险计算。

**【关键概念】**

薪酬政策、工作分析、岗位评价、薪酬调查、薪酬定位、薪酬结构设计、薪酬体系的实施和修正。

薪酬管理是企业人力资源管理中非常重要的模块，其与企业和员工双方的利益均直接相关。通过设计公平、科学、合理的薪酬体系，能够最大限度地体现对员工的激励，促使员工更加努力的工作。企业发展到不同阶段，薪酬管理岗位的工作内容也不尽相同。企业发展初期，薪酬管理的主要工作为事务性工作，包括工资计算、工资支付以及社保代扣代缴等；随着企业逐渐发展壮大、管理规范，薪酬管理的工作将有所延伸，包括薪酬预算设计、薪酬等级设计、薪酬结构设计等，所设置的岗位也在薪酬管理员的基础上，设置相应的主管甚至经理。本单元的内容侧重于基础性的主管与专员一级的薪酬管理工作。

# 第一节 岗位说明书及详解

## 一、薪酬管理岗位说明书示例

### （一）薪酬专员岗位说明书示例

| 岗位名称：薪酬专员 | 所在部门：人力资源部 |
|---|---|
| 岗位编码： | 编制日期： |
| 岗位概要：在薪酬主管的指导下起草用人单位的薪酬、劳动保障和福利制度并负责执行，准确地计算员工薪资，制作各类薪资报表，及时处理各类薪资、保险纠纷。 ||
| 岗位职责 | 数量、质量、标准 |
| 1. 负责开展薪酬调查工作，并形成调查报告，以供企业薪酬决策<br>1.1 开展外部薪酬调查，收集和整理当地整体薪酬水平和同类用人单位的薪酬水平，并收集、汇总调查过程中的问题并提出解决建议<br>1.2 起草薪酬调查报告并提交主管领导审核 | 1. 所收集的薪酬信息是否快速、准确、全面<br>2. 薪酬调查报告是否客观反映调查数据，是否能够为企业薪酬决策提供有效依据 |
| 2. 负责依据企业人力资源战略要求，协助主管领导制定相应的薪酬福利管理体系并负责实施<br>2.1 组织开展工作分析及岗位评价工作，并通过对岗位评价结果进行汇总分析确定薪酬等级<br>2.2 起草薪酬福利制度<br>2.3 对薪酬制度实施中的员工意见进行收集汇总，并提出修改建议<br>2.4 对薪酬福利体系及制度进行动态维护 | 1. 薪酬体系是否既参考地区及行业水平，又符合本企业的特点及要求<br>2. 薪酬体系是否充分体现内部公平<br>3. 薪酬设计是否与绩效考核相结合，体现激励性<br>4. 薪酬体系的动态维护是否及时、有效 |
| 3. 负责薪酬实施的日常管理及事务工作<br>3.1 负责对员工考勤、休假进行统计、核实<br>3.2 根据员工出勤、考核结果，计算员工工资及相应的扣除及代缴部分，并制作工资报表，建立工资台账<br>3.3 处理员工有关工资核算上的问题，接受员工对薪酬管理的有关投诉并及时解决 | 1. 员工考勤、休假记录确保准确无误，若有员工申诉应及时予以核实、改正<br>2. 准确计算员工工资及扣缴情况 |

续表

| 岗位职责 | 数量、质量、标准 |
|---|---|
| 4. 负责劳动保障与福利管理相关工作<br>4.1 根据公司规定定期编制福利计划，报主管领导审批后实施发放<br>4.2 依照有关规定为员工办理各项社会保险<br>4.3 负责为发生工伤、生育、疾病、失业、退休员工向社保机构提供相关资料进行待遇审核，取得相应的保险待遇支付或费用补偿<br>4.4 负责协助有关部门和上级领导，处理单位劳动纠纷、薪酬福利和劳动保障实施过程中发生的问题 | 1. 福利计划应呈现多样化，符合员工多方面需求<br>2. 新员工的社会保险申报缴纳及时、合规<br>3. 准确核定单位和员工的各项社会保险基数，以便正确地计算当期保险缴费数额 |

| 关键绩效指标 ||
|---|---|
| 1. 薪酬调查信息的准确和实用性、调查报告提交的及时率<br>2. 薪酬体系构建的公平性与员工满意程度<br>3. 工资和奖金、员工保险和福利计算的及时率和差错次数<br>4. 工资、奖金报表编制的及时率 ||

| 任职资格 | 必备要求 | 期望要求 |
|---|---|---|
| 学历及专业要求 | 大专以上学历，管理类专业 | 本科以上学历，人力资源管理、财务专业或相关专业 |
| 所需资格证书 | 人力资源管理师（三级以上） | 人力资源管理师（二级以上） |
| 工作应验 | 一年以上相关工作经验 | 三年以上薪酬人事工作经验 |
| 知识要求 | 人力资源管理、财务会计 | 具备人力资源管理、财务会计、档案管理和劳动法相关知识 |
| 技能要求 | 熟练使用办公软件，掌握薪酬管理常识 | 熟练掌握薪酬管理知识 |
| 能力要求 | 沟通能力强、较强的分析能力、协调能力和良好的团队合作精神 | 较强的服务意识 |
| 个性要求 | 乐观积极，忠诚守信 | 温和耐心、严谨敬业、责任心强、团队意识强烈 |

| 主要关系 ||
|---|---|
| 关系性质 | 关系对象及频繁程度 |
| 直接上级 | 薪酬主管 |
| 直接下级 |  |
| 内部沟通 | 人力资源部及用人单位其他部门 |

续表

| 外部沟通 | 社会保险经办部门、商业保险机构 |
|---|---|
| 岗位环境和条件 ||

使用工具设备：一般办公设备、计算机、网络
工作环境：办公场所
工作时间特征：正常工作时间，根据工作情况加班

## （二）薪酬主管岗位说明书示例

| 岗位名称：薪酬主管 | 所在部门：人力资源部 |
|---|---|
| 岗位编码： | 编制日期： |
| 岗位概要：在人力资源部经理的领导下，根据市场情况和员工发展的规划，设计科学、合理且有竞争力的薪酬福利结构体系及其管理制度；组织进行薪酬福利方案的实施和薪酬日常事务的管理。 ||

| 岗位职责 | 数量、质量、标准 |
|---|---|
| 1. 负责依据企业人力资源战略要求，组织制定相应的薪酬福利管理体系并推动实施<br>1.1 组织开展薪酬调查，并对调查结果及调查报告进行审批，制定薪酬标准<br>1.2 组织开展工作分析及岗位评价工作，并通过对岗位评价结果进行汇总分析确定薪酬等级<br>1.3 审核制定薪酬福利制度<br>1.4 对薪酬福利体系及制度进行动态维护 | 1. 薪酬体系是否既参考地区及行业水平，又符合本企业的特点及要求<br>2. 薪酬体系是否充分体现内部公平<br>3. 薪酬设计是否与绩效考核相结合，体现激励性<br>4. 薪酬体系的动态维护是否及时、有效 |
| 2. 负责薪酬福利实施过程中的组织管理工作<br>2.1 依据薪酬体系规定，制订年度薪酬计划、薪酬预算、福利计划，经批准后实施<br>2.2 制定考勤、休假等薪酬相关制度<br>2.3 核查月度工资计算结果，审核工资报表<br>2.4 对薪酬制度实施中的员工申诉处理意见进行审核 | 1. 薪酬计划及薪酬预算应既符合企业实际又一定程度体现竞争性<br>2. 工资计算及发放确保无误<br>3. 员工申诉处理公开、公平<br>4. 福利及劳动保障纠纷处理及时 |
| 关键绩效指标 ||

1. 薪酬福利制度的完整性
2. 薪酬方案的竞争性、激励性和效率性
3. 薪酬总量预算安排达成率
4. 领导和部门对薪酬管理的满意度

续表

| 任职资格 | 必备要求 | 期望要求 |
|---|---|---|
| 学历及专业要求 | 本科以上学历，管理类专业 | 本科以上学历，人力资源管理、劳动经济学、财务管理相关专业 |
| 所需资格证书 | 人力资源管理师（三级以上） | 人力资源管理师（二级以上） |
| 工作经验 | 三年以上相关工作经验 | 五年以上薪酬管理实践经验 |
| 知识要求 | 人力资源管理、基本财务知识、劳动法规 | 企业知识、经营知识、心理学、财务会计、数据库管理知识等 |
| 技能要求 | 熟练掌握薪酬管理知识 | 熟练掌握人力资源管理、薪酬管理知识 |
| 能力要求 | 良好的沟通能力、分析能力、协调能力、问题解决能力 | 优秀的团队领导和和计划能力 |
| 个性要求 | 忠诚守信、严谨敬业、乐于助人、工作主动性、亲和力 | 乐观、有耐性、善于独立思考、责任心强、团队领导能力 |
| 主要关系 | | |
| 关系性质 | 关系对象及频繁程度 | |
| 直接上级 | 人力资源部经理 | |
| 直接下级 | 薪酬专员 | |
| 内部沟通 | 人力资源部及用人单位其他部门 | |
| 外部沟通 | 业务往来单位、社会保险、商业保险机构 | |
| 岗位环境和条件 | | |

使用工具设备：一般办公设备、计算机、网络
工作环境：办公场所
工作时间特征：正常工作时间，根据工作情况加班

## 二、主要岗位职责详解

### （一）薪酬调查

薪酬调查，就是通过一系列标准、规范和专业的方法，对同地区、同行业或竞争企业的相似岗位的薪酬水平进行调查，形成能够客观反映市场薪酬现状的调查报告，为企业提供薪酬设计方面的决策依据及参考。薪酬调查是薪酬设计中的重要组成部分，重点解决的是薪酬的对外竞争力和对内的公平性问题。薪酬调查报告能够帮助企业达到个性化和有针对性地设计薪酬的目的。

1. 薪酬调查的主要目的

（1）确定起点薪酬标准。通过薪酬调查，了解地区及行业企业最低薪酬标准，以此确定本企业最低标准，以确保引进及留住新员工。

（2）进行薪酬对比。对比企业与地区及行业典型企业的薪酬水平，了解企业在本地区及同行业内所处的薪酬层次及竞争力，确定企业的薪酬策略。

薪酬策略是指企业确定薪酬时，与外部薪酬水平相比较所采取的薪酬水平定位。通俗地说，就是确定企业的薪酬与市场水平相比较所处的层次。一般有三种策略：

1）市场领先策略，薪酬水平在市场居于领先地位，高于市场平均水平。

2）市场协调策略，又称市场平和策略，即薪酬水平在市场居于中等水平，与市场平均水平持平。

3）市场追随策略，即薪酬水平在市场居于比较低的水平，跟随市场水平。

事实上，在实际操作中，很多企业采用的是混合薪酬策略，即根据职位的类型或层级分别制定不同的薪酬策略，而不是对所有的职位均采用相同的薪酬水平定位。比如说，对企业的关键岗位人员采用市场领先策略，对普通岗位人员采取市场协调策略，对替代性强的基层岗位采取市场追随策略。

（3）识别薪酬不合理的岗位。通过对比相类似岗位工作内容及薪酬水平，查找企业内薪酬不合理的岗位，进行原因分析及必要的调整措施。

2. 薪酬调查的主要内容

（1）了解本地区或同行业企业的岗位序列、岗位层级等基础信息。

（2）了解本地区或同行业企业工资水平，包括人均工资、工资等级、工资区间等。

（3）了解不同企业所在地区的工资水平，不同地区因为生活费用水平、生产发展水平不同，工资水平可能差别较大。

（4）调查其他企业的工资结构，作为本企业薪酬设计的参考。

（5）了解薪酬动态与发展潮流。

3. 薪酬调查报告

薪酬调查报告有两种形式，包括本企业通过组织调查后所撰写的调查报告，也包括从专业的薪酬调查咨询机构购买的专业、全面的薪酬报告。由于企业薪酬的保密性，凭某一企业自身很难全面了解其他竞争企业全面的薪酬信息，因此更多的企业采取向专业咨询机构购买薪酬信息的方式进行薪酬调查。

自行调查后撰写的薪酬调查报告更符合企业需求，更能够反映企业现有薪酬体系存在的问题。调查报告内容应包括调查目的、调查时间、调查对象、调查方式、所获取的信息汇总、分析、与本企业对比等。

若购买专业的薪酬调查报告，企业应根据自身需求购买所要了解的行业或地区的薪酬数据，包括同类型企业的岗位序列及一般岗位层级设置，不同序列的薪酬平均水平及区间，典型岗位的薪酬水平及区间等。

（二）薪酬福利体系构建及实施

薪酬体系的设计要根据企业的实际情况，并紧密结合企业的战略和文化，系统全面科学地考虑各项因素，并及时根据实际情况进行修正和调整，遵循按劳分配、效率优先、兼顾公平及可持续发展的原则，充分发挥薪酬的激励和引导作用，为企业的生存和发展起到重要的制度保障作用。

1. 薪酬设计原则

薪酬作为分配的最主要形式之一，薪酬制度作为企业人力资源管理最重要的一项制度，与企业和员工的利益均息息相关。在薪酬设计过程中，最重要的是要遵循按劳分配、效率优先、兼顾公平的原则。

（1）按劳分配原则。按劳分配既是薪酬设计最重要的理论基础，也是薪酬体系所应遵循的根本原则，即员工的薪酬水平应真实地反映其所付出的劳动价值，并充分体现不同劳动者所付出的劳动之间的价值差异。遵循按劳分配原则，既体现效率，又确保内部相对公平。

（2）效率优先原则。薪酬分配最首要的是要体现不同岗位之间劳动价值差别以及员工之间工作表现的差别，充分体现薪酬的激励性，从而促使员工不断提高工作效率，为企业带来效益。

（3）兼顾公平原则。薪酬体系所应体现的公平为内部相对公平，而并不是绝对公平的"大锅饭"。内部相对公平就是在体现不同岗位间劳动差距的同时，也要确保相同岗位的薪酬标准相同，即同工同酬。

此外，薪酬体系设计还应遵循合法性、可操作性、灵活性等原则。

2. 工资总额预算

工资总额是指企业在一定时期内（通常为一年）支付给本企业员工所有形式的薪酬总和。工资总额管理是企业人工成本管理的重要组成部分。企业进行全面的工资总额核定及预算，有助于真实了解企业的薪酬支出，并加强薪酬的计划性，是薪酬管理的重要环节。

工资总额预算一般是在上一年度总额基数的基础上，进行一定比例的上浮。上浮比例依企业的实际经营情况而定。一般情况下，工资增长应遵循"两低于"原则，即工资总额增长速度应低于经济效益增长速度，平均工资增长速度应低于劳动生产率增长速度。

3. 薪酬制度的内容

完整的薪酬制度应包括岗位等级序列、薪酬结构、标准薪酬、薪酬实施等内容。

(1) 岗位等级序列。岗位等级序列是岗位评价的直接结果，是薪酬等级的基础。通过岗位评价过程，将劳动价值相近的岗位归为同一等级，执行同样的薪酬标准。

(2) 薪酬结构。薪酬结构简单来说就是工资模块设计。一般来讲，工资模块包括基本工资、岗位工资、绩效工资、年功工资等，依据岗位业务的不同，还可能设置技能工资、业务提成工资等。不同模块的工资均承担不同的职能，不同类型的岗位应设置差异化的薪酬结构以达到最佳的激励效果。

基本工资为企业支付给员工维持基本的生活保障的工资，基本工资没有岗位、职级的区分，一般为当地最低工资水平。现如今，多数企业已取消基本工资的设置，合并至岗位工资。

岗位工资是相对固定的工资模块，体现不同岗位之间劳动价值的差别，相同岗位上员工的岗位工资应相等。

绩效工资为浮动的工资模块，根据员工每月的实际工作表现与绩效考核结果而兑现。绩效工资充分体现薪酬的激励作用。

年功工资为体现员工工龄的工资模块，随着员工工作时间的增长而不断增加，是补偿老员工过去为企业所作出的贡献及其对企业的忠诚度。工龄工资的形式可以为等量递增、差额递增等，也可以采用高限封顶的方式，以体现薪酬的调节功能，避免过度的论资排辈。

技能工资一般在生产操作类岗位的工资模块中涉及，体现员工之间技能水平的差异。

业务提成工资一般在市场、销售等业务类岗位的工资模块中涉及，将工资与员工的业绩挂钩，强化激励效果。

(3) 标准薪酬。标准薪酬指各岗位员工在全勤并保质保量完成规定工作内容的情况下，所应获得的常规薪酬，不包括加班加点工资、额外的奖金或奖励等。

标准薪酬是进行工资计算时所参照的基础依据，在工资发放过程中，根据员工的出勤情况、绩效考核情况在标准薪酬的基础上进行扣减或奖励。

(4) 薪酬实施。薪酬实施的过程即薪酬计算及发放的过程，包括收集员工的考勤记录、绩效考核结果，据此进行相应的扣减或奖励，计算员工应得工资，并进行保险及公积金的代扣代缴，制作相应的薪酬报表，提交财务部作为发放依据，并将工资单发给员工以供核对。

4. 福利制度内容

福利制度的内容包括企业为不同员工所提供的各种形式的福利项目。

福利形式有许多种,包括法定福利,指法定"五险一金"的缴纳;公司给予的各项津补贴,如防暑降温补贴、取暖补贴、住房补贴等;现金形式的福利还包括发放各类购物券、过节费等。

非现金形式的福利包括组织员工带薪旅游,针对长期处于有毒有害环境下的员工给予的带薪疗养,公司提供免费职工宿舍,定期组织的各种文化体育及联谊活动等。

福利实施的形式可以为全员统一,如法定保险及公积金的扣缴;可以为差别实施,如带薪疗养仅针对工作环境有毒有害的一线生产员工,而职能管理人员则不享受该项福利;也可以为福利自选的形式,在允许的范围内,由员工依据自身需要选择福利内容。

**三、关键岗位能力分析**

薪酬管理工作要求相应在职人员应熟悉各项劳动法律法规,思维缜密,认真细心等。具体来说,薪酬管理人员需要具备如下关键能力:

1. 相关法律法规的学习与掌握

企业的薪酬设计可以体现其自身需求及特点,但是都必须遵循劳动法律及规定,这些法律法规是确保企业薪酬体系合法性的重要依据,主要包括《劳动法》《劳动合同法》《劳动争议仲裁法》等基本法律中有关薪酬管理的规定,还包括与薪酬相关的其他各项规定,如《最低工资规定》《工资支付暂行规定》《企业年金试行办法》《工资集体协商试行办法》《职工带薪年休假条例》等。

2. 方案设计能力

薪酬方案设计需要经过工作分析、岗位评价等专业过程,因此要求在岗人员应具备扎实的人力资源管理基础知识,熟知各项工作的理论依据、方法及操作步骤。在方案设计过程中,还能够将理论知识及方法有效运用于企业实际,设计符合企业特点和需求的独特的薪酬体系。

3. 较强的工作责任心

工资计算的结果涉及员工实际所得薪酬,因此需要准确计算并仔细核对,要求工作人员在进行数据收集、工资计算过程中都具备较强的责任心,确保工资计算结果及发放准确无误。

**四、薪酬管理工作流程**

(一)薪酬设计的基本流程

薪酬设计的目的是建立科学合理的薪酬制度，一个科学合理的薪酬体系应该包括以下七个步骤：

1. 确定薪酬支付的策略

企业薪酬策略是企业人力资源策略的重要组成部分，是企业战略的具体落实。因此制定企业的薪酬策略要在企业战略的指导下进行，要集中反映各项战略的需求。薪酬策略要对以下内容做明确的规定：

（1）对员工本质及员工总体价值的认识，建立企业对高级管理人才、专业技术人才和营销人才的价值强烈重视的薪酬战略体系。

（2）企业基本工资制度和分配原则。

（3）企业工资分配政策与策略。

2. 工作分析

工作分析是确定薪酬的基础。它是确定完成各项工作所需技能、责任和知识的系统工程，是一种重要的人力资源管理技术。在进行工作分析时，应遵循以下六个步骤来进行：

（1）确定工作分析信息的用途。

（2）搜集与工作相关的背景信息，设计组织图与工作流程图。

（3）选择有代表性的岗位进行分析。

（4）搜集工作分析的信息。

（5）同承担工作的人共同审查所收集到的工作信息。

（6）编写工作说明书和工作规范。

3. 岗位评价

岗位评价是确保薪酬系统达成公平性的重要手段之一。岗位评价有两个目的：一是比较企业内部各个岗位的相对重要性，得出岗位等级序列；二是为进行薪酬调查建立统一的岗位评估标准，消除不同企业间由于岗位名称不同或即使岗位名称相同但实际工作要求和工作内容不同所导致的岗位难度差异，使不同岗位之间具有可比性，为确保工资的公平性奠定基础。岗位评价是工作分析的自然结果，同时以工作说明书为依据。

岗位评价方法多种多样，主要有排序法、分类法、要素比较法、要素计点法。企业完成岗位评价后，可以根据需要设计职位等级，企业规模的大小与薪酬等级的数目有一定关系。

4. 薪酬调查

企业要想吸引和留住员工，不但要保证企业工资制度的内在公平性，同时还要保证企业工资制度的外部竞争力，因此企业要组织力量开展薪酬调查，即企业在确定工资水平时，需要参考劳动力市场的平均工资水平。薪酬调查的对象最好选择与自己有竞争关系的企业或同行业的类似企业，重点考察员工的招聘来源与流失去向。薪酬调查的数据，不仅要有调查企业上年度的薪资增长情况、不同企业薪酬结构对比，还要有竞争对手企业不同岗位和不同级别的职位薪酬数据、奖金和福利状况、长期激励措施以及未来薪酬走势分析等。只有调查企业采用相同的标准进行岗位评估，并各自提供真实的薪酬数据，才能保证薪酬调查的准确性。

5. 薪酬定位

在薪酬水平的定位上，企业可以选择领先策略或跟随策略。薪酬上的领头羊未必是品牌最响的企业，因为品牌价值高的企业可以依靠其综合优势，不必花费高成本就能找到最好的人才。往往是那些财大气粗的后起之秀容易采用高薪策略，因为这些企业多处在创业初期或快速上升期，投资者愿意用金钱买时间，希望通过挖到一流人才来快速拉近与优秀企业的差距。在薪酬设计时有一套专用术语叫25P、50P、75P，意思是说，假如有100家企业参与薪酬调查的话，薪酬水平按照由低到高排名，25P、50P、75P分别代表着第25位排名（低位值）、第50位排名（中位值）、第75位排名（高位值）。一个采用75P策略的企业，需要雄厚的财力、完善的管理、过硬的产品支撑着。因为薪酬是刚性的，降薪几乎不可能，一旦企业的市场前景不妙，将会使企业的留人措施变得困难。

6. 薪酬结构设计

企业在设计薪酬结构时，往往要综合考虑五个方面的因素：职位等级、个人的技能和资历、工作时间、个人绩效、福利待遇。在工资结构中，与其相对应的分别是基本工资（职位等级、个人的技能和资历）、绩效工资（个人绩效）、加班加点工资（工作时间）和薪酬福利（福利待遇）。

（1）基本工资是由职位等级决定的，是一个人工资高低的主要决定因素。基本工资是一个区间，而不是一个点。企业可以从薪酬调查中选择一些数据作为这个区间的中点，然后根据这个中点确定每一职位等级的上限和下限。相同职位上不同的任职者由于在技能、经验、资源占有、工作效率、历史贡献等方面存在差异，导致他们对企业的贡献并不相同，在企业中的相对价值也不同，因此基本工资的设置并不与其职位完全挂钩。如上所述，在同一职位等级内，根据职位工资的中点设置一个工资变化区间，用来体现技能工资的差异。这就增加了工资变动的灵活性，使员工在不变动职位的情况下，随着技能的提升、经验的增加而在同一职位等级内逐步提升工资等级。员工的积极性就会大大提高。

（2）绩效工资是对员工完成业务目标而进行的奖励，即薪酬必须与员工为企业所创造的经济价值相联系，与企业的绩效评估制度密切相关。绩效工资可以是短期性的，如销售奖金、项目浮动奖金、年度奖励，也可以是长期性的，如股票期权等。

（3）加班加点工资和员工法定福利要与国家政策法规相一致，并且必须要遵循相关规定，否则会受到法律的严惩。而员工的福利待遇又有很大的灵活性，企业会在不同的发展阶段有不同的福利要求。

综上所述，确定职位工资首先需要对职位做评估；确定技能工资需要对人员资历做评估；确定绩效工资需要对工作表现做评估；确定企业的整体薪酬水平，需要对企业盈利能力、支付能力做评估。每一种评估都需要一套程序和方法。所以说，薪酬体系设计是一个系统工程。

7. 薪酬体系的实施和修正

在制定和实施薪酬体系过程中，及时地与员工沟通、必要的宣传或培训是保证其成功的关键因素之一。世界上不存在绝对公平的薪酬方式，只存在员工是否满意的薪酬制度。人力资源部可以利用薪酬制度问答、员工座谈会、满意度调查、内部刊物甚至BBS论坛等形式，充分介绍企业的薪酬制定依据。为保证薪酬制度的适用性，规范化的企业都对薪酬的定期调整作了规定。

依照上述步骤和原则设计薪酬体系虽然麻烦，但却可以取得良好的效果。

（二）员工保险管理工作流程

1. 缴费的工作程序

（1）企业必须去社会保险经办机构登记。社会保险登记是社会保险费征缴的前提和基础，也是整个社会保险制度得以建立的基础。县级以上劳动保障行政部门的社会保险经办机构主管社会保险登记。社会保险登记的工作程序包括以下四个内容：一是参加社会保险登记；二是社会保险登记手续；三是社会保险变更、登记与注销；四是社会保险登记年检。

申请办理社会保险登记时应出示以下证件和资料：营业执照；批准成立证件或核准执业证件；国家质量技术监督部门颁发的组织机构统一代码证书；省、自治区、直辖市社保经办机构规定的其他有关证件资料；社保经办机构发给社会保险登记证件；根据各地五项保险的缴费基数、费率及人员变动的有关规定填写各项保险的月报表。填写社会保险登记表的登记事项包括单位名称、住所、经营地点、单位类型、法定代表人或负责人、开户银行账号等。

（2）企业每月按照社会保险经办机构规定的时间，向其送达月报表和有关资料。

（3）社会保险经办机构进行即时审核，对申报资料齐全、缴费基数和费率符合规定、填报数量关系一致的月报表签章核准；对不符合规定的月报表提出审核意见，退还企业修正后再次审核。

第四，企业缴费申报经核准后，可以采取下列方式之一缴纳社会保险费：一是到其开户银行缴纳；二是到社会保险经办机构以支票或现金形式缴纳；三是企业与社会保险经办机构约定的其他方式。企业必须在社会保险经办机构核准其缴费申报后的3日内缴纳社会保险费。企业和缴费个人应当以货币形式全额缴纳社会保险费。缴费个人应当缴纳的社会保险费，由企业从其本人工资中代扣代缴。

2. 员工保险管理工作流程图

对员工的保险管理主要分为新参保人员和续缴保费人员的管理，由于两类人员的参保程序不同，操作流程也就不同，具体情况如图7—1所示。

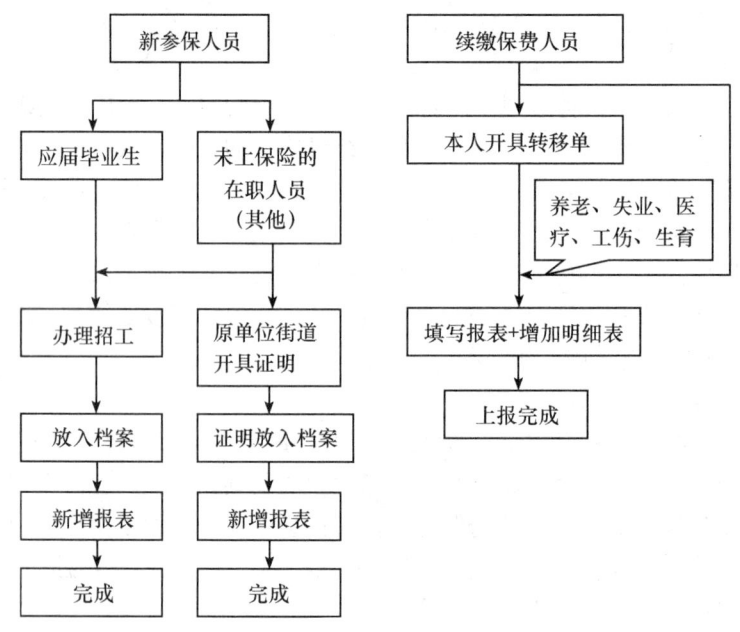

图7—1 员工保险管理工作流程图

# 第二节 薪酬管理岗位常用工具及业务示例

**一、薪酬管理岗位常用工具表单**

（一）员工考勤表

示例见表7—1。

## （二）员工工资计算表

表7—1　　　　　　　　　　　员工工资计算表

| 应发 | 薪资 | 津贴 | 绩效奖金 | 加班费 | 夜点费 | 岗位津贴 | 技术津贴 |
|---|---|---|---|---|---|---|---|
|  |  |  |  |  |  |  |  |
|  | 初发 | 误餐费 | 上月尾款 |  |  |  | 应发金额 |
|  |  |  |  |  |  |  |  |
| 应扣 | 借支扣还 | 所得税 | 保险费 | 劳保费 | 伙食费 | 利息 | 公有住宅水电费 |
|  |  |  |  |  |  |  |  |
|  | 分期付款 | 福利金 | 其他扣款 | 月尾款 | 补扣 |  | 应扣金额 |
|  |  |  |  |  |  |  |  |
| 备注 | 结薪日数 |  | 日时 |  | 加值 |  |  |
| 实发 |  |  |  |  |  |  |  |

表7—2　　　　　　　　　　　员工考勤表

××××有限公司员工考勤表

部门：　　　　　　　　　　　　　　　　　　　　　　　　　　　　日期：20　年　月

| 姓名 | 1 | 2 | 3 | 4 | 5 | 6 | 7 | 8 | 9 | 10 | 11 | 12 | 13 | 14 | 15 | 16 | 17 | 18 | 19 | 20 | 21 | 22 | 23 | 24 | 25 | 26 | 27 | 28 | 29 | 30 | 31 | 合计 |
|---|---|---|---|---|---|---|---|---|---|---|---|---|---|---|---|---|---|---|---|---|---|---|---|---|---|---|---|---|---|---|---|---|
|  |  |  |  |  |  |  |  |  |  |  |  |  |  |  |  |  |  |  |  |  |  |  |  |  |  |  |  |  |  |  |  |  |
|  |  |  |  |  |  |  |  |  |  |  |  |  |  |  |  |  |  |  |  |  |  |  |  |  |  |  |  |  |  |  |  |  |
|  |  |  |  |  |  |  |  |  |  |  |  |  |  |  |  |  |  |  |  |  |  |  |  |  |  |  |  |  |  |  |  |  |
|  |  |  |  |  |  |  |  |  |  |  |  |  |  |  |  |  |  |  |  |  |  |  |  |  |  |  |  |  |  |  |  |  |
|  |  |  |  |  |  |  |  |  |  |  |  |  |  |  |  |  |  |  |  |  |  |  |  |  |  |  |  |  |  |  |  |  |
|  |  |  |  |  |  |  |  |  |  |  |  |  |  |  |  |  |  |  |  |  |  |  |  |  |  |  |  |  |  |  |  |  |
|  |  |  |  |  |  |  |  |  |  |  |  |  |  |  |  |  |  |  |  |  |  |  |  |  |  |  |  |  |  |  |  |  |
|  |  |  |  |  |  |  |  |  |  |  |  |  |  |  |  |  |  |  |  |  |  |  |  |  |  |  |  |  |  |  |  |  |

注：出勤：即上班小时数；事假：△；休息：休；病假：▽；旷工：×；迟到：在上班小时数前加"○"；早退：在上班小时数前加"□"；公差：＃

人力资源部主管审核：　　　　　　　部门主管复核：　　　　　　　制表人：

说明
1. 公司总部员工、配送中心/仓库员工、店长、店长助理、炊事员、实习生不计加班（即每天的有薪工作时间不超过7小时）；
2. 除上述（1.）人员外的其他人员超时工作，按岗位标准小时工资标准计算加班工资；
3. 公司要求员工在规定时间内完成岗位工作任务，不鼓励员工加班；
4. 各部门务必在下月2号前将此表交人力资源部。

## （三）员工超额完成计划指标累计提成奖金计算表

**表 7—3**　　　　　　　　　　提成奖金计算表

单位名称　　　　　　　　　　　　　　　　　　　　年　月　日

| 作业名称 | | | | | |
|---|---|---|---|---|---|
| 计划完成额 | 实际完成额 | 超额完成50%部分，提成率10% | 超额完成50%～100%部分，提成率20% | 超额完成100%以上部分，提成率30% | 奖金总额 |
|  |  |  |  |  |  |

审核人：　　　　　　　　制表人：

## （四）员工奖金核定表

**表 7—4**　　　　　　　　员工奖金核定表

| 本月营业额 | | | | 本月净利润 | | | 利润率 | | |
|---|---|---|---|---|---|---|---|---|---|
| 可得奖金 | | | | 调整比率 | | | 应发奖金 | | |
| 奖金核定 | 单位 | 姓名 | 职别 | 奖金 | 单位 | 姓名 | 职别 | | 奖金 |
|  |  |  |  |  |  |  |  |  |  |

| 奖金核定标准 | 本月利润/万元 | 可得奖金/元 | 本月营业额/万元 | 目标利润提高比率/% |
|---|---|---|---|---|
| | 10以下 | 0 | 400 | 0 |
| | 10～20 | 200 | 400～500 | 10 |
| | 20～30 | 400 | 500～600 | 20 |
| | 30～40 | 600 | 600～700 | 30 |
| | 40～50 | 800 | 700～800 | 40 |

总经理：　　　　　　　核准：　　　　　　　填表：

## （五）调薪通知单

**表 7—5**　　　　　　　公司调薪通知单

部门：　　　　　　　　　　　　　　　　日期：　年　月　日

| 一、基本资料： | 二、异动原因： |
|---|---|
| 职工代号： | □年度调薪 |
| 姓名： | □机动调薪 |
| 性别： | □调职调薪 |

续表

| 年龄： | □试用合格调薪 |
|---|---|
| 到职日：　　年　　月　　日 | □其他 |

三、异动状况

| 项目 | 异动前 | 异动后 |
|---|---|---|
| 职称 | | |
| 职等 | | |
| 职级 | | |
| 本薪 | | |
| 主管津贴 | | |
| 生活津贴 | | |
| 全勤奖金 | | |
| 特勤奖金 | | |
| 绩效奖金 | | |
| 合计 | | |

备注：1. 生效日期：　　年　　月　　日起；2. 本通知单内容有不明白之处，请向单位部门主管查询，如仍有疑虑，则由部门主管再向人资部门查核。

## 二、薪酬管理常用制度

### （一）工资制度方案

#### 某公司工资制度方案

#### 第一章　总　　则

**第一条**　按照公司经营理念和管理模式，遵照国家有关劳动人事管理政策和公司其他有关规章制度，特制定本方案。

#### 第二章　原　　则

**第二条**　按照各尽所能、按劳分配原则，坚持工资增长幅度不超过本公司经济效益增长幅度，职工平均实际收入增长幅度不超过本公司劳动生产率增长幅度的原则设计工资制度。

**第三条** 人力资源部应结合公司的生产、经营、管理特点，建立起公司规范合理的工资分配制度。

**第四条** 公司以员工岗位责任、劳动绩效、劳动态度、劳动技能等指标综合考核员工报酬，适当向经营风险大、责任重大、技术含量高、有定量工作指标的岗位倾斜。

**第五条** 人力资源部负责构造适当工资档次差距与调动公司员工积极性的激励机制。

## 第三章 年 薪 制

**第六条** 适用范围

1. 公司董事长、总经理；
2. 下属企业的法人代表与总经理；
3. 董事、副总经理是否适用由董事会决定。

**第七条** 工资模式

公司经营者与其业绩挂钩，其工资与年经营利润成正比。

年薪＝基薪＋提成薪水（经营利润×提成比例）

1. 基薪按月预发，根据年基薪额的1/12支付；
2. 提成薪水，在公司财务年度经营报表经审计后核算。

**第八条** 实行年薪制职员须支付抵押金，若经营业绩不良，则用抵押金充抵。

**第九条** 年薪制考核指标还可与资产增值幅度、技术进步、产品质量、环保、安全等指标挂钩，进行综合评价。

**第十条** 年薪制须由董事会专门作出实施细则。

## 第四章 正式员工工资制

**第十一条** 适用范围

公司签订正式劳动合同的所有员工。

**第十二条** 工资模式。采用结构工资制。

员工工资＝基础工资＋岗位工资＋工龄工资＋奖金＋津贴

1. 基础工资

参照当地职工平均生活水平、最低生活标准、生活费用价格指数和各类政策性补贴确定，在工资总额中占40％～50％。

2. 岗位工资

(1) 根据职务高低、岗位责任繁简轻重、工作条件确定；

(2) 公司岗位工资分为 5 类 18 级，具体情况可参见正式员工工资标准表，分别适用于公司高、中、初级员工，其在工资总额中占 20%～30%的比重。

3. 工龄工资

(1) 按员工为企业服务年限长短确定，鼓励员工长期、稳定地为企业工作；

(2) 年功工资根据工龄长短，分段制定标准，区分社会工龄、公司工龄；

(3) 年功工资标准参见正式员工工资标准表。

4. 奖金（效益工资）

(1) 根据各部门工作任务、经营指标、员工职责履行状况、工作绩效考核结果确立；

(2) 绩效考评由人事部统一进行，与经营利润、销售额、特殊业绩、贡献相联系；

(3) 奖金在工资总额中占 30%左右比重，也可上不封顶；

(4) 奖金考核标准参见正式员工工资标准表；

(5) 奖金通过隐密形式发放。

5. 津贴

(1) 包括交通津贴、伙食津贴、工种津贴、住房津贴、夜班津贴、加班补贴等；

(2) 各类津贴参见公司补贴津贴标准。

**第十三条 关于岗位工资**

1. 岗位工资标准的确立、变更

(1) 公司岗位工资标准经董事会批准；

(2) 根据公司经营状况变化，可以变更岗位工资标准。

2. 员工岗位工资核定

员工根据聘用的岗位和级别，核定岗位工资等级，初步确定岗位在同类岗位的下限一级，经 1 年考核，再调整等级。

3. 员工岗位工资变更

根据岗变薪变原则，晋升增薪，降级减薪。工资变更从岗位变动后 1 个月起调整。

**第十四条 关于奖金**

1. 奖金的核定程序

(1) 由财务部向人力资源部提供各部门、子公司、分公司完成利润的经济指标数据；

(2) 由行政部向人力资源部提供各部门员工的出勤和岗位职责履行情况记录；

(3) 人力资源部依据汇总资料，测算考核出各部门员工定量或定性的工作绩效，确定每个员工效益工资的计算数额；

(4) 考核结果和奖金计划经公司领导审批后，发放奖金。

2. 奖金的发放，与岗位工资一同或分开发放。

**第十五条 关于工龄工资**

1. 员工1年内实际出勤不满半年的，不计当年工龄，不计发当年工龄工资；

2. 试用期不计工龄工资，工龄计算从试用期结束起算。

**第十六条 其他注意事项**

1. 各类假期依据公司请假管理办法，决定工资的扣除；

2. 各类培训教育依据公司培训教育管理办法，决定工资的扣除；

3. 员工加班、值班费用，按月统计，计入工资总额；

4. 各类补贴、津贴依据公司各类补贴管理办法，计入工资总额；

5. 被公司聘为中、高级的专业技术人员，岗位工资可向上浮动1～2级；

6. 在工作中表现杰出、成绩卓著的特殊贡献者，因故能晋升职务的，可提高其工资待遇，晋升岗位工资等级。

## 第五章 非正式员工工资制

**第十七条** 适用范围：订立非正式员工劳动合同的临时工、离退休返聘人员。

**第十八条** 工资模式：简单等级工资制。见非正式员工工资标准表。

**第十九条** 人力资源部需会同行政部、财务部对非正式员工的工作业绩、经营成果、出勤、各种假期、加班值班情况汇总，确定在其标准工资基础上的实发工资总额。

**第二十条** 非合同工享有的各种补贴、津贴一并在月工资中支付。

## 第六章 附 则

**第二十一条** 公司每月支薪日为28日。

**第二十二条** 公司派驻下属企业人员工资由本公司支付。

**第二十三条** 公司短期借调人员工资由借用单位支付。

**第二十四条** 公司实行每年13个月工资制，即年底发双月薪。

**第二十五条** 以上工资均为含税工资，根据国家税法，由公司统一按个人所得税标准代扣代缴个人所得税。

**第二十六条** 本方案经董事会批准实行，解释权在董事会。

（二）提薪管理制度

## 某公司员工提薪管理办法

### 第一章 总　　则

**第一条** 提薪原则上一年一次，以4月1日作为提薪日。但是，当物价指数急剧变化以及公司认为有特别的必要时，也可进行临时提薪。

**第二条** 提薪可分为按身份提薪、按技能提薪、按工龄提薪三类。

**第三条** 当出现下列情况之一者，丧失提薪资格：

1. 录用不满一年。
2. 因工伤之外的原因而缺勤合计数达到两个月以上。
3. 在一年度中受到处罚。
4. 正在提出退职申请。
5. 年满60周岁。

但是关于2、3两点，不影响技能提薪和工龄提薪。

**第四条** 公司经理每年任命提薪考察委员会。

**第五条** 考察委员会必须注意下面各点，进行公正的考察核定：

1. 在进行考察时，要撇开自身的利害得失、人情关系，公正、冷静地进行判断确认。
2. 对每个人的考察，需要实事求是，不得主观臆断或轻信他人的谣言中伤，做出公正的判断。
3. 考察的结果对被考察者将来的前途以及当前的工作和情绪都有很大的影响，因此要求慎重地实行考察工作。

### 第二章 按身份提薪

**第六条** 按身份提薪，是以员工的学历、年龄、经验以及过去的地位为基础，按一定的公式自动地进行。

**第七条** 根据上一条确定的原则，员工身份提薪的计算公式为：学历的标准值乘以由年龄、经验、过去的地位所决定的提薪数。学历的标准值可以分为大学毕业生、大专毕业生、高中毕业生、初中毕业生四个档次。如果按受过其他特别的教育，则参照上述这四个档次的标准。

**第八条**　学历工资标准的确定，须考虑其基本的毕业年龄。此基本毕业年龄为大学毕业生，满 23 岁；高中毕业生，满 19 岁；初中毕业生，满 16 岁。当年龄达到上述标准，其基数为零。超过或不到这一年龄标准的，则在学历标准的基础上，适当考虑提薪金额的增减。

**第九条**　按年龄提薪，到 50 岁为止。

**第十条**　经验以及过去的地位在提薪系数确定时，按中下标准计算：在本行业工作的，为 10 分在性质类似的行业或相关行业工作的，按 3～5 分计算；在其他行业工作的，不予承认。

**第十一条**　按经验提薪，须考虑提薪对象从事该项工作的时间，但这一时间长度以 30 年为限，超过 30 年便不再提薪。

## 第三章　按技能提薪

**第十二条**　按技能提薪，依据考察标准，考察每个员工的情况，然后依特定的提薪标准金额，决定员工的技能工资。

**第十三条**　考察采用以下办法：按照第十六条到十八条所规定的考察标准，各考察委员会成员就以下三个项目采分，然后在负责人会议上讨论各考察委员会成员提出的采分表，最后做出决定，确定考察分数。采分的三个项目为：

1. 技能以及经验。
2. 工作态度。
3. 业务成绩。

**第十四条**　按照一般情况为 10 分、最高分为 20 分、最低分为 5 分这一标准和范围，给定每个员工的考察分数。

**第十五条**　第十二条规定的提薪标准金额，作为不同身份员工的提薪金额，每年在董事会上讨论决定。

**第十六条**　技能工资要按各人能力的变化做出相应的增减。

**第十七条**　技能及经验的考查标准，依据以下事实而定：

1. 与业务有关的知识和经验的掌握程度。
2. 对业务及相关业务的精通程度。
3. 进取心和改进业务工作的态度。
4. 使业务或工作得到发展的程度。
5. 是否掌握为公司作出贡献的特殊技能。
6. 是否出过事故、有过过失以及事故、过失的大小。

7. 指导和统率下级能力的大小。

**第十八条** 工作态度的考察标准，依据以下事实：

1. 对本职工作的责任心。
2. 遵守公司规章制度的程度。
3. 服从上级命令的情况。
4. 与同事是否协调，能否合作共事。
5. 对材料、低值易耗品、机械设备或生产工具的使用、处理态度。
6. 出勤率的高低以及迟到、早退和为私事外出等现象的发生频率。
7. 工作时的态度。
8. 履行往来客户诺言的态度以及接待客户的态度。
9. 对下级的指导态度以及下级对其尊敬程度。
10. 对公司内部秩序以及气氛带来何种影响。
11. 对工作场所的整理、整顿及管理的好坏。
12. 在公司内外，是否有抱怨、发牢骚等现象以及这种现象的出现频率。
13. 是否存在公物私用、浪费公物、擅自拿走公司物品的情况以及这种情况发生的频率。

**第十九条** 业务考核标准，依据以下事实：

1. 是否努力进行新的开拓以及是否有实际效果。
2. 是否有订货单和工程收益以及这种收益的多少。
3. 开展业务时是否节约及工作效率如何。
4. 在进行记账、计算以及其他应汇报的工作时，效率如何、成绩如何。
5. 在工程现场开展工作时其效率及成绩如何。
6. 能够顺利处理日常事务，是否出现耽搁、延误等情况以及此类情况出现的频率。
7. 往来客户是否有批评意见或不满以及此种现象的出现频率。
8. 是否有一般性的误记、误算、不当处理和工作差错以及这种情况的发生频率。
9. 对机械设备、生产工具、备品备件的爱护程度，是否出现损坏和丢失。

**第二十条** 如果成绩突出，可以不依前述各条，给予特别提薪。

## 第四章　依工龄提薪

**第二十一条** 依据工龄提薪是对工龄在一年以上的员工进行的。

**第二十二条** 本办法自　　年　　月　　日起实施。

（三）奖金管理制度

## 某公司员工奖金管理制度

**第一条** 为了激发员工的工作热情，对为公司作出贡献的员工给予回报，特根据公司的财务状况制定制度。

**第二条** 有下列情形之一发生时，公司可根据实际情况酌情减少或停发：

1. 公司经营状况不佳。
2. 奖金规则执行无效。
3. 所发奖金与政策法令相抵触。
4. 公司遇到人力不可抵抗的灾难。

**第三条** 本制度所规定的各项奖金的申请，应由具有奖金申请资格员工的直属部门主管人员填写申请书，并签署意见送人力资源部门，加注有关人事记录资料及考核意见后，送请规章执行委员会审议，然后执行。

**第四条** 各种奖金的核准日在上半月的，须从上半月开始发；核准日在下半月，须从下半月开始发。

**第五条** 凡有下列情形之一者，除依照公司管理规则有关的规定处罚外，6个月内不得享受本制度所规定的各项奖金。已享有奖金的，应自当月起予以停止，直到表现好时，再依制度第三条规定办理奖金申请手续。

1. 工作不力或不能胜任工作者。
2. 有赌博、斗殴、诈骗、偷窃、经手钱财不清或拖欠他人钱财不偿还行为者。
3. 在公司外的行为足以妨碍其应执行的工作及损害公司声誉或利益者。
4. 在言论或行为上对公司、公司负责人及公司同事不利者。
5. 经办公文或工作时因积压公文而损及公司或其他人利益者。
6. 利用工作之便谋取私利者。
7. 公司遭遇任何灾难或发生紧急事件时，负责单位或在场员工未能及时加以抢救者。

**第六条** 凡因故应停发或减少部分奖金者，应由其主管部门会同人力资源部门共同提出理由、意见书及有关资料，并在送请规章执行委员会审议后执行。

**第七条** 凡因故停发奖金的核准日在发放本期工资以前者，应在本次发放工资时执行；核准日在发放本期工资以后者，则在下次工资发放日执行。

**第八条** 各部门主管人员应于每年1月15日及7月15日前提出该部门已享受奖金的员工在过去半年内的生活与工作报告，经人事部门签署考核意见后，送规章执行委员会进行享受总审查。

**第九条** 规章执行委员会由各部门主管人员任委员，总经理任主任，全权办理一切事宜。

**第十条** 规章执行委员每半月召开一次，由总经理担任主席。主席因故不能出席时，由人力资源部门主管代理。

（四）员工住房补助制度

## 某公司员工住房补助制度

**第一条** 本公司为奖助工作认真负责、优秀的员工，为其解决住房困难以谋求员工生活的稳定，特制定本制度。

**第二条** 本公司员工欲承购××建筑公司于市区或其近郊兴建的住宅房屋（店铺、公寓限第二层以上），可依本制度申请补助。

**第三条** 申请补助的员工应同时具备下列各项条件，但经特准者，不在此限。

1. 在本公司服务满3年，并达法定年龄者。
2. 考绩在75分以上者。

**第四条** 申请人应详细填写本公司印制的申请书，由所属部门主管审核。

若多人申请时，按下列标准评定积分点以确定顺序：

1. 年资：服务满3年者15点，以后每增一年增一点，不满一年之零数不计，至50点为止。
2. 考绩：最近3年年终考绩平均分为75分者。
3. 抚养负担：单身者5点，有配偶者加5点，有依所得税法规定应抚养的父母、子女者，每1人加2点，累加至20点为止。
4. 职等：七职等者5点，每进一职等加1点，至10点为止。

积点高者为先，积点相同者以公开抽签方式确定其顺序。

**第五条** 凡申请获准依本制度补助的员工享受下列优待：

1. 在××建筑公司公开推出其所建房屋一个月内订购者，由本公司洽请××建筑公司照该公司公开售价优惠×××元。超过一个月订购者，优惠×××元。

2. 按由本公司提供给申请人无息贷款10万元以下，以供缴纳自备款。此项贷款由本人直接拨交给建筑公司，作为申请人承购该公司房产的最后一期自备款。

**第六条** 前条贷款自核拨之日起分10年按月由申请人所属部门于发薪时扣

还。

**第七条** 申请人应觅得本公司认可的人为保证人，承担连带清偿债务的责任。

**第八条** 申请人从借款之日起，10年内如有将住宅转卖出租或抵押于第三人或未依约按月偿还贷款达3个月时，本公司应选择下列方式之一要求申请人履行。

1. 要求申请人就未清偿的借款及房屋优待价款及时一次清偿，并追收此未清偿的借款自借款日期至全部偿还为止的利息。

2. 要求申请人将该房屋转移给本公司，由本公司依本规定售予其他合格员工，其转移的一切费用税捐（包括契约、增值税等）均由申请人负担，申请人已缴的房产价款，则由本公司无息退还。

**第九条** 申请人在借款之日起，服务未满3年离职者，按照第八条规定办理，如服务满3年，不追加利息，但须将未清偿的借款一次清偿。

**第十条** 申请人应将其所购房屋抵押给本公司，其抵押金额应包括：

1. 借款金额。
2. 房屋优待价款额等。

**第十一条** 申请人经核准贷款，遇有下列情形之一时，撤销其权利，转给其他合格员工承贷。

1. 自行放弃。
2. 缴付贷款前离职。
3. 经发觉申请人不符合本制度的第三条或其申请书有关事项填载不实者。
4. 未依本公司所规定期限办理觅保手续或协同办理抵押手续者。
5. 因其他事故，经本公司董事会认为不宜予以贷款者。

**第十二条** 每批补助人数由公司董事会决定，随时公布。如分配给符合第三条的申请人后，仍有剩余金额时，亦可补助其他不合该条规定的员工。

**第十三条** 凡外务人员因工作关系，经公司调离现住址或本籍以外地区需租屋以执行职务者，由该员工自行申请，经主管复核，由该部经理核准后始付房屋津贴。

**第十四条** 具有下列情况之一的，不得申请房屋津贴：

1. 应征在招募地区服务者。
2. 在家庭所在地执行职务者。
3. 调离是出于自愿者。

**第十五条** 每月津贴规定如下：

| 类别 | 单身 | 已婚者 |
|---|---|---|
| 主管以上 | 600元 | 1 000元 |
| 普通员工 | 400元 | 600元 |

**第十六条** 津贴在每月20日与薪金一并发放。

**第十七条** 外务人员若因调动而必须取消房屋津贴者,应由该部通知人力资源部门停止支付。

**第十八条** 本制度呈总经理核准后施行,修改时亦同。

## 第三节 薪酬管理岗位教学实训

### 一、薪酬管理实训案例

(一)公司的薪酬方案设计

1. 企业背景介绍

A公司是一家由国有企业进行股份制改造组成的股份有限公司,是当地生产规模最大、效益最好的啤酒生产企业,综合实力进入了全国15强,其品牌已成为了区域性品牌。它提出了啤酒行业的"全生态"概念。A公司几年来的销售收入增长迅速,经济效益和员工收入水平在行业中处于中上水平。2002年A公司与某上市公司进行强强联合,组建了新的股份有限公司,以求得更大的发展。

在A公司面临着新的发展机遇时,人力资源问题成为了公司发展的瓶颈。公司目前的组织结构已不适应公司的发展,面对市场的激烈竞争,原有的激励与约束机制存在较多弊端,技术队伍不够稳定,人力资源管理水平有待提高。因而A公司期待进行人力资源管理体系的重新设计。

某管理咨询公司项目组受A公司委托,对A公司进行了为期一年的管理咨询跟踪服务,现就其中的薪酬体系部分展开分析讨论。

2. 薪酬方案的设计

(1)薪酬政策。第一,薪酬分配以吸收人才、留住人才、激励人力资源、提高A公司的竞争力为基本要求。

第二,员工整体薪酬水平体现企业效益,薪酬总额随产品销量的增长而增长,增长幅度略低于经济效益增长的幅度,薪酬水平定位于劳动力市场上等水平。

第三,薪酬分配体现效率优先、兼顾公平的原则,强化薪酬的激励功能和评价功能。

第四，薪酬分配以岗位为基础，岗变薪变。岗位薪酬水平依据岗位重要程度、责任和压力大小、复杂程度等付酬要素而确定。

第五，在薪酬分配上要拉开差距，并适度向中层管理骨干、基层管理骨干、技术骨干、销售人员倾斜。

第六，薪酬分配强调部门业绩与员工个人业绩密切关联，依据经济责任制的完成情况确定部门效益工资，以增强薪酬的激励作用。

第七，建立技术人员薪酬晋升通道，稳定技术人员队伍，调动技术人员的积极性。

第八，适当增加刚性工资比重，以增加薪酬的保健效应。

（2）工资总额

1) 公司年度工资总额的确定原则和计算方法。公司年度工资总额的确定原则是员工整体薪酬水平的提高应与企业的效益增长相结合，依据公司产品销量的增长情况来确定员工薪酬总额，随着产品销量的增长而增长，使员工真实、及时地感受到自己的切身利益与企业的效益紧密相连，超额完成销量目标并及时给予奖励。

公司年度工资总额的计算方法如下：

若下年度的实际销售没有完成目标，则为下面公式：

下年度工资总额＝本年度销售目标吨位工资率×下年度的实际销售量

若下年度的销售额超过了完成目标，则为下面公式：

下年度的工资总额＝本年度销售目标吨位工资率×下年度的目标销售量＋本年度销售目标吨位工资率×超额销售量的奖励率×超额销量

2) 部门、班组月度绩效工资总额的计算方法。根据公司经济责任制考核，确定各部门的效益工资总额；班组工资总额由部门考核后进行分配。

3) 岗位工资总额的计算方法。为增加薪酬的保健效应，适当增加刚性工资的比重，岗位工资的比例提高到30%左右。

4) 年度薪酬余额处置。公司年度薪酬余额计入公司年终奖金，用于公司员工的奖励。

3.A公司的岗位分类与岗位评估

（1）岗位分类。由于不同岗位具有各自的特征，为有效地发挥薪酬的激励功能，薪酬模式、结构设计将建立在对各岗位进行分类的基础上，在技术系列增设主任工程师、副主任工程师、酿酒师和主办工程师岗位，解决技术人员的晋升问题。岗位分类见表7—6。

表 7—6　　　　　　　　　　　常见岗位分类

| 岗位类别 | 岗位 |
| --- | --- |
| 中层管理人员 | 部门部长、副部长；车间、副主任；分公司经理、副经理 |
| 专业技术人员 | 主任工程师、副主任工程师、酿酒师等<br>主办工程师、技术员、品控员、检验员等 |
| 营销人员 | 销售员、市场企划人员等 |
| 职能业务人员 | 薪酬福利管理员、主管会计、调度员等 |
| 作业人员 | 生产工人、维修工人等 |
| 服务支持人员 | 打字员、档案资料员、总务员、保安等 |

（2）岗位评估。岗位评估主要采用应用最广泛的要素计点法。要素计点法虽然是一种较为详尽的、有数字表示的、分析性的方法，但是它提供了比较精确的评价标准，因此，产生的结果就比较有效，而不易受人的主观影响；但是，在实践操作中，对于不同类别、不同层级的岗位，由于其特征的不同，进行岗位评估时采用的评估因素或权重就可能不同，这样，建立在不同评估标准基础上的评估结果的可比性就值得商榷。为解决这一问题，可采用要素计点法和海氏工作评价系统综合评估。因为海氏工作评估系统的评估标准统一，具有较好的通用性，对不同层级和不同类别的岗位进行评估的准确度较好，但对同类别同层级岗位评估区分度难以把握，在岗位较多时，评估起来较困难，因而在企业进行岗位评估时结合了两种方法来解决这一问题。评估步骤如下：

1）在不同层级和不同类别的岗位中选择标准岗位，运用海氏工作系统对标准岗位进行评估，确定各岗位的相对价值。例如，选取岗位 G1 Z1 S1 作为标准岗位，用海氏工作评估系统进行评估。

2）运用要素计点法对同层级或同类别岗位进行评估，确定各岗位与标准岗位的相对价值。以中层管理岗位为例，其他类岗位采用相同的方法用对应的评估表进行评估。

3）结合各类别岗位的评估相对值和各标准岗位的评估相对值，最终确定所有岗位的岗位价值相对值。转换示例见表 7—7。

4. A 公司的薪酬模式与结构

A 公司的薪酬方案只涉及高层管理人员以下的正式合同制员工。

（1）薪酬模式与结构设计

1）年薪制

①适用对象。中层管理人员、主任工程师、副主任工程师、酿酒师。

表 7—7　　　　　　　　　　　　岗位价值确定

| | | 要素计点法 | | 海氏法 | | 综合 |
|---|---|---|---|---|---|---|
| | | 测评值 | 相对值（K） | 测评值 | 相对值（J） | 相对值（K） |
| 管理类 | G1 | 6.0 | 1.00 | 1150 | 2.40 | 2.40 |
| | G2 | 8.0 | 1.33 | | | 3.19 |
| | G3 | 9.0 | 1.50 | | | 3.59 |
| 职能业务类 | Z1 | 6.0 | 1.00 | 780 | 1.63 | 1.63 |
| | Z2 | 7.0 | 1.16 | | | 1.90 |
| | Z3 | 9.0 | 1.50 | | | 2.44 |
| 市场类 | S1 | 7.0 | 1.00 | 480 | 1.00 | 1.00 |
| | S2 | 8.5 | 1.06 | | | 1.06 |
| | S3 | 9.0 | 1.29 | | | 1.29 |

②年薪构成。基本年薪、效益年薪（月度效益年薪、年度效益年薪）、福利。

③说明。由于采用年薪制的人员包括非高层管理人员，因而不适宜采用效益年薪完全由年度考核发放的做法，故 A 公司在年薪制的基础上稍微变化，进一步设置了基本年薪、月度效益年薪和年度效益年薪。

2）岗位效益工资

①适用对象。管理人员、技术人员、其他人员。

②薪酬结构。岗位工资＋效益工资＋年功工资＋年终奖金＋福利。

（2）年薪标准及核算

1）年薪标准（见表 7—8）

表 7—8　　　　　　　等级划分表及年薪标准

| 等级 | 部门 | 正职 | | | 副职 | | |
|---|---|---|---|---|---|---|---|
| | | 基本年薪 | 年度效益年薪标准 | 月度效益年薪标准 | 基本年薪 | 年度效益年薪标准 | 月度效益年薪标准 |
| 一等 | | 1.1A | 1.1B | 1.1C | 1.1A/1.2 | 0.77B | 0.77C |
| 二等 | | A | B | C | A/1.2 | 0.7B | 0.7C |
| 三等 | | 0.9A | 0.9B | 0.9C | 0.9A/1.2 | 0.63B | 0.63C |

2）月度效益年薪计算

由于年薪制主要针对部门中层管理人员，故为切实将中层管理人员的薪酬与本部门的实际绩效和效益相挂钩，在其效益工资的计算过程中，不仅要考虑其个人绩效考核结果，还应考虑部门效益完成情况，具体计算方式如下：

月度效益年薪＝月度效益年薪标准×部门效益完成系数×个人月度考核系数

部门效益完成系数＝部门实际效益（绩效）/部门计划效益（标准绩效）

3）年度效益年薪计算

年度效益年薪＝(效益年薪标准×综合考核系数－月度效益年薪标准×12)×个人年度考核系数

综合考核系数＝1＋$R$×(实际完成净利润－净利润目标值)/净利润目标值

其中：$R$ 为激励系数。实际完成净利润大于净利润目标值时，$R$ 取小于 1 的值；实际完成净利润小于净利润目标值时，$R$ 取大于 1 的值。

(3) 岗位工资结构及标准

1）专业技术人员岗位工资结构及标准。根据岗位的工作职责和岗位价值，将技术人员岗位划分为 6 个薪等，每等 5 个档次，结构设计见表 7—9，工资的具体数据略。

表 7—9　　　　　　　　专业技术人员的岗位工资表

| 等级＼档次 | 1 | 2 | 3 | 4 | 5 |
|---|---|---|---|---|---|
| 6 | | | | | |
| 5 | | | | | |
| 4 | | | | | |
| 3 | | | | | |
| 2 | | | | | |
| 1 | | | | | |

2）其他人员岗位工资结构及标准。根据岗位的工作职责和岗位价值，将其他人员岗位划分为 16 个薪等，每等分为 3 个档次，具体划分同表 7—9。

(4) 岗位效益工资标准及核算

1）效益工资水平设计。经过岗位测评，各岗位效益工资系数见表 7—10。

2）效益工资核算。为体现员工收入水平与公司、部门和个人绩效密切挂钩，在效益工资设计时采用如下办法：年初根据经营计划制定各部门经济责任制，将企业效益工资总额与企业经营指标、部门效益工资总额与部门经济指标挂钩；每月根据各部门经济指标额完成情况确定部门效益工资总额；在部门薪酬效益工资确定后再根据员工个人考核情况确定员工效益工资。

表 7—10　　　　　　　　　岗位系数表

| 部门 | 岗位 | 岗位系数 |
|---|---|---|
| 技术管理部 | 主管工程师 | 1.7 |
|  | … | … |
| 酿造车间 | 作业长 | 1.8 |
|  | … | … |
| … | … | … |
|  | … | … |
| 行政保安部 | 门卫 | 0.6 |
|  | … | … |

(5) 公司部门效益工资计算办法。部门效益工资的核算按公司经济责任制的有关规定执行。

第一，生产车间效益工资计算办法。

由于生产车间的效益主要体现在产品的产出量、产品质量、成本节约和设备维护等方面，故车间效益工资总额计算方式如下：

车间效益工资总额＝产量工资总额＋质量工资总额＋节约工资总额＋设备维护工资＋基础管理工资

其中，针对车间每一岗位员工的效益工资计算是在车间效益工资的基础上结合岗位系数和在岗员工个人考核系数后综合得出，具体计算过程如下：

车间员工效益工资＝[车间效益工资总额/$\sum$车间定员岗位系数]×员工所在岗位系数×个人月度考核分数

第二，营销部门效益工资计算办法。

由于营销部门的效益主要体现在产品销量上，故效益工资总额计算方式如下：

部门效益工资总额＝销量×吨位工资

员工效益工资＝[部门效益工资总额/$\sum$部门定员岗位系数]×员工所在岗位系数×个人月度考核分数

第三，其他部门效益工资由部门根据自身情况申报，公司仅对部门效益工资总额进行控制，各部门实际效益工资总额为计划效益工资与部门考核得分的乘积，具体部门内员工效益工资的分配方法由各部门自行确定，上报公司审批后执行。

5. A 公司保障考核体系有效性的措施

（1）阻碍考核体系完善的因素。第一，部门的考核体系比较完善，尤其是经济指标与各部门的紧密结合，使得各部门之间的协作性得到有效的保障，但是管理部门的考核权重更多地偏向于生产指标，本职工作特点不突出。

第二，管理部门的考核工作相对于营销系统和生产系统刚性明显不足。管理部门各项指标的明确和细化，使得在操作过程中各考核主体和被考核者都必须有一个适应过程，可能会出现管理者认为指标过于烦琐，没有必要考核这么细致的想法，再者考核标准的掌握还有一个熟悉阶段。

第三，生产系统的考核工作是整个公司考核工作最为完善的部分，围绕着生产系统建立经济性指标与非经济性指标相结合的考核体系逐渐形成。同时各指标都建立了较为准确和完善的考核标准。但是，它最大的不足是各项考核指标落实问题在各个车间存在着不均衡的现象，尤其是各非经济性指标，有的落实到了岗位，有的只是落实到了技术员和班长，有的甚至出现了所有问题都由车间主任一人承担的情况。

第四，辅助或主要为生产车间服务的其他部门，比如技术、工程、生产运行等，不仅具有和管理部门同样的问题，更重要的是这类部门的很多考核指标要想真正落实到位有很多困难。这毫无疑问将大大增加考核的实际操作难度，也使得由于考核主体在评价标准上的不均衡性造成考核结果的偏移甚至背离。

第五，在薪酬设计中强化了班长的管理职能，提高了其待遇，为车间的管理增强了基层保障。这种调整要求部分车间主任和班长进行个人角色和工作职能的重新定位，并会强化对班长的考核，从而可能导致基层管理者短期内的不适应。

（2）解决思路。第一，完善部门考核程序，加强主管副总和企管部双方的参与程度。A 公司将部门的月度考核作为计算效益工资总额的依据，因此仍沿用经济责任制的考核方式，在部门的年度考核中对各项指标权重做了调整，加大了管理部门本职工作的权重，并为公司经营期间追加重点工作预留了部分权重，以供企业将来调整之需。

第二，管理部门的各项指标必须明确和细化。虽然这样会造成暂时的不适应或短时间的情绪反弹，但是考虑到指标的不断细化和深入，考核标准的逐渐明确是管理逐渐走向规范化和精细化最重要的前提。作为公司的管理部门更加应该走在其他部门的前面。

第三，逐渐将生产系统的各项考核落实到个人。本次薪酬设计采用的主要方法是逐级分解指标（包括经济责任制中的指标和其他工作目标）到个人或岗位，重点考虑质量管理体系指标的落实。

第四，通过设立被服务部门的投诉机制和与被服务部门的相关项目形成的利益共同体，来解决简化全方位考核的问题。

第五，将岗位的重点工作以结果考核为主，结合过程考核，以期待从两个方面来强化考核对该项工作的约束力。

第六，在考核设计中，加强了班长管理职能的考核，强化了对整个班组管理工作结果的责任程度，因而在考核实施中应着重关注班组长的考核，帮班组长转换角色，切实履行其基层管理的责任。为此，在对车间主任考核指标的设置中，有指导、检查和监督班组长考核工作的内容，以期待在考核中解决车间主任对班组长的工作指导。

(3) 配套机制

1) 健全内部管理体制。考核体系与企业管理制度具有相当的关联性，为员工的行为提供了指导和规范的一整套准则。随着公司对各个部门考核权力的下放，一方面使得部门内部可以建立和完善更适合自身的考核体系，但同时也使得部门与部门之间考核可能出现不均衡性，阻碍公司建立统一的绩效准则。所以，这次A公司做了一个全面的平衡和调控，但是公司应注意以后定期了解各部门的考核体系。将有关相互不协调的考核指标和标准以管理制度的形式加以确定，进而形成统一的绩效准则，逐渐解决考核内容与涉及的相关管理制度一体化的问题。

2) 进行考核主体和被考核者的培训。阐明考核目的主要在于帮助员工提高个人技能素质，从而改善个人和公司的整体绩效，而不是为难谁，也不是人为地制造麻烦，帮助被考核者消除对考核的排斥心理，或是对考核寄予的不切实际的期望，把本期内的考核指标及其权重向全体员工公布，明确公司经营目标在考核体系中的体现。

(二) A公司薪酬管理案例分析评价

A公司的薪酬设计案例充分证明了以下几点：

(1) A公司的薪酬体系充分体现了A公司的薪酬设计流程的科学性。

(2) A公司的薪酬政策作为指导A公司薪酬体系的基本原则，充分体现了薪酬的激励、维持和保障功能。充分表达了薪酬管理的战略原则、竞争原则、公平原则、经济原则和合法原则。

(3) A公司在制定薪酬体系时充分体现了人工成本控制原则。

(4) A公司的岗位评估方法非常准确，使A公司的薪酬支付满足了员工需求。

(5) A公司在岗位评估的基础上开展薪酬模式与结构的建立，使A公司的薪酬模式与结构既合理又科学。

（6）为了保障 A 公司的薪酬制度能有序良性地运行，A 公司十分注重保障其绩效考核体系的有效性，采取了一系列措施保证 A 公司薪酬体系的良性运转。

## 二、薪酬管理实训计算题

（一）相关政策法规及计算公式

1. 人工成本计算

（1）用目标人工费用（也称计划人工费用）和目标净产值率（也成计划净产值率）以及目标劳动分配率（也称计划劳动分配率）三项指标计算出目标销售额（也称计划销售额）。

$$目标销售额 = \frac{目标人工费用}{人工费用率}$$

$$= \frac{目标人工费用}{目标净产值劳动费率}$$

（2）运用劳动分配率求出合理的薪资增长幅度。具体办法是：在计算上年度和确定本年度目标劳动分配率的基础上，根据本年度目标销售额计算出年度目标人工费用，并计算出薪酬总额的增长幅度。

$$目标劳动分配率 = \frac{目标人工费用率}{目标净产值}$$

（3）销售净额基准法。销售净额基准法是根据前几年实际人工费用率、上年平均人数、平均薪酬和本年度目标薪酬增长率，求出本年的目标销售额，并以此作为本年实现的最低销售净额。其公式为：

目标人工成本＝本年计划平均人数×上年平均薪酬×(1+计划平均薪酬增长率)

$$目标销售额 = \frac{目标人工成本}{人工费用率}$$

（4）利用人工费用率（人工费用/销货额）还可以计算销售人员每人的目标销售额。其步骤是先确定推销员的人工费用率，再根据推销员的月薪或年薪及推销员人工费用率计算推销员的年度销售目标。

其计算公式为：

$$销售人员年度销售目标 = \frac{推销人工费用}{推销员的人工费用率}$$

（5）与上述方法相类似，还有一种根据毛利率及人工费用率，计算推销员目标销售毛利额及推销人员毛利与工资的大致比例。其公式是：

$$推销人员人工费用率 = \frac{推销人员人工费用总额}{毛利额}$$

$$目标销售毛利 = \frac{某推销员工资}{推销员人工费用率}$$

2. 员工工资计算

（1）制度工作时间的计算

年工作日：365 天－104 天（休息日）－11 天（法定节假日）＝250 天

季工作日：250 天÷4 季＝62.5 天/季

月工作日：250 天÷12 月＝20.83 天/月

工作小时数的计算：以月、季、年的工作日乘以每日的 8 小时。

（2）日工资、小时工资的折算。按照《劳动法》第 51 条的规定，法定节假日用人单位应当依法支付工资，即折算日工资、小时工资时不剔除国家规定的 11 天法定节假日。据此，日工资、小时工资的折算为：

日工资＝月工资收入÷月计薪天数

小时工资＝月工资收入÷（月计薪天数×8 小时）

月计薪天数＝（365 天－104 天）÷12 月＝21.75 天

（3）计件工资制的具体计算方法。计件工资的方式根据对象可以分为计件单价的计算、个人计件工资的计算和集体计件工资的计算。

要正确计算计件工资，有两个问题需解决好：第一，要正确计量员工完成的合格或视同合格的工作量。有关部门应协助质检、保管、验收等部门对工资核算的原始记录如考勤记录、产量和工时记录、产品质量验收单、产品出库验收单和领用单等进行认真审核，保证这些内容的真实性和准确性。第二，正确测算计件单价。

1）计件单价的计算。要正确测算计量单位的问题，首先要确定生产某种产品需要什么技术、等级的员工，然后确定单位时间内公允的产量定额。这里主要介绍两种计算计件单价的方法。

①标准工作量法。标准工作量法是以单位时间内完成的工作量为计件工资的计算依据。其计算公式如下：

某产品的计件单价＝加工该种产品的某等级工人的标准工资÷该种产品单位时间的产量定额

②标准工作时间法。标准工作时间法是以完成单位产品应需的工作时间为计件工资的计算依据，其计算公式如下：

某件产品的计件单价＝加工该种产品的某等级工人的标准小时工资率×该种

单位产品制造所需的定额工时

2) 个人计件工资计算。个人计件工资是根据产品产量和工时记录所登记的每一名工人生产完工的合格品和视同合格品的数量，乘以按规定产量或工时的计件单价计算出的工资。要准确把握这个概念，需要区分以下两组概念：第一，料废品和工废品。料废品即上述概念中提到的"视同合格品的数量"，是指非工人本人过失造成的不合格品数量；工废品不仅不计算工资，还要赔偿损失。第二，单一产品计件工资和多种产品计件工资。前者是指加工单一产品情况下的个人计件工资，后者是指加工多品种产品情况下的个人计件工资。下面分别介绍这两种计件工资的计算办法。

①单一产品加工情况下个人计件工资的计算，其公式如下：

计件工资＝（合格品数＋料废品数）×计件单价－工废品数×单位工废品赔偿金额

②多种产品加工情况下个人计件工资的操作，其计算公式如下：

计件工资＝∑（合格品数＋料废品数）×计件单价－工废品数×单位工废品赔偿金额

3) 集体计件工资的计算。集体计件工资是用集体完成的合格和视同合格的产品数量乘以计件单价，再减去工废品赔偿金金额方法计算出来的工资。集体计件工资与个人计件工资的主要区别是个人计件工资可以将工资直接量化到个人，而集体计件工资则只能知道计件小组全体员工的计件工资额，而不能直接算出计件小组具体每个人的计件工资。要想得知个人计件工资，必须采用一定的分配标准，按照一定的分配方法，计件工资总额分配到计件小组每个成员身上，从而计算出付给每个员工的计件工资。

分配集体计件工资的关键是计算小组计件工资总额，确定分配标准和分配计件工资。常用的集体计件工资的操作方法有如下两种：

①用计时工资作为分配标准分配集体计件工资。此方法是综合考虑了员工的技术等级和实际工作时间两个因素，对影响集体计件工资分配的因素考虑得比较全面。从理论上讲较为合理，但计算较为复杂，适用于员工工资等级差别较大的情况。其具体的计算方法如下：

某员工应得的计件工资＝该员工计时工资×计件工资分配率

某员工计时工资＝该员工的实际工作小时数×小时工资率

计时工资分配率＝集体计件工资总额÷集体员工实际工资之和

②用实际工作天数（小时）作为分配标准分配集体计件工资。此方法只考虑员工的实际工作时间，没有考虑员工在技术熟练程度上的差异。因此适用于计件

小组员工的技术熟练程度相差不大的情形。其计算公式如下：

某员工应得的计件工资＝该员工实际工作天数（小时数）×每人每天（小时）应得计件工资

每人每天（小时）应得计件工资＝集体计件工资总额÷集体员工实际工作时间之和

由此可看出，同一位工人同样的工时，不同的工资制度下收入却大相径庭。因此，不同的工资制度对于员工的激励作用是不同的。

（4）绩效工资计算。绩效工资制是计时工资制的具体表现形式之一，一般适用于企业的营销人员。通常情况下，以绩效工资制计量薪酬，基本计算公式如下：$P=T×L$

其中，$P$ 为考绩制薪酬，$T$ 为工作时间，$L$ 为薪酬率。薪酬率的大小由考绩来决定。

考绩制有两种具体形式：完全考绩制和部分考绩制

完全考绩制是指员工的薪酬完全由员工的绩效考绩确定。例如，有的企业对员工的薪酬就完全按其考核的业绩来确定，计算公式如下：$P=S×L$

其中，$P$ 为员工在特定时期的薪酬，$S$ 为一般员工的薪酬或员工的平均薪酬，$L$ 为特定员工的薪酬率。

在实际生活中，企业运用较多的是部分考绩制。此时，员工的薪酬实际上分为两部分：基础薪酬和考绩薪酬。设员工的总薪酬、基础薪酬和考绩薪酬分别为 $P$、$P_1$、$P_2$，则有：$P=P_1+P_2$

基础薪酬对同等资历的员工来说是相同的，一般占员工薪酬的 30%～70% 不等。对特定员工来说，考绩薪酬最低的为 0，最高薪酬则依薪酬政策的具体规定而定。

3. 个人所得税的计算

（1）个人所得税的基本政策。根据《中华人民共和国个人所得税法》，个人的工资、薪金所得、经营所得、劳动报酬所得、稿酬、财产租赁和转让所得、特许权使用费所得、偶然所得、利息、股息、红利所得，以及经国务院财政部门确定征税的其他所得，均需缴纳个人所得税，通常由个人所在的单位代扣代缴。具体应缴纳的个人所得税可按下式计算：个人所得税 $=\sum(A_i×B_i)$

其中，$A_i$ 是指在 $B_i$ 段税率下的应纳税所得额；$B_i$ 是指在应纳所得税范围内的对应税率。不同的金额所对应的纳税税率不同，表7—11 是 2011 年 6 月 30 日通过，自 2011 年 9 月 1 日起施行的新个人所得税法规定的不同应缴税等级税率表。

表 7—11　　　　个人所得税税率表（工资、薪金所得适用）

| 级数 | 应纳税所得额（月） | 税率 | 速算扣除数 | 税前下限 | 税前上限 |
|---|---|---|---|---|---|
| 1 | 不超过 1 500 元的 | 3% | 0 | 0 | 1 500 |
| 2 | 超过 1 500 元至 4 500 元的部分 | 10% | 105 | 1 500 | 4 500 |
| 3 | 超过 4 500 元至 9 000 元的部分 | 20% | 555 | 4 500 | 9 000 |
| 4 | 超过 9 000 元至 35 000 元的部分 | 25% | 1 005 | 9 000 | 35 000 |
| 5 | 超过 35 000 元至 55 000 元的部分 | 30% | 2 755 | 35 000 | 55 000 |
| 6 | 超过 55 000 元至 80 000 元的部分 | 35% | 5 505 | 55 000 | 80 000 |
| 7 | 超过 80 000 元的部分 | 45% | 13 505 | 80 000 | |

注：本表所称全月应纳税所得额是指依照《中华人民共和国个人所得税法》第六条的规定，以每月收入额减除费用 3 500 元以及附加减除费用后的余额。

其中应纳税所得额为超过个人所得税起征点的部分，在不同的时期和不同的财政政策下，个人所得税的起征点是不同的，2011 年我国的个人所得税的起征点调整为 3 500 元/月。

（2）缴纳个人所得税计算

1）按月缴纳的个人所得税。员工每月取得工资收入后，先减去个人承担的基本养老保险金、医疗保险金、失业保险金，以及按省级政府规定标准缴纳的住房公积金，再减去费用扣除额 3 500 元/月，为应纳税所得额，按 5%～45% 的九级超额累进税率计算缴纳个人所得税。按月缴纳的个人所得税计算公式如下：

应纳个人所得税税额＝应纳税所得额×适用税率－速算扣除数

个人取得工资、薪金所得应缴纳的个人所得税，统一由支付人负责代扣代缴，支付人是税法规定的扣缴义务人。

2）按年缴纳的个人所得税。个人当月工资、薪金所得与全年一次性奖金应分别计算缴纳个人所得税。个人取得全年一次性奖金（包括年终加薪）的，应分两种情况计算缴纳个人所得税。

第一种情况：个人取得全年一次性奖金且获取奖金当月个人的工资、薪金所得高于（或等于）税法规定的费用扣除额的。计算方法是用全年一次性奖金总额除以 12 个月，按其商数对照工资、薪金所得项目税率表，确定适用税率和对应的速算扣除数，计算缴纳个人所得税。计算公式如下：

应纳个人所得税税额＝个人当月取得的全年一次性奖金×适用税率－速算扣除数

第二种情况：个人取得全年一次性奖金且获取奖金当月个人的工资、薪金所得低于税法规定的费用扣除额的,计算方法是用全年一次性奖金减去个人当月工资、薪金所得与费用扣除额的差额后的余额除以12个月,按其商数对照工资、薪金所得项目税率表,确定适用税率和对应的速算扣除数,计算缴纳个人所得税。计算公式如下:

应纳个人所得税税额=(个人当月取得全年一次性奖金-个人当月工资、薪金所得与费用扣除额的差额)×适用税率-速算扣除数

由于上述计算纳税方法是一种优惠办法,在一个纳税年度内,对每一个人,该计算纳税办法只允许采用一次。对于全年考核,分次发放奖金的,该办法也只能采用一次。

(3)个人所得税的特殊规定。根据税法规定,不同来源的个人所得额包括工资、薪金,应按不同的税率缴纳个人所得税。以下各项个人所得免纳个人所得税。

第一,省级人民政府、国务院部委和中国人民解放军军以上单位,以及外国组织、国际组织颁发的科学、教育、技术、文化、卫生、体育、环境保护等方面的奖金。

第二,国债和国家发行的金融债务利息。

第三,按照国家统一规定发给的补贴、津贴。

第四,福利费、抚恤金、救济金。

第五,保险赔款。

第六,军人的转业费、复员费。

第七,按照国家统一规定发给干部、员工的安家费、退职费、退休工资、离休工资、离休生活补助费。

第八,依照我国有关法律规定给予免税的各国驻华使馆、领事馆的外交代表、领事官员和其他人员的所得。

第九,中国政府参加的国际公约、签订的协议中规定免税的所得。

第十,经国务院财政部门批准免税的所得。

(二)薪酬计算练习题

(1)假设某公司目标净产值率为40%,目标劳动分配率为45%,目标人工成本为2 600万元,按人工费用率基准计算,其目标销售额应为多少?

(2)某公司上年度人工成本为2 382万元,净产值为8 780万元,本年度确定和目标净产值为10 975万元,目标劳动分配率同上年,该企业年度人工成本总额是多少?人工成本增长率为多少?

(3)某公司人工费用率为18%,上年平均薪酬为6 600元,本年度计划平均

人数为108人,平均薪酬增长25%,本年销售额应为多少?

(4) 某公司推销员的人工费用率约为1.24%,月薪平均为720元(含奖金)。且一年发薪月为13个月,该公司推销年度销售目标多少?

(5) 某公司毛利金额为3 400万元,销售人工成本为600万元,公司中某销售人员月工资为860元,每年发薪月为13个月,该推销员年度目标销售毛利是多少?目标薪酬毛利是多少?

(6) 张三为某公司的临时工,事先商定的日工资标准为每天30元,当月请事假3天,不过其中仍有4小时在企业工作,当月有节假日8天,实际工作时间为22天。请计算张三该月的实得工资是多少?

(7) 某公司员工张三月标准工资为1 200元,2012年×月请事假3天,请病假5天。事假和病假中分别有法定假日1天。张三参加工作已有10年,按公司的有关规定,张三病假期间工资按其月标准工资的80%支付。请计算张三该月的实得工资是多少?

(8) 某种产品需要甲等工人制造,该等级工人的月工资标准是2 000元,经测定,在一天内,一位甲等工人对这种产品进行合格加工的合理产量是40件,每位工人每天工作的时间是8小时,则该种产品的计价单价为多少?

(9) 某种产品需要乙等工人制造,该等级工人的月工资标准是1 500元。经测定,一位乙等工人对这种产品进行合格加工所需的合理工时是5小时,则该种产品的计件单价为多少?

(10) 某种产品需要甲、乙两种等级工人共同制造才能完成,甲等工人的月标准工资是2 000元,乙等工人的月标准工资是1 500元。经测定,甲、乙等级各一位工人各自对这种产品进行合格加工所需的合理工时分别是5小时和4小时,则该种产品的计件单价为多少?

(11) 张三2012年×月共加工某类产品1 000件,经检验,其中合格品为800件,料废品为150件。合格品的计件单价为2元,工废品单位赔偿金为4元。张三该月的计件工资为多少?

(12) 工人张三2012年×月共加工甲、乙两种产品各100件。经检验,其中甲产品的合格品为50件,料废品为15件。甲产品合格品的定额工时为每件2小时,工废品单位赔偿金额为每件3元。乙产品的合格品为90件,料废品和工废品各为5件。乙产品定额工时为每件1.5小时,工废品单位赔偿金额为每件2.5元。张三的月工资为1 200元,则张三该月计件工资为多少?

(13) 某车间由A、B、C、D 4位不同等级的工人组成加工小组,各人的月工资标准分别为2 400元、1 800元、1 200元和600元;每个人在2012年×月完成的实际工时分别为 120 小时、130 小时、140 小时和 160 小时。根据本月计件小组完成的产量和计件单价计算的计件工资总额为 12 000 元。请计算各位工人的计时工资。

（14）某员工在某特定时期的一般薪酬为 5 000 元，经考核，该员工的薪酬率为 150％，则该员工在该时期的薪酬为多少？

（15）某员工依照部分考绩工资计算工资，其在特定时期的基本薪酬为 5 000 元，经考核，该员工的薪酬率为 150％，基本薪酬占其总薪酬的 30％，则该员工在某特定时期的薪酬为多少元？

（16）王某当月取得工资收入 9 000 元，当月个人承担住房公积金、基本养老保险金、医疗保险金、失业保险金共计 1 000 元，费用扣除额为 2 000 元，则王某当月应纳税所得额是多少？

### 三、薪酬管理岗位综合实训练习

1. 工作岗位评价练习

请参考实训案例，为你熟悉的企业进行工作岗位评价，首先选择岗位重要性评价因素；其次运用排列法或因素比较法对这些岗位的重要性进行排序，并划分出岗位等级。

2. 薪酬管理表单制作练习

请参考实训案例，为你熟悉的企业制作月薪酬台账、员工保险基金台账、薪酬汇总表及员工调薪申请表单等相关文本。

3. 薪酬制度文案写作练习

请参考实训案例，为你熟悉的企业进行薪酬管理方案设计、奖金制度设计、工资调整方案设计及津贴制度设计。

# 第八单元　绩效管理岗位技能实训

**【学习目标】**

通过本单元的学习与训练，使实训对象能够充分理解绩效管理的基本理论，熟悉组织中绩效管理岗位的职责与要求，掌握绩效管理的工作流程与各种管理工具，并通过练习灵活掌握和体验绩效管理实践中出现的各种交互式管理情境，能够运用所学知识与技能在实训作业要求下结合实训环境完成仿真实训任务。

**【本章重点】**

绩效计划；绩效考核；绩效沟通；绩效反馈。

**【关键技能】**

绩效方案设计与执行；人际沟通与协调；语言表达能力；绩效工具运用。

绩效管理是组织中人力资源管理与开发的重要职能之一，承担着人力资源管理五项功能中的重要功能——控制，既是将组织目标和愿景落实到具体个人行为的重要手段，也是引导规范个体行为的重要监控体系。在一个组织中，视规模大小和人力资源业务复杂程度不同，有关绩效管理的岗位设置也不同。在小型组织中，常常将绩效管理职能与薪酬管理职能合并为一个岗位的工作内容；在中型组织中会设置单独的绩效管理员（或绩效考核员）；在大型组织中，会设置绩效管理主管和绩效管理员；在跨国大型组织中，除了会有主管和管理员一级的岗位设置，还会设置绩效经理甚至有绩效管理专家的岗位。本单元的内容侧重于基础性的主管与管理员一级的绩效管理工作。

# 第一节　岗位说明书及详解

## 一、绩效管理岗位说明书示例

| 岗位名称：绩效管理员（或主管） | 所在部门：人力资源部 |
|---|---|
| 岗位编码：030 | 编制日期：××××年××月××日 |
| 岗位概要：负责本组织绩效管理计划的制订、绩效考核方案的制订与监督实施、绩效管理数据的收集、整理与保存及绩效管理制度的运行与维护。 ||
| 岗位职责 | 数量、质量标准 |
| 1. 绩效管理制度的建设与维护<br>1.1　绩效管理制度的设计<br>1.2　绩效管理制度的维护与完善工作<br>1.3　绩效管理方案的设计与执行 | 1. 是否存在适用的绩效管理制度<br>2. 绩效管理制度是否能够根据组织内外环境的变化及时进行调整<br>3. 针对不同周期和目的的绩效考核是否均设计并应用了相应的绩效管理方案 |
| 2. 日常绩效考核工作管理<br>2.1　日常考核的组织工作<br>2.2　具体考核办法的制定与执行<br>2.3　考核工具的设计与培训 | 1. 绩效考核机构是否完整，组织程序是否完善<br>2. 是否制定了每次绩效考核的具体执行办法并付诸实施<br>3. 绩效考核方案中的考核工具是否合理并保证考核者有效掌握 |
| 3. 绩效管理沟通与辅导<br>3.1　绩效管理技术的推广与培训<br>3.2　绩效管理沟通体系的建设与维护<br>3.3　绩效管理过程的监控 | 1. 是否在每次考核周期开始前执行了绩效管理技术培训<br>2. 是否建立了绩效沟通渠道并保证所有被考核者知晓<br>3. 对每个部门的每次绩效沟通情况在2天内得到书面报告，并于2日内作出回应，每月至少2次对各部门绩效管理过程进行抽查 |
| 4. 绩效考核结果管理<br>4.1　绩效考核结果的收集与归档<br>4.2　绩效考核结果反馈的监督<br>4.3　绩效改进计划的制定 | 1. 组织绩效考核相关文件的保存完整，分类归档<br>2. 督察各级主管上级是否进行了结果反馈，备份绩效面谈记录<br>3. 收集归档所有绩效改进计划 |
| 关键绩效指标 ||
| 1. 绩效管理制度的完整性<br>2. 绩效管理制度的可行性<br>3. 绩效考核技术培训覆盖率<br>4. 绩效考核档案的完整性 ||

续表

| 任职资格 | 必备要求 | 期望要求 |
|---|---|---|
| 学历及专业要求 | 大专以上学历，管理类专业 | 本科以上学历，人力资源管理专业 |
| 所需资格证书 | 人力资源管理师（三级以上） | 人力资源管理师（二级以上） |
| 工作应验 | 一年以上相关工作经验 | 三年以上相关工作经验 |
| 知识要求 | 绩效管理为主的人力资源管理知识 | 掌握心理学相关知识 |
| 技能要求 | 熟练使用办公软件 | |
| 能力要求 | 沟通协调能力、计划执行能力 | |
| 个性要求 | | |
| 主要关系 | | |
| 关系性质 | 关系对象及频繁程度 | |
| 直接上级 | 人力资源部门经理 | |
| 直接下级 | | |
| 内部沟通 | 其他部门的直线主管 | |
| 外部沟通 | | |
| 岗位环境和条件 | | |

使用工具设备：一般办公设备、计算机、网络
工作环境：办公场所
工作时间特征：正常工作时间，根据工作情况加班

## 二、主要岗位职责详解

### （一）绩效管理制度的建设与维护

这是组织中人力资源管理部门绩效管理职能的基本工作职责之一，绩效管理制度的建设与维护不是一劳永逸的工作，随着组织内外环境的变化及组织自身的调整，绩效管理制度也应及时进行相应的调整与维护。因此，作为绩效管理一线的人力资源管理职能人员，要掌握绩效管理制度设计、修订与维护的技术，才能满足制度建设的需要。

1. 制定企业绩效管理制度的基本原则

（1）实用性原则。在制定企业的绩效管理制度时，应充分考虑企业人力资源管理的水平及企业的经营特点和行业特点，还需考虑绩效管理方案制定和实施所需的人力、财力和物力。考评工具和方法是否适合员工的素质特点。

（2）客观公平原则。员工的实际工作表现和职务说明书中对工作内容的描述

是绩效评价的依据，无论用什么方法进行绩效评价，都要以此为客观依据，对考评者实事求是地做出评价。同时，应在考评中一视同仁，避免人为因素使绩效评价结果与员工的实际工作绩效有较大的差距，影响绩效评价结果的可信度。为此，要建立科学适用的考评指标体系和考评标准，应尽量采用客观公正的尺度，尽量使用绝对考评方法。

（3）全面原则。绩效评价的结果是为了提高员工的工作绩效，所以在绩效评价要素的选择方面，应尽量能够概括所需绩效评价工作岗位的工作内容和任职者的素质要求是否符合岗位的要求。在时间的选取上和在绩效事件的选取上都要把握全面的原则，只有对员工进行全面的评价，才能准确地对员工的绩效进行衡量，才能提高绩效评价的效度。在现代企业中实行的考评方法，基本上都是多层次、多渠道、全方位的考评。

（4）公开原则。绩效评价工作应是公开的，要对评价的标准、考评的程序、考评的方法及时间的选择等公开宣布，使员工心里有数，积极参与到考评中来，而不是被动地等着上级考评。同时，考评的结果也应该是公开的，这样有利于员工的横向和纵向比较，明确自己在整个企业中的绩效水平，自己可以确定努力方向。公开和公平原则是绩效评价的两个基本原则。

（5）相对稳定原则。绩效评价的要素和绩效评价方法及绩效评价的频度一旦制定出来，就要保持其实施在一定的时段内的持续性，朝令夕改，员工没有归属感，不利于长久地激励员工，更不利于组织的稳定性。所以，在制定绩效评价方案以前，应进行充分的调查和详细的设计，并请专家进行论证，以保证实施的有效性。但这并不意味着绩效评价的内容和方法是一成不变的。随着科学技术的发展、生产方式的变化，工作内容也在变化，相应的绩效评价内容和方法也在变化，必须及时地丰富、完善及改进现有的绩效评价方式以适应实际情况的变化，才能使绩效评价系统持续地良性循环，稳定地提高员工的绩效。

2. 绩效管理制度的内容

（1）绩效管理制度的指导思想、基本原则、绩效管理的战略地位。

（2）绩效考核的对象、考核周期、考核机构、考核时间与考核程序。

（3）绩效考核的主体、考核维度及考核权重设计。

（4）考核者的培训和绩效考核的实施，考核表的管理与查阅。

（5）绩效面谈的目的、绩效面谈沟通的步骤、员工申诉及其处理。

3. 绩效管理方案的主要内容

（1）绩效管理体系设计的指导思想与原则、绩效管理的战略地位。

（2）绩效考核体系的构成。其内容包括考核对象与考核周期、考核机构、考核时间与考核程序、考核主体、考核维度及考核权重设计。

（3）以提升工作绩效为中心的绩效管理循环体系。其内容包括绩效管理循环体系的作用、绩效面谈的目的、绩效面谈沟通的步骤、员工申诉及其处理，如图8—1所示。

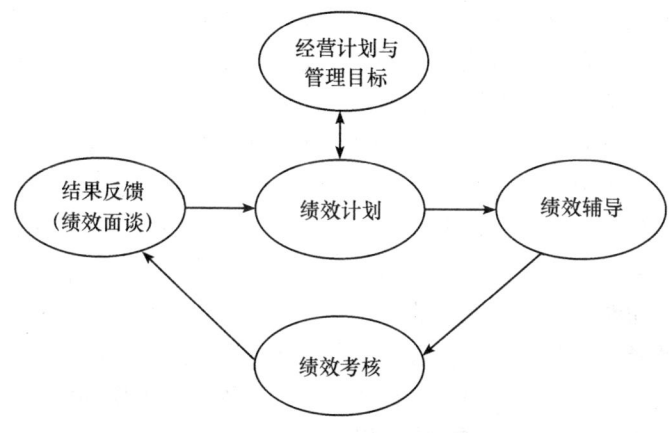

图 8—1　绩效管理循环

绩效管理循环系统是通过制度形式促使各级管理者承担起人力资源管理的责任，通过管理者与员工共同参与制订绩效计划，绩效考核、绩效面谈（辅导）以及绩效结果的反馈过程，实现组织绩效的达成和不断提高。

（二）日常绩效考核工作管理

除了制度设计与维护外，本岗位要面对的更多的是日常的绩效考核管理工作，这些工作经常是在一定的考核周期内周而复始地循环进行，具有很强的周期性和稳定性，因而也更具有操作性和事务性特征。

1. 日常考核的组织工作

一个组织的绩效考核工作通常是具有周期性的，如周考核、月考核、季度考核、年度考核等，而在这一相对固定的周期下，每个周期内的日常工作内容也是相对稳定的，这些工作一般是由人力资源部门的绩效管理岗位工作人员来组织实施的。绩效考核的日常工作内容主要包括以下几个方面：

（1）绩效考核的通知与动员。在进行绩效考核之前，根据公开与透明的原则，要事先进行全员通知和动员工作，尤其是对于周期较长的重大考核，通知中要明确考核的基本要求和进程安排，动员时要重点做好考核培训工作，以保证考核按时按质完成。培训的目的是使全体员工理解绩效管理的目的、意义和方法，消除对绩效考核的错误认识，掌握绩效考核的方法和步骤。减少在绩效考核中的误差。

（2）绩效考核工具的发放。所谓的绩效考核工具主要是指考核过程中所使用的各种表格和文本，具体会使用什么样的工具要根据组织与采用的主要考核方法进行针对性的设计。

常见的考核表格有 360 度评分表，包括上级评分表、同事评分表、自我评分表、下级评分表及客户评分表等；关键绩效指标考核表；考核记录表；考核等级表；考核结果申诉表；绩效反馈面谈表等。常见的文本有绩效计划书、绩效合同、绩效指标体系、述职报告、绩效改进计划书等。

这些考核工具通常作为考核通知的附件，不同的考核对象和主体根据要求进行选用。

（3）考核过程的监督与推进。对于绩效管理岗位的工作人员来说，只是发放考核通知和工具是不够的，还需要加强考核的过程管理，即对各部门人员的考核进程进行监督和促进。这一工作的重点内容有：检查督促各部门负责人按期完成各自所负责的考核任务；严格认真检查各考核主体是否按照考核要求完成考核，以保证考核质量；帮助各部门解决在执行考核过程中所出现的各种问题，包括提供技术培训、各种疑问的咨询解答、提供人事信息等全方位的服务。

（4）考核结果的汇总。在各部门完成考核之后，所有的考核结果应统一收归人力资源部门绩效管理岗位的工作人员整理和保管，并根据考核结果为高层进行各项决策提供支持和提出人力资源管理建议。

2. 具体考核办法的制定与执行

一个组织虽然有相对稳定的绩效管理制度，但具体到每一次考核都应根据绩效管理制度的要求和每次的实际情况制定具体的考核办法，以指导考核具体工作的进行。一个考核办法主要应包括以下内容：

（1）考核的目的。

（2）考核的时间（或进程）。

（3）考核的组织机构。

（4）考核使用的工具。

（5）考核的对象范围。

（6）考核结果。

人力资源部门的绩效管理岗位人员要在发布考核办法后监督考核办法的执行，并在各部门执行过程中予以帮助，保证考核的顺利完成。

3. 考核工具的设计与培训

每次具体考核中，使用什么样的考核工具对考核的结果具有重要的影响，这里的工具主要是指考核中用到的各种图表、资料等。使用什么样的工具主要是由所选用的考核方法决定的,因此,根据考核方法,大体可以将考核工具分为三种。

(1) 排序类工具

1) 简单排序法(见表 8—1)

表 8—1　　　　　　　　　　简单排序法示例

| 考核等级 | 考核对象 | 考核得分 |
| --- | --- | --- |
| 优秀 | | |
| 良好 | | |
| 合格 | | |
| 不合格 | | |

2) 成对比较法(见表 8—2)

表 8—2　　　　　　　　　　成对比较法示例

| | 员工甲 | 员工乙 | 员工丙 | 员工丁 | 总分 | 排序 |
| --- | --- | --- | --- | --- | --- | --- |
| 员工甲 | | 2 | 2 | 2 | 6 | 1 |
| 员工乙 | 0 | | 2 | 2 | 4 | 3 |
| 员工丙 | 1 | 2 | | 2 | 5 | 2 |
| 员工丁 | 0 | 0 | 1 | | 1 | 4 |

3) 强制正态分布法

绩效最好的　　　　　15%
绩效较好的　　　　　20%
绩效一般的　　　　　30%
绩效低于要求水平的　20%
绩效很低的　　　　　10%

(2) 行为对照表考核工具

1) 考核清单法(见表 8—3)

表 8—3　　　　　　　　　　考核清单法示例

| 表现 | 等级 |
| --- | --- |
| 员工有意放慢工作,或消极怠工 | 1 |
| 当工作负担过重,员工会借口生病、请假 | 2 |
| 在领导不在的情况下,员工可以自觉完成本职工作和额外工作 | 3 |
| 员工以较高的热情对待组织的工作,自觉地投入组织中的各项活动 | 4 |

2) 行为锚定评分法（见图 8—2）

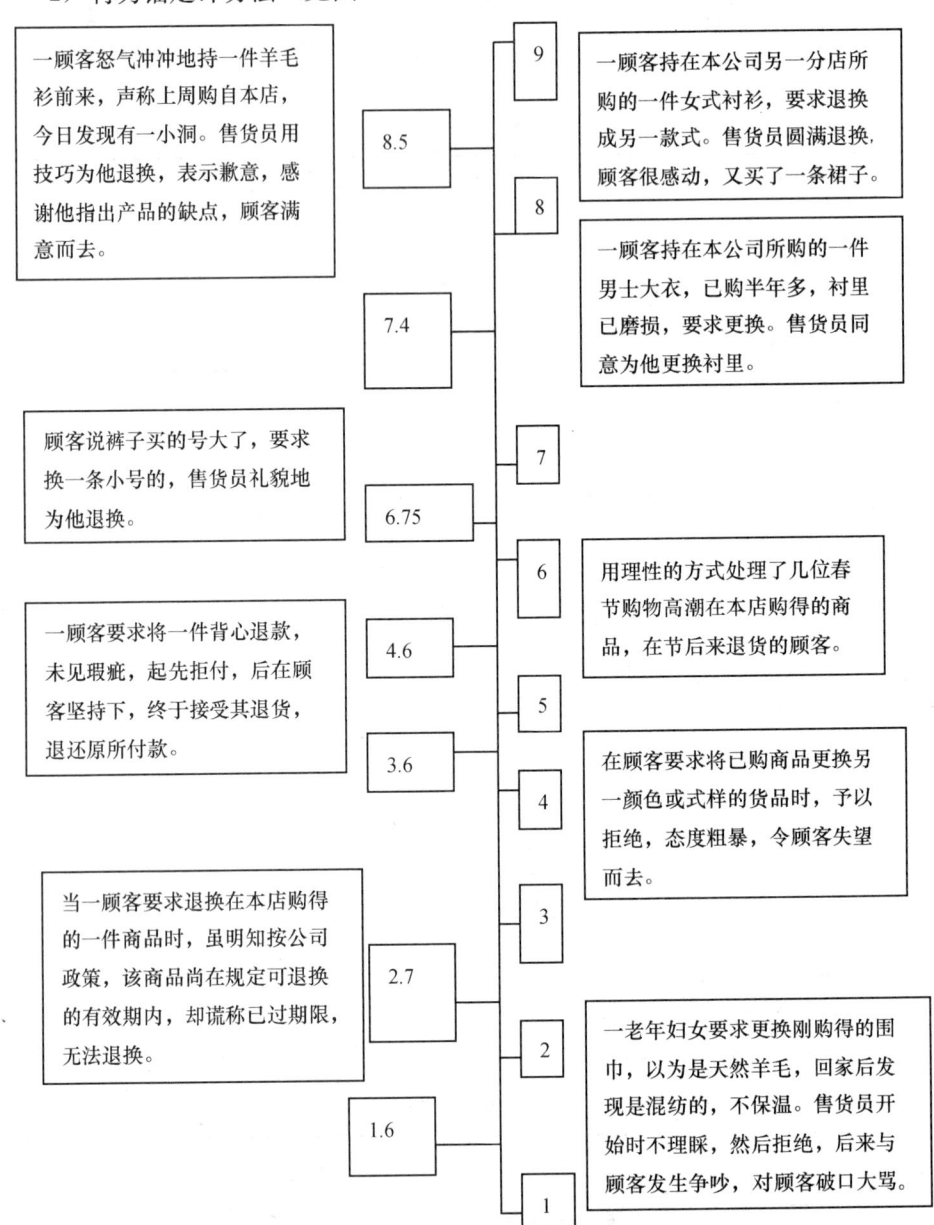

图 8—2 行为锚定评分法示例

(3) 绩效考核指标分类工具（见表8—4）

表8—4　　　　　　　　　　绩效考核指标分类及评分

| 指标 | 考核内容 | 最高分数 |
| --- | --- | --- |
| 领导能力 | 善于领导部属，提高工作意愿，积极达成目标 | 15 |
| | 灵活运用部属，顺利达成目标 | 13 |
| | 尚能领导部属，勉强达成目标 | 11 |
| | 不得部属信赖，工作意愿低沉 | 8 |
| | 领导方式不佳，常使部属不服或反抗 | 5 |
| 策划能力 | 策划有系统，能力求精进，工作事半功倍 | 15 |
| | 具有策划能力，工作能力求改善 | 13 |
| | 称职、工作尚有表现 | 11 |
| | 只能做交办事项，不知策划改进 | 8 |
| | 缺乏策划能力，须依赖他人 | 5 |
| 工作绩效 | 工作效率高，具有卓越创意 | 15 |
| | 能胜任工作，效率和标准高 | 13 |
| | 工作不误期，表现符合要求 | 11 |
| | 勉强适任工作，无甚表现 | 8 |
| | 工作效率低、时有差错 | 5 |
| 责任感 | 具有积极责任心，能彻底完成任务，可以放心交付工作 | 15 |
| | 具有责任心，能顺利完成任务，可以交付工作 | 13 |
| | 尚有责任心，时时督促，方能完成工作 | 11 |
| | 尚有责任心，需有人督促，方能完成工作 | 8 |
| | 欠缺责任心，虽时时督促，亦不能按期完成 | 5 |
| 协调沟通 | 善于上下沟通、平衡协调，能自动自发与人合作 | 10 |
| | 乐意与人协调沟通，顺利达成任务 | 8 |
| | 尚能与人合作，达成工作要求 | 7 |
| | 协调不善，致使工作发生困难 | 5 |
| | 无法与人协调，致使工作无法进行 | 3 |
| 授权指导 | 善于分配工作与权力，有效传授工作知识，引导部属达成任务 | 10 |
| | 灵活分配工作与权力，有效传授工作知识，完成任务 | 8 |
| | 尚能顺利分配工作与权力，指导部属完成任务 | 7 |
| | 欠缺分配工作、权力及指导部属的方法，任务进行偶有困难 | 5 |
| | 不善分配工作、权力及指导部属的方法，内部时有不服及怨言 | 3 |

续表

| 指标 | 考核内容 | 最高分数 |
|---|---|---|
| 品德言行 | 品性廉洁、言行诚信、守正不阿,足为楷模 | 10 |
|  | 品行诚实,言行规律,平易近人 | 8 |
|  | 言行尚属正常,无越轨行为 | 7 |
|  | 固执己见,不易与人相处 | 5 |
|  | 私务多,经常利用上班时间处理或擅离工作岗位私自外出 | 3 |
| 成本意识 | 成本意识强烈,能积极节省,避免浪费 | 10 |
|  | 具备成本意识并能节省 | 8 |
|  | 尚具成本意识,尚能节省 | 7 |
|  | 缺乏成本意识,稍有浪费 | 5 |
|  | 成本意识欠缺,常有浪费 | 3 |

(三)绩效管理沟通与辅导

绩效管理沟通与辅导是保证绩效指标最终实现的重要环节,是防止不良绩效出现、进行绩效监控和提高绩效管理主体执行水平的重要工具。

1. 在不同阶段进行的绩效沟通与辅导

(1)目标计划制订过程中的沟通。在目标计划制订过程中与员工沟通,听取员工意见,不仅可以防止把工作目标制定得过高或过低,还可以让员工更好地理解工作目标。

(2)目标分解或制定标准过程中的沟通。在目标分解或制定标准过程中,要通过沟通使各部门明白自己的目标任务,并接受这些目标。标准明确过程中的沟通,关系到绩效评价的开展效果。沟通要确保每个员工都得到充分的信息,了解组织的状态,以及自己的位置对组织的作用和目前自己要达到的目标,并通过沟通使员工对目标或标准产生认同。

(3)在工作过程中的沟通。这一项沟通是常常被忽略的,这一过程中的沟通应是持续的、多方面的沟通。沟通的内容应包括:工作任务随环境变化及时作出的调整,工作中潜在问题的严重程度及排除方案,对员工工作的意见、指导、帮助等。这一过程中的沟通担负着把绩效评价的目的和具体指标显化到具体工作中的任务,也就是通过沟通,真正把绩效评价提高员工、组织绩效的作用细分到每一项工作中。

(4)绩效评价结果时的沟通。这一阶段的沟通需要员工回顾和总结过去的工作绩效,还要把评价结果和有关信息反馈给员工,并辅以相应的建议和指导,目的在于总结与提高，同时引出新一轮的绩效评价周期。

2. 绩效沟通与辅导的内容

（1）阶段工作目标、任务完成情况。应对照绩效评价表、岗位说明书和工作计划，就每项工作完成情况进行沟通，上级主管可以就岗位职责、各项指标的完成情况进行逐项讨论与确定。这主要是对员工过去一个阶段绩效考评结果交换看法，以寻求达成共识。

（2）完成工作过程中的优良表现。主要是挖掘下属工作中的闪光点，最好列出具体事例加以证明。这项沟通要求主管注意观察和发现员工在日常工作中表现出的优秀方面，及时给予表扬和奖励，以扩大下面行为带来的积极影响。要做到这一点，主管首先要切实发现员工身上的闪光点，如一些不是员工职责范围内的事情（哪怕再小的事情），员工能主动去完成，对待工作完成结果超出标准或预期很多等。但要注意不要表扬一些不值得表扬的行为，如员工应该做到的事情。表扬一定要具体，表扬的内容要以事实为依据，态度要明确。

（3）指出需要改进的地方。应针对具体问题，明确指出员工工作过程中哪些地方做得不到位，哪些地方还可以提高。请员工本人分析存在问题的原因，描述下一步该如何克服和改进，同时提出自己的建议。

（4）描述公司领导或他人对下属工作的看法和意见。对下面的反馈，一定要及时告知员工具体表扬人和内容，并向员工为部门争得荣誉表示感谢。对于负面反馈，可以转述反馈的内容，根据不同情况（事实严重程度、员工个性特点等）确定是否需要说明反馈部门或人员，询问员工对反馈意见的看法，帮助制定改进措施，或和员工一起向有关部门解释原因，通报解决方案等。

（5）协助下属制订改进工作的计划。帮助下属对需要改进的地方制订改进措施和行动计划，对实施过程中遇到的问题或需要的支持提供指导和帮助。

（6）下一阶段绩效工作目标、计划的制订和确认。要点在于和员工共同讨论、确定工作目标、完成进度表和检查评价计划，让员工对完成的目标、阶段性目标、何时反馈等有明确的认识。

3. 绩效管理技术的推广与培训

在考核过程中，除了需要对考核者进行考核技术方面的培训外，还需要针对考核者出现的误差进行辅导或培训。常见的考核者误差有如下几方面：

（1）心理定式。心理定式是指人们根据过去的经验和习惯的思维方式，在头脑中形成了对人或事物的不正确的看法。如认为青年员工工作经验比老年员工少，在相同的绩效下，给青年员工打分偏低，给老年员工打分偏高。在评价时，必须克服这种心理误差，根据员工的实际情况客观地做出判断。

（2）第一印象。第一印象是指在最初的接触中给别人留下的印象。这种印象具有特别强的固着作用，一旦形成，很难消退，并影响着以后的看法。在现实中，招聘时对应聘者的第一印象的特化作用一直持续到对该员工的绩效评价阶段。在进行总体评价时，对员工的第一印象起了主导作用，招聘时的印象好坏成为判断员工绩效高低的主要考虑因素，而实际的工作表现成为参考，从而影响到了评价的真实性。将招聘时对员工的评价与绩效评价进行对照，可以发现招聘的不足之处，有利于对员工进行全面的绩效管理，但决不能为此影响绩效评价的准确性。

（3）趋中心理。在评价时，考核者往往觉得被考核者的绩效相差不多，评价结果出现"两头小，中间大"的情况。趋中心理使大部分人都集中在平均水平，以至于比较不出员工之间的优劣差别，绩效评价也就失去了意义。所以，在评价员工的绩效时，必须彻底抛弃这种错误的思想，严格按照评价标准来进行评价，有什么样的绩效，就给什么样的评价结果。

（4）从众心理。在对员工的实际绩效进行评价时，每一个评委都会受其他评委评价结果的影响。当大家都对一个人做出"不好"的评价时，即使觉得这个人很好，但迫于团体的压力而不敢将自己的观点表露出来，以避免与大家的观点不一致。这种心理往往会影响评价的公平性和客观性。所以必须克服这种负面影响。

（5）光环效应。这种现象是指在评价员工的绩效时被该员工平时突出的好或不好的典型事件所误导，而不能综合地对员工的绩效做出总体评价，而导致评价结果高于或低于员工的实际工作表现。或者在评价时受员工个性突出特点所影响，而做出不准确的判断。在评价时必须克服这种光环效应的不利影响，客观地评价员工的绩效。

（6）特殊化。特殊化是指在评价员工的绩效时，考核者为管理人员时，不能在评价标准面前与普通员工一视同仁，以身作则，自己搞特殊化，认为评价标准是针对普通员工制定的，自己的任务就是严格监督员工的执行情况，而对自己没有约束力。这势必造成绩效评价流于形式，不能起到真正的激励作用。在评价中，必须坚持评价标准面前人人平等的原则。

（7）对比误差。在评价时，考核者总是把自己的性格、能力、作风等与被考核者进行对比，对凡是与自己相似的人会做出较高的评价，对那些与自己格格不入的人会做出偏低的评价。这种误差往往不是故意的，但它影响了评价的真实性，考核者必须从主观上克服。

除此以外，还应克服近期效应误差、感情效应误差、偏见误差、暗示效应误差等影响绩效评价准确性的因素。

被考核者作为绩效评价的主要体现者也会影响绩效评价的效度和信度。首先，必须消除被考核者的消极、抵触心理，尤其是工作绩效不高的员工，往往对绩效评价抱着逃避的态度，对评价工作不配合。还有那些满足于现状、不求进取的人，总是希望评价的结果越模糊越好，在评价时会造成难以预料的障碍。其次，员工对自己绩效的估计往往与实际有差距。大部分员工对自己的评价高于其实际的绩效水平；而有一些员工对自己缺乏信心或过于谦虚，在自我估计时低于自己的实际表现。员工对绩效评价各种各样的心态必须在评价之前就得以纠正，通过交谈、企业文化的熏陶、总动员等工作，使员工对绩效评价保持一种正确的心态，保证评价工作的顺利进行，从而保证评价的准确性。

由于上述考核者和被考核者两方面人为因素的原因造成评价的误差是可以通过培训得以弥补的。而由于评价系统本身技术问题造成的误差，只能通过提高评价系统的设计技术得到提高。任何一个企业的评价系统都是由其战略目标决定的，有什么样的经营理念，就会有什么样的绩效评价系统。

为了保证绩效管理体系的有效运行，必须对各级考核者进行培训。培训由人力资源部负责，具体培训过程如图9—3所示。培训内容包括绩效管理与考核的制度结构、确认考核规定、理解考核内容与考核项目、理解考核打分的标准与细则。

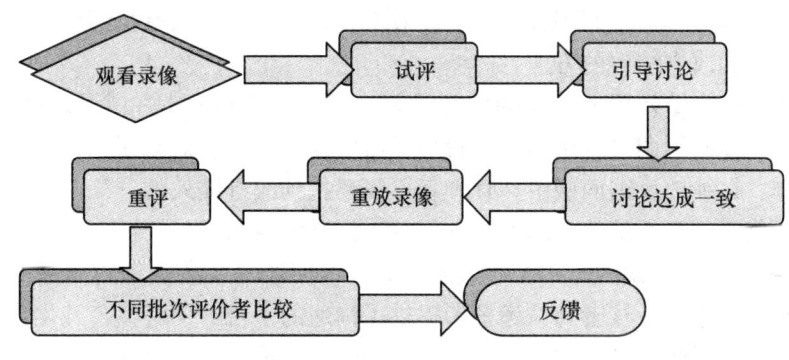

图8—3 绩效考核培训过程

考核者的培训应当让每一个考核者了解绩效考核的理论和技术，同时也要向考核者提出以前考核中存在的问题以及合理的解决方案。同时，为了增加考核者培训的有效性，还应增加以下内容：工作绩效的多角度性，客观记录所见事实的重要性，合格与不合格员工的具体事例。为了增强培训计划的有效性，管理者还要对培训的方式加以选择。可供选择的培训方式有传统的授课模式、群体讨论会、专题研讨会等。在培训和绩效考核结束后，管理者还应当对培训的效果加以评价，查看评价者是否将培训中获得的知识运用到了绩效考核中，哪种培训方式对提升绩效考核结果的客观性影响最显著。

（四）绩效考核结果管理

组织内的所有绩效考核结果必须统一由人力资源部门存档，并指导各部门进行考核结果的反馈、应用和制订改进计划。

1. 绩效反馈面谈

（1）绩效反馈面谈的目的与作用

1）绩效反馈面谈的目的

①向员工反馈绩效考核结果。绩效考核结束后，员工有权利了解自己在本绩效周期内的业绩是否达到既定目标、行为态度是否符合预定的标准，这便于员工对自身的工作有正确、客观的认识。当然，对同样的行为和结果，不同的人可能有不同的看法。因此，在面谈中，主管人员的反馈活动应当保持开放性、互动性，给员工陈述和申辩的机会，这样才能更好地使双方就员工的绩效现状达成一致。

②向员工传递组织远景目标。在绩效反馈面谈中，可以将工作目标与组织的远景结合起来，让员工了解企业发展大方向的同时，感受到一种具体的目标。

③弄清员工绩效不合格的原因。绩效管理的目的是改进绩效，在改进绩效之前，管理者需要和员工共同分析造成绩效不合格的原因。只有找到病因，才能对症下药，找到改进绩效的方法。

④为下一个绩效周期工作的展开做好准备。绩效管理是一个循环往复的过程。当一个绩效周期接近尾声时，管理者需要为下一个绩效周期工作的展开做好铺垫工作。在绩效反馈面谈中，管理者不仅要找到改进绩效的方法，还要将改进绩效计划落实到新的绩效合约中，敦促员工提升绩效水平。

2）绩效反馈面谈的作用。有效的绩效反馈面谈对绩效管理的顺利实施起着重要的作用。它为考核者与被考核者提供了沟通的平台，使考核公开化。它能够使员工客观地了解自己工作中的不足，有利于改善绩效。绩效反馈可以通过主管人员和员工的真诚沟通，消除组织目标与个人目标之间的冲突，增强组织的竞争力。

（2）绩效反馈面谈的内容。在面谈的实施阶段，主管人员要确保以下内容的完成。

1）就绩效现状达成一致。员工与主管人员可能对绩效现状的认识不尽相同，这就要求主管人员在面谈的进行过程中，首先与员工交流关于绩效考核结果的看法，就绩效现状达成共识，为面谈的顺利进行奠定基础。

2）探讨绩效中可改进之处，并确定行动计划。在绩效反馈面谈中，主管人员应当毫不吝啬地表达对员工绩效亮点的赞扬。但是面谈的重点应当放在不良业绩的诊断上。经过探讨，员工应当明确绩效改进的方向和需要提升的知识、技能，并了解提升的办法。

3）商讨来年的工作目标。明确了改进的方向和方法，管理者就可以和员工着手商讨来年的工作计划和工作目标。

同时，在绩效反馈面谈中，要注意以下几个环节：

第一，主管人员应当采取赞扬与建设性批评相结合的方式，在肯定员工表现的同时，指出其可改进之处，避免员工产生抵触情绪。

第二，把重点放在解决问题上。反馈面谈的最终目的是改进绩效，因此分析不良绩效产生的原因并探讨解决方案才是面谈的核心。

第三，鼓励员工积极参与到反馈过程中。主管人员应当与员工在一种相互尊重的氛围中共同解决绩效中存在的问题。由管理者一方主导的绩效面谈，很可能会导致绩效面谈的效率低下。

（3）绩效反馈面谈的程序。一个完整的绩效反馈面谈主要包括三个阶段：面谈准备阶段、面谈实施阶段和面谈评价阶段。

1）面谈准备阶段。在面谈准备阶段，需要主管人员做好以下几项工作。

①全面收集资料。主管人员在绩效反馈面谈前，需要准备好员工的绩效考核结果，了解其他员工对面谈对象的评价，以及年初的绩效指标、职位说明书，为全面分析员工的绩效奠定基础。

②准备面谈提纲。面谈提纲不仅要简要列出面谈的内容，还要对面谈进行的方式进行规划。比如，面谈如何开场，如何引导员工表达自己的想法。

③选择合适的时间和地点，并提前通知面谈对象。面谈的时机与面谈的内容同等重要，合适的时机能够有效提升面谈效果。

2）面谈实施阶段

①分析绩效差距的症结所在。在这个阶段，应确保解决如下问题：员工知道自己应该做什么、员工知道怎么做、员工知道改变的意义、员工跨越了绩效改善的障碍。

②协商解决办法。员工很难接受管理者单方制定的解决方案，这种不接受也许不会反映在面谈中，但是会反映到未来的工作过程中。因此，主管人员应当抱着开放的态度，与员工共同探讨绩效改进的方法。

绩效反馈面谈的原则与技巧如下：

第一，建立彼此之间的信任。管理者要维护员工的自尊，避免挫伤员工的工作热情。

第二，开诚布公、坦诚沟通。绩效反馈面谈切忌含糊笼统，员工绩效现状的信息应该被具体、详细、客观地解释。仅仅表达管理者对员工工作业绩的不满是没有益处的。

第三，避免对立与冲突。在反馈面谈中，主管需要给予员工足够的尊重。

第四，关注未来而不是过去。过分的讨论过去是一种时间的浪费，因为它很难对将来的绩效改进带来实质性的帮助。

第五，该结束时立即结束。出现紧急事务、严重分歧、严重超时等情况时，应当果断中止绩效反馈面谈。

3）面谈评价阶段。面谈结束后，主管人员应当对面谈的效果进行评价，如面谈是否达到目的、是否对员工有了更深的了解、面谈如何改进等。

(4) 绩效沟通反馈的 SMART 原则

1）具体（specific）。交流要直接而具体，不要泛泛而谈，做抽象、一般性的评价。不论是赞扬还是批评，管理者都要有具体、客观的结果或事例来支持，使员工明白自己哪里做得好，差距和缺点在哪里，既有说服力又让员工明白管理者对自己的关注。如果员工对绩效评价有不满或者质疑的地方，也需要有具体而准确的事实，这样才是公平的，评价与反馈才是有效的。

2）鼓励（motivate）。面谈是一种双向的沟通，为了获得员工的真实想法，管理者应当鼓励员工多说话、充分表达自己的观点，因为思维习惯的定向性，管理者常扮演发话、下指令的角色，员工只能处于被动接受的地位，当下属迫不及待想表达时，管理者不应打断与压制，当员工提出好的建议时，管理者应充分肯定，也要承认自己有待改进的地方，一同制定双方发展、改进的目标。

3）行动（action）。绩效反馈面谈指向的工作绩效，是工作的一些事实表现，是关于员工怎么做的，采取了哪些行动与措施，效果如何的沟通，不应讨论员工个人的性格特点。员工的优点与不足是从工作中表现出来的，性格特点本身没有优劣之分，不应有偏见，不应作为绩效的评价依据。对于关键性的影响绩效的性格特征需要指出来，必须是出于真诚的关注员工与发展的考虑，且不应将此作为指责的焦点。

4）原因（reason）。在指出员工不足之处时，不需要批评，而应立足于帮助员工改进不足之处的出发点，指出其绩效未达成的原因。出于人的自卫心理，在反馈中面对批评时，员工会马上做出抵抗反应，使得面谈无法深入下去，但如果管理者能从员工的实际工作情形和困难入手，分析绩效未达成的原因，并给予辅导、建议，员工是能接受意见甚至批评的。反馈面谈也不会出现攻守相抗的困境。

5) 信任（trust）。没有信任就没有交流。缺乏信任的面谈会使双方都感到紧张、烦躁、不敢放开说话，充满冷漠、敌意。反馈面谈要想避免这种情况，达到理解和取得共识，就必须形成彼此互相信任的氛围。管理者应多倾听员工的想法与观点，尊重对方，向员工说清楚原则和事实，多站在员工角度设身处地地为对方着想，如果自己有错误和过失，应当敢于当面向员工承认，努力得到员工的理解和信任。

2. 绩效考核结果的应用

（1）绩效薪酬。即把绩效考核结果用于员工报酬的分配和调整，这是绩效评价结果最主要的一种用途。

一般而言，为了强调薪酬的公平性并发挥薪酬的激励作用，员工的薪酬中都会有一部分与绩效挂钩。对于以个人绩效为导向的薪酬计划，其核心就在于，是以员工的个人绩效评价结果而非其他因素，作为确定其薪酬收入水平的主要依据。换句话说，确定员工绩效薪酬，是绩效考核结果的一个重要应用。广义的绩效薪酬类型很多。下面简略介绍绩效加薪、绩效奖金和特殊绩效奖金几种。

1) 绩效加薪。是将基本薪酬的增加与员工所获得的评价等级联系在一起的绩效奖励计划。一名员工是否获得加薪及加薪比例，取决于两点：一是该员工在绩效评价中所得到的评价等级；二是员工的实际工资与市场工资的比较比率。当然，对于第二点，由于很难获得真实无误的市场工资数据，很多企业实际上是以本企业员工现有的基本工资额为加薪的基数，将评价的等级与自行规定的相应比率作为加薪比例。

绩效加薪后可确定第二年度的基本工资。通过确定每位员工的绩效加薪数额，与当年的基本工资累加在一起，直接形成该员工第二年度的基本工资标准。

2) 绩效奖金。是在确定员工绩效奖金的发放标准时，以这些员工自身的绩效评价结果而非其他因素为主要依据。通常的方法是，将奖金的计算基数乘以个人的奖金系数。其中，奖金系数是由对该名员工的绩效评价结果决定的。奖金的计算基数并没有统一的办法，例如对销售员来说可以根据销售额或者销售利润来确定，对行政人员可以以基本工资为基数确定一个浮动的绩效奖金额度。

绩效奖金的结果是形成本轮绩效评价的当期奖金，与未来各期奖金无关，只以本期绩效评价结果为依据，而与以前各期的绩效评价结果无关。

3) 特殊绩效奖金。是指在员工努力程度远远超过了工作标准的要求，为企业实现了优异的业绩或者作出了重大贡献时，企业根据其业绩所给予的一次性奖励，包括物质奖励与精神奖励。特殊绩效奖金所依据的员工绩效评价结果，往往是针对某一具体项目而言，与绩效管理系统中的评价方法不太一样。

特殊绩效奖金具有更高的灵活性，可以对那些非常规的、出乎意料的、各式各样的单项高水平绩效实施奖励，例如重大创新、开发新产品、开拓新市场等进行奖励。

（2）人员招募。一方面，绩效评价的结果是组织做出招募计划的重要依据。招聘作为人力资源管理活动的基础，从源头上影响到人力资源的质量。因此，在研究招募和甄选的效度时，通常都选用绩效评价结果作为员工实际绩效水平的替代，在人员招募与甄选的过程中担当重要的效标作用。

（3）人员调整工作配置。绩效评价结果还可以用于合理安排组织内部已有员工的工作流动，即调整组织内部的工作配置，达到优化配置的结果。工作流动的核心在于使员工本人的素质和能力能够更好地与工作岗位相匹配，而绩效评价结果则直观地体现了不同员工近期的素质和能力水平。人员调配不仅包括纵向的升迁或者降职，还包括横向的工作轮换。绩效评价结果可以应用在包括晋升、淘汰和工作轮换在内的各类工作流动中。

第一，对那些绩效非常好的员工，企业应给予其更大的舞台和更好的机会，最大限度地发挥其能力，职务晋升是其中一个好的途径，晋升本身通常会伴随报酬水平的提升，也是对其高水平绩效的认可。

第二，对那些绩效不佳的员工，企业管理者应该分析其绩效不好的具体原因，如果绩效评价的结果说明某些员工就员工所具备的素质和能力与现有的工作任职资格不匹配，无法胜任现有的工作岗位，需要查明原因并考虑进行工作轮换，以观后效。

第三，对那些绩效不佳的员工，如果发现是因为员工个人不努力工作、消极怠工，则可以采取淘汰的方式，例如实施"末位淘汰"制度、辞退等。

（4）培训。绩效培训结果还可以运用在培训上。员工即便已经达到岗位所必备的素质和能力，但是要适应企业长远发展的要求，仍需要通过培训，持续巩固、不断发展，随时更新其知识、技术和能力水平，才能有助于提升未来的绩效水平，实现组织的目标，同时实现员工自我发展的职业需求。

通过绩效评价的结果，可以发现人员培训和开发的需要。即绩效考核为人力资源开发与培训提供依据。绩效考核作为员工各个方面的评定过程，通过绩效考核的结果，管理者能够有效地了解到员工的不足与薄弱环节，因而也给人力资源开发与培训提供了决策依据。可以说没有绩效考核，管理者就无法做出最佳的人力资源开发与培训决策。

此外，绩效评价结果还可以作为培训的效标，也就是用绩效评价结果衡量培训的效度。

（5）纠正不良绩效。不良绩效出现之后，应根据绩效不良的原因，设计和实施不同的纠正程序；也应根据其影响，做出不同的处理结果，包括冻结加薪、降级、末位淘汰、解聘等。

1）纠正行为实施程序。第一，约定合适的面谈时间、地点，确保准确、无误地通知到个人。

第二，实现确认会议的议题和议程，并使双方都提前做好准备，包括管理者要搜集管理数据的原始记录，员工回顾、整理、核对自己的绩效数据。

第三，按约定，由管理者和不良绩效员工在平等、友好的气氛下进行讨论。管理者客观、公正地阐述事实、提出问题和做出评判，引导员工积极地思考问题，为自己的行为负责；员工应摆正心态，正视自己的问题和责任，本着解决问题的想法参与面谈，员工有权做出申述。

第四，制订出双方意见一致的绩效改善计划。将双方的讨论目的引到行为纠正这一统一的目标上来。

第五，记录、确认双方的讨论结果，形成绩效改进计划或其他处理结果。

第六，在接下来的时间内，跟进绩效改进计划或其他处理决议的实施。

2）实施纠正面谈的注意事项。第一，管理者必须根据对事不对人的原则，秉持客观、公正的立场来描述问题，避免使用情绪化和对抗性的词汇。不要随意猜测动机、意识和潜意识，不要试图解读员工的心思。

第二，要采取积极的态度，让员工能与管理者作交互反应。询问员工对当前现状的意见、自己矫正现状的想法，以使员工认清问题，并积极担负起解决问题的责任。

第三，在讨论过程中，要充分保持冷静，对员工的敌意反应要有思想准备并灵活化解，引导员工认识到自己的问题，认识到组织对绩效或行为问题的高度重视和自身的价值。

第四，若是一次组织化的纠正讨论，在讨论后给予员工警告或记过处分时，还需请双方在讨论记录上签字，作为以后若需解雇员工时的证据。

3. 绩效改进

（1）绩效改进的含义。绩效改进是指确认工作绩效的不足和差距，查明产生的原因，制订并实施有针对性的改进计划和策略，不断提高竞争优势的过程。即指采取一系列行动提高员工的能力和绩效。绩效改进的内容包括绩效诊断、绩效改进计划的制订、绩效改进计划的实施和评价。

绩效改进是绩效考核的后续应用阶段,是连接绩效考核和下一循环计划目标制定的关键环节。绩效考核的目的不仅仅是作为确定员工薪酬、奖惩、晋升或降级的标准,员工能力的不断提高以及绩效的持续改进才是其根本目的,而实现这一目的的途径就是绩效改进。所以不能将这两个环节的工作割裂开来考虑。

(2) 绩效改进的基本步骤

1) 绩效诊断和分析。绩效诊断和分析是指在绩效反馈面谈过程中,主管和员工通过分析员工的绩效考核结果,找出关键绩效问题和产生绩效问题的原因,作为后续贯效改进的基础。由此可见,绩效诊断和分析是绩效改进的最首要和最基本的环节。

在绩效诊断和分析过程中,关键任务就是探讨并分析员工实施绩效与期望绩效产生差异的原因。当员工的实际工作完成情况与预先制定的标准产生一定差距时,往往是由多种因素造成的。因此,在绩效诊断中,常用两种方法进行分析,分别为四因素法和三因素法。

四因素法如图8—4所示,是指在分析员工绩效差距时,分别从内部和外部两个维度四个要素方面进行深入沟通。其中,内部维度主要是从员工自身角度进行分析,包括其个人所具备的知识、技能以及在工作中的态度等因素;外部维度主要是环境因素,指当员工的实际绩效与预期绩效有偏差时,若其本人的知识、技能和工作态度都与工作要求相匹配,则有可能是外界环境导致其绩效结果的问题,包括环境障碍导致其未能顺利完成工作,也包括环境优势或未预期的工作机遇导致其超额完成工作。

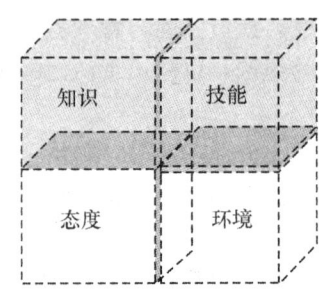

图8—4 诊断绩效问题的思路:四因素法

三因素法则是在四因素法的基础上,将知识、技能和态度合并为"员工因素",同时增加对于直接上级的分析维度,也就是从员工、环境和主管上级三个方面分析产生绩效偏差的原因,如图8—5所示。其中,员工要素和环境要素的分析与四因素法相似,针对主管的分析则是指直接上级的激励手段、管理方式等也是造成员工绩效差异的一方面原因,不恰当的激励手段和管理方式有可能会打消员工的工作积极性,增加工作的负面情绪,从而导致工作结果不符合预期。

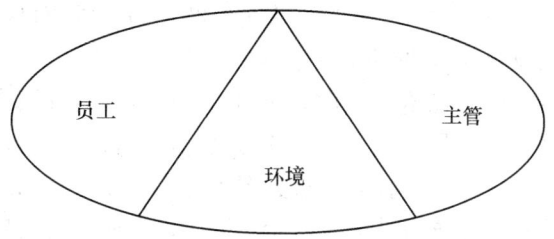

图8—5 诊断绩效问题的思路:三因素法

2)制订绩效改进计划。针对存在的问题,制定合理的绩效改进方案,并确保其能够有效地实施,如个性化的培训等。

一般绩效改进计划的主要内容包括:员工基本情况、直接上级的基本情况以及该计划的制订时间和实施时间;上周期的绩效评价结果和绩效反馈情况,确定需要改进的方面;明确需要改进和发展的原因;明确写出员工现有绩效水平和经过绩效改进之后的绩效目标。

3)实施、评价绩效改进计划。在制定了绩效改进计划之后,在下一阶段的绩效辅导过程中,管理者应该通过绩效监控和沟通,实现对已经制订的绩效改进计划实施过程的控制。这个控制的过程就是监督绩效改进计划能否按照预期的计划进行,并根据评价对象在绩效改进过程中的实际工作情况,及时修订和调整不合理的改进计划。

在这一过程中,应尽可能为员工的绩效改进提供知识、技能等方面的帮助。

综上是绩效改进的基本步骤,组织实施过程可以划分为两个阶段:一是进行绩效改进讨论,二是实施纠正行动。

第一阶段,进行绩效改进讨论。

讨论之前的准备,是帮助被考核者能够全身心地投入到将要进行的绩效改进讨论之中。目的是确保沟通的充分、有效和讨论结果的成功。为此,考核者要帮助被考核者树立正确的角色,提示他们要为面谈做以下准备:一是针对双方之前达成的目标或目的(绩效合同),检查自己的绩效表现;二是填写绩效改进表,或在面谈之前做好必要的面谈提纲;三是准备绩效评价所需要的资料。

进行讨论的过程主要包括以下几项:

第一,考核者对该讨论的内容、意义进行说明,并解释整个过程,以此帮助被考核者对讨论目的、重要性有清晰的认识。

第二,按照提纲逐项进行讨论,找出绩效差距的原因。每一位被考核者在讨论结束并达成一致后,都需要向组织提供一份绩效改进计划,内容包括自身为完成既定目标或任务需要做的改进,接下来为继续圆满完成该目标或任务行动所拟订的行动计划,以及自身改进绩效的方法。

第三,考核者需要当场给出中肯、详细、有针对性的反馈意见,并确保被考核者听取并理解该反馈意见。这里给出的意见包括考核者认为被考核者和自身应该采取的行动或行为,对被考核者改进方案的建议,以及自己给予配合和支持的方面。此外,还要指出考核者认为下一个季度应该有所改善的事情。

讨论的最后,考核者简述以后一段时间要重点做的事项,总结下一步要采取的行动,并为下一次的绩效改进约定一个时间。

第二阶段,实施纠正行动。

一旦找到了绩效差距产生的原因,就需要设计行动计划来解决这一问题。这里需要形成行动计划的文本并实施,如果评价双方都认为绩效差距是由于某一项技能的缺乏造成的,则考核者就可以采取安排持续的辅导、给被考核者搭配搭档、进行针对性的培训等措施;如果双方认定是心理问题造成的绩效差距,那么考核者可以通过员工帮助、为被考核者安排咨询项目来解决。

在纠正行动实施了以后,考核者还需要持续考察确定绩效差距是否还存在。如果经过一段时间的纠正行动后,还是存在绩效差距,那么考核者需要审查一下解决措施的方法是否正确、力度是否足够、有无遇到任何阻力;也可能是考核者找错了原因,这时需要重新进行诊断。这里应该将可能的原因及其可能的解决措施的结论当成假设来对待,应该允许出现诊断错误的可能。

(3) 绩效改进的方法

1) 分析工作绩效差距

①目标比较法。将考评期内员工的实际工作表现与绩效计划的目标进行对比,寻求工作绩效的差距和不足的方法。

②水平比较法。将考评期内员工的实际业绩与上一期的工作业绩进行比较,衡量和比较其进步或差距的方法。

③横向比较法。在各部门或单位间、各员工间进行横向比较。

2) 查明产生差距的原因

①个人体力条件。性别、年龄、智力、能力、经验、阅历。

②心理条件。个性、态度、兴趣、动机、价值观、认识论。

③企业外部环境。资源、市场、客户、对手、机遇、挑战。

④企业内部环境。资源、组织、文化、人力资源制度。

3）改进工作绩效的策略

①预防性策略与制止性策略。预防性策略是在作业前明确告诉员工应该如何行动；制止性策略是跟踪员工的行为，发现问题及时予以纠正。

②正向激励策略与负向激励策略。正向激励策略主要通过鼓励手段激励；负向激励策略主要通过惩罚手段激励。

③组织变革策略与人事调整策略。针对考核中反映出的问题，及时对组织结构、作业方式、人员配置等方面进行调整。

4）绩效管理中的矛盾冲突与解决方法

①员工自我矛盾。员工一方面希望得到真实评价，另一方面又希望得到表扬。

②主管自我矛盾。过松无法完成改进目的，过严影响关系。

③组织目标矛盾。组织目标与个人目标会产生冲突。

（4）组织层面的绩效评价结果改进。在明确员工个体的工作职责和任务的基础上，对员工绩效进行严格评价，这是现代组织规范管理的基础，尤其对改变"大锅饭"体制下的个人责任不清的管理状态非常重要。但是，也要避免走入另一种极端，就是过度强调以个人职责和绩效为基础的绩效考评，而忽视组织管理体系对于绩效改进的影响。一方面，绩效是由个人本身加上其他外界因素共同决定的；另一方面，关注组织因素对绩效的影响，把绩效评价看成是活的改进绩效的有力工具，积极从组织层面寻找绩效改进的途径，已经成为区分传统绩效评价与现代绩效管理的关键点。因此，绩效改进必须与组织管理结合起来。组织层面的调整和改进是员工绩效改进的制度基础。

1）通过工作体系设计改进绩效。工作体系的类型有两种，与生产工作和知识工作这两种类型的工作划分相对应，分别对应以机械式的工作体系和有机的工作体系（见表8—5）。这两种工作体系各具特征。

表8—5　　　　　　　　机械式的工作体系和有机的工作体系之比较

| 工作体系特征 | 机械式的工作体系 | 有机的工作体系 |
| --- | --- | --- |
| 工作安排 | 专门化、明确定义任务和方法 | 具有宽泛的责任、有弹性的行为 |
| 合作和控制 | 督导、约束、标准程序，详细计划 | 任务相关人员之间的磋商，有弹性的任务 |
| 沟通 | 自上而下，高层评价者负责与外界的联系 | 来自多方面的、网络状的、与外界有多层次的联系 |
| 督导和领导 | 缺乏参与的、一对一的、强调对督导者的忠诚 | 参与式的、强调任务、团队、组织，家长式领导决定权威 |

在传统的机械式工作体系中，改进绩效的策略往往是采用培训的手段，以此增加员工与机器和流程相关的技能，并运用自上而下的等级命令比之前更为严格地控制员工的行为，以此来提升员工绩效。此时，提升绩效的重点是人，考虑的方式是"错误在谁的身上"，并且更多的情况下考虑的是"错误在哪个员工（而非部门、领导者、工作流程）的身上"。

然而，对于有机工作体系而言，上述基于传统工作体系标准的控制无疑会大大限制员工在工作和决定上的自由性，降低其绩效潜力的发挥水平。同时，统计分析也表明，往往是工作设计本身，而不是员工的努力水平在限制着员工的绩效提升。

因此，在组织层面，为了使员工能够针对组织的效率作出贡献，应当给其以自由的空间，并努力创造一种更易于工作和支持员工绩效发挥的环境，使员工能够更自主地发挥自己的潜能，不断改进绩效水平。也就是说，应该为员工设计一个适宜工作的人性化的工作体系，从系统的角度进行外部调整，以组织自省的方式给员工绩效行为以最大化的支持。在实施机械式的工作体系和有机的工作体系的组织中，对员工工作绩效进行组织层面改进的策略见表8—6。

表8—6　　　实施机械式的工作体系和有机的工作体系
的组织对员工绩效改进的策略对照表

| 改进策略 | 机械化设计——组织通过协调人在机械性工作中的关系来实现绩效最优化 | 人性化设计——通过协调系统在人的工作中的关系来实现人员进行最优化 |
| --- | --- | --- |
| 改进重点 | 人 | 系统 |
| 推动力 | 命令 | 改进期望 |
| 评价者 | 督导者 | 自我评价 |
| 对象 | 根本原因 | 发生作用的原因 |
| 流程 | 导向、标准化和控制 | 推动、支持和发展 |
| 技能 | 流程再设计、政策改变、培训、控制和激励 | 共享经验，挑战新的信息，解释，系统再协调，调试和融合 |

无论是机械式还是有机的工作体系，都应该将员工作为优先考虑的对象，组织层次的工作体系的设计需要适应员工的技能储备，从而使其能以任何有助于达到期望绩效的方式工作。绩效提升的策略不再是需要员工适应标准化的工作设计，而是强调利用共同的使命和核心流程使员工和工作环境保持一致，并赋予员工独立设计个人工作来实现期望绩效的自由权利。总之，基本思想是为员工提供恰当的支持，进而使其生产效率达到最大化。

2）通过人类绩效技术改进绩效。人类绩效技术又称绩效干预模式，是近十余年来在西方国家管理学界发展迅速的新兴应用学科，它是一种系统过程或程序，以此来识别绩效改进的机会，设定绩效指标，确认绩效改进的策略；还可以用于投入产出分析，选择改进方案，以保证对现存系统进行整合，并评价绩效改进方案或策略的有效性，以及该方案的执行情况。人类绩效技术强调对目前的、期望的绩效水平进行严格的分析，找出产生绩效差距的原因，提供帮助改进绩效的干预措施，指导变革管理过程并评价结果。

人类绩效技术改进绩效的过程如下：

运用该技术进行绩效诊断和分析，共有三个关键步骤。

第一，通过分析评价结果，找出关键绩效问题和不良绩效员工。其中，关键绩效问题是通过对比实际的绩效状态与期望绩效状态之间的差距而得出来的，不良绩效员工则是在该关键绩效问题领域负责的员工。

第二，针对关键的绩效问题，考虑组织的现有资源和绩效责任主体（不良绩效员工），大致确定绩效改进的方向和重点，为绩效改进方案的制定做好准备。

第三，组建绩效改进部门，即建立专门的绩效改进部门来负责绩效改进工作，该部门的人员结构、数量、组建方式，由绩效改进的需求确定。该部门的使命是提供咨询、培训、组织绩效的不断改进以支持组织的业务计划。

组织层面进行绩效改进的主要工具如下：

第一，波多里奇卓越绩效标准。

通过识别和跟踪所有重要的组织经营结果，关注整个组织在一个全面管理框架下的卓越绩效，从而保证顾客、产品或服务、财务、人力资源和组织的有效性。其标准建立在下面这套相互关联的核心价值观和概念基础之上：领导的远见卓识；以顾客为导向追求卓越；组织和个人的学习；尊重员工和合作伙伴；灵敏性；关注未来；管理创新；基于事实的管理；社会责任；重在结果及创新价值；系统观点。波多里奇卓越绩效标准分值分配表见表8—7。

第二，六西格玛管理。

六西格玛是一种统计评价方法，核心是追求零缺陷生产，防范产品责任风险，降低成本，提高生产率和市场占有率，提高顾客满意度和忠诚度。六西格玛的中心思想是，当组织能够"测量"一个过程有多少个缺陷，便能系统地分析出怎样消除这些缺陷和尽可能接近"零缺陷"。目前世界各大组织竞相应用六西格玛管理，在绩效改进方面获得了巨大的成功。

第三，ISO质量认证体系。

表 8—7　　　　　　　波多里奇卓越绩效标准分值分配表

| 条款/项目 | | 分值 |
|---|---|---|
| 1 | 领导作用 | 120 |
| 1.1 | 组织的领导 | 70 |
| 1.2 | 社会责任 | 50 |
| 2 | 战略策划 | 85 |
| 2.1 | 战略制定 | 40 |
| 2.1 | 战略部署 | 45 |
| 3 | 以顾客和市场为中心 | 85 |
| 3.1 | 顾客和市场的了解 | 40 |
| 3.2 | 顾客关系与满意程度 | 45 |
| 4 | 测量、分析和知识管理 | 90 |
| 4.1 | 组织绩效的测量与分析 | 45 |
| 4.2 | 信息和知识的管理 | 45 |
| 5 | 以人为本 | 85 |
| 5.1 | 工作体系 | 35 |
| 5.2 | 员工的学习和激励 | 25 |
| 5.3 | 员工的权益与满意程度 | 25 |
| 6 | 过程管理 | 85 |
| 6.1 | 创造价值的过程 | 50 |
| 6.2 | 支持过程 | 35 |
| 7 | 经营结果 | 450 |
| 7.1 | 以顾客为中心的结果 | 75 |
| 7.2 | 产品和服务结果 | 75 |
| 7.3 | 财务和市场结果 | 75 |
| 7.4 | 人力资源结果 | 75 |
| 7.5 | 组织有效性结果 | 75 |
| 7.6 | 监管和社会责任结果 | 75 |
| | 总分 | 1000 |

ISO 质量认证体系是一个产品（服务）符合性模式，目的是为了在市场环境中保证公正，从而集中弥补质量体系缺点和消除产品（服务）的不符合性。ISO 9000 族标准由国际标准化组织（ISO）制定。建立 ISO 质量认证体系的原

则有以顾客为关注焦点、领导作用、全员参与、过程方法。

在英国标准 BS5750、加拿大标准 Z299 和其他一些国防及核工业标准的基础上，ISO 专门从事质量管理和质量保证的技术委员会 TC176（ISO/TC176）于 1979 年开始着手制定 ISO 9000 族标准，并于 1987 年正式发布。ISO 9000 族标准主要由 5 个相关的标准组成：

ISO 9000—1：1994 质量管理和质量保证标准—第 1 部分：选择和使用指南。

ISO 9001：1994 质量体系—设计、开发、安装和服务的质量保证模式。

ISO 9002：1994 质量体系—生产、安装和服务的质量保证模式。

ISO 9003：1994 质量体系—最终检验和试验的质量保证模式。

ISO 9004：1994 质量管理和质量体系要素—第 1 部分：指南。

ISO 9000 族标准是现代质量管理和质量保证的结晶，它提供了建立质量体系的基本要求，也是企业进行质量管理的基本要求。按 ISO 9000 族标准建立的质量体系能发挥企业质量管理的实际功效，同时也为顾客和第三方认可打好基础，提供认可。

**三、关键岗位能力分析**

从事绩效管理工作需要具备较为全面的岗位工作能力，其中最为突出有四种。

1. 绩效方案设计与执行能力

从事绩效管理的工作，除了要能够建立和维护组织的绩效管理制度外，还要能够在组织内进行绩效管理的每一个特定阶段设计制定特定而具体的绩效管理方案，如半年绩效考核方案、年终绩效考核方案、绩效辅导方案、绩效反馈方案、绩效改进方案等。更为重要的是，不能仅仅把方案停留在书面上，要将其付诸实施，所以必须做到两点：一是在方案设计时就要有很好的可行性，二是绩效管理岗位的任职人员要有极强的执行能力，保证方案的落实。

2. 人际沟通与协调能力

绩效管理本身就是一个持续的沟通过程，因此，作为绩效管理岗位的任职人员自身必须具有良好的人际沟通能力，包括向各级领导说明绩效管理方案的能力，督促其推进绩效管理流程、协助其执行绩效管理工具的能力，平衡各部门利益的能力，还有向各级被考核者说明绩效管理方案提高认同度的能力，以及正确处理绩效投诉、平息争议的能力等。

3. 语言表达能力

绩效管理岗位的任职者不仅需要设计与维护制度，还需要经常站出来说话，因此要具备较好的语言表达能力。尤其体现在三个场合：一是对方案进行解释说明；二是经常要亲自执行绩效考核培训，这是最需要语言表达能力的场合；三是合理应对绩效投诉，正确引导员工情绪。

4. 运用考核工具的能力

除了以上体现综合素质的能力外，该岗位的任职者还必须熟悉所有的绩效考核工具，并能根据组织的具体情况加以改进设计，能够向使用者清晰地说明工具的使用方法，保证考核工具的科学性和有效性。

**四、绩效管理岗位工作流程**

（一）绩效管理循环流程

从事绩效管理工作首先必须熟悉绩效管理的封闭大循环流程。绩效管理工作的全过程实际上是一个周而复始的封闭循环过程（见图8—6），这一过程以制订绩效计划为开始，经历绩效实施与管理阶段、绩效考核阶段和绩效反馈阶段，在绩效改进方案基础上再开始新的绩效管理循环。

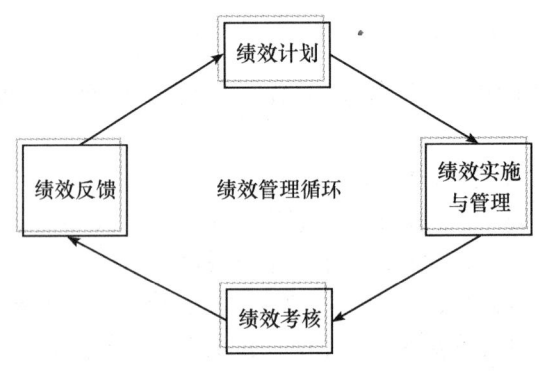

图8—6　绩效管理循环流程

（二）绩效计划流程

制订绩效计划，从静态角度就是制定关于工作目标和标准的契约，从动态角度就是管理者和员工共同讨论以确定员工评价周期内应该完成什么和达到什么样的绩效的过程，通常具体表现为用于指导员工行为的一份计划书，如图8—7所示。

（三）绩效实施与管理流程

通过经常不断的指导能确保员工从一开始就把工作做正确，这样可以省去大量花在等问题产生以后再去解决的时间，同时还能确保员工的工作结果与客户所期望的一致。绩效实施与管理流程中最具有价值的是绩效辅导。如图8—8所示。

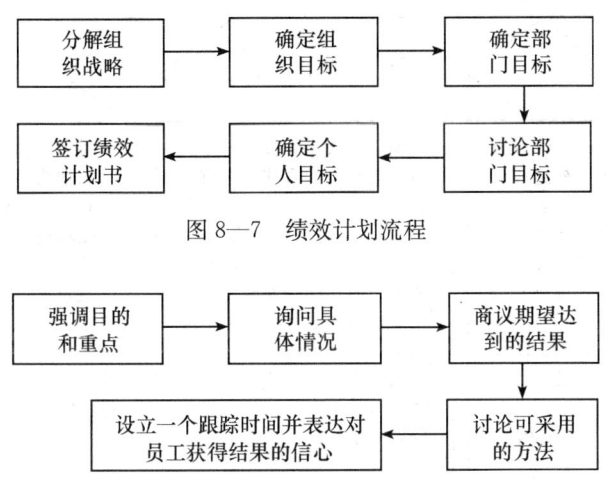

图 8—7 绩效计划流程

图 8—8 绩效实施与管理流程

（四）绩效考核流程

绩效考核是通过对员工的工作成果进行定性和定量的评价，对绩效进行区分鉴别的过程。进行考核是进行管理的一个中心环节，员工绩效的评定结果是提升员工绩效的主要依据，同时也是对员工的反馈和激励。如图 8—9 所示。

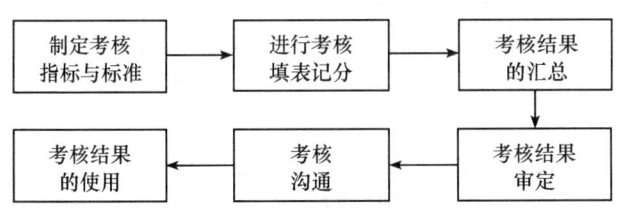

图 8—9 绩效考核流程

（五）绩效反馈流程

绩效面谈中的沟通非常重要，包括面谈准备、面谈过程和确定绩效改进计划三部分，如图 8—10 所示。

（六）绩效申诉流程

为了确保绩效考核的公平公正性，实现绩效管理的良性循环，在人力资源部门负责具体工作的同时，要建立绩效考核委员会对绩效管理的整个过程进行监督管理，并承担一些具体的绩效考核工作。绩效考核委员会一般由企业高层、中层和员工代表组成。在绩效考核过程中，被考核者的意见可以向绩效考核委员会、工会、人力资源部、部门主管及高层反映。如图 8—11 所示。

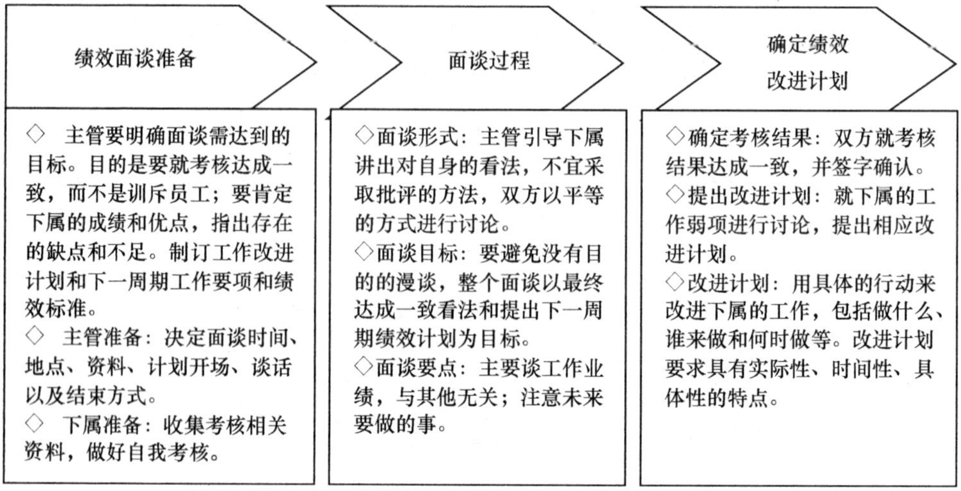

绩效面谈准备
面谈过程
确定绩效改进计划
◇ 主管要明确面谈需达到的目标。目的是要就考核达成一致，而不是训斥员工；要肯定下属的成绩和优点，指出存在的缺点和不足。制订工作改进计划和下一周期工作要项和绩效标准。
◇ 主管准备：决定面谈时间、地点、资料、计划开场、谈话以及结束方式。
◇ 下属准备：收集考核相关资料，做好自我考核。
◇面谈形式：主管引导下属讲出对自身的看法，不宜采取批评的方法，双方以平等的方式进行讨论。
◇面谈目标：要避免没有目的的漫谈，整个面谈以最终达成一致看法和提出下一周期绩效计划为目标。
◇面谈要点：主要谈工作业绩，与其他无关；注意未来要做的事。
◇确定考核结果：双方就考核结果达成一致，并签字确认。
◇提出改进计划：就下属的工作弱项进行讨论，提出相应改进计划。
◇改进计划：用具体的行动来改进下属的工作，包括做什么、谁来做和何时做等。改进计划要求具有实际性、时间性、具体性的特点。


图 8—10　绩效反馈流程

申诉人向申诉部门提出申请
申诉部门进行初审
初审是否通过
否
驳回
是
申诉部门组织调查，并提出初步处理意见，交考核委员会
考核委员会进行审议
审议是否无误
否
是
将审议结果以书面形式送达申诉人


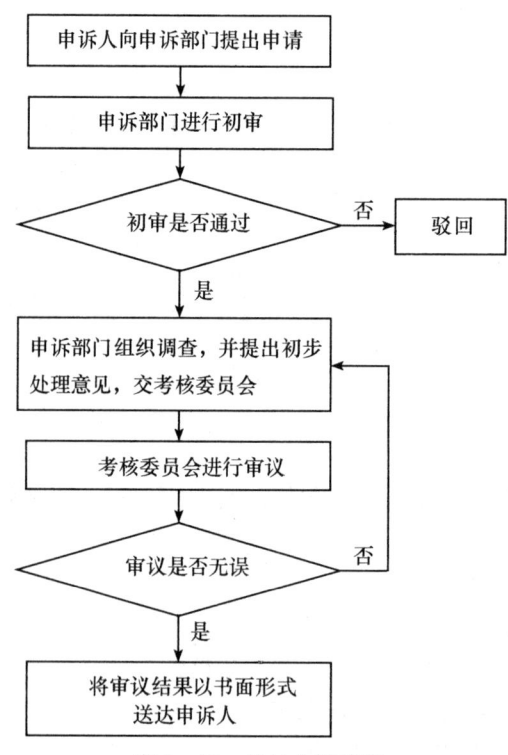

图 8—11　绩效申诉流程

# 第二节 绩效管理岗位常用工具及业务示例

## 一、绩效管理岗位常用工具表单

### (一) 工作计划任务书

年度         部门：         姓名：

| 序号 | 工作目标 | 配分 | 工作标准（数量、质量、时间等） | 自我评价 | 上级评价 |
|------|---------|------|------------------------------|---------|---------|
|      |         |      |                              |         |         |
|      |         |      |                              |         |         |
|      |         |      |                              |         |         |
|      |         |      |                              |         |         |

被考核者：    考核者：    审核者：    日期：  年  月  日

### (二) 绩效合同

| 受约人姓名： | | 发约人姓名（1）： | | 权重类别： | | |
|---|---|---|---|---|---|---|
| 职位： | | 职位： | | | | |
| 部门/工厂： | | 发约人姓名（2）： | | 财务类指标：<br>客户类指标：<br>内部运营类指标：<br>学习与成长类指标： | | |
| 合同有效期： | | 职位： | | | | |
| 签署日期： | | | | 评估权重： | 部门： | 项目： |
| 职位描述（关键职责）： | | | | | | |

| 关键业绩指标 | 权重 | 单位 | 基本目标 | 挑战目标 | 实际完成 | 业绩分值 |
|-------------|------|------|---------|---------|---------|---------|
| 指标1：      |      |      |         |         |         |         |
| 指标2：      |      |      |         |         |         |         |
| ...         |      |      |         |         |         |         |

### （三）工作计划任务的日常检查记录表

年度　　　　　　　部门：　　　　　　　姓名：

| 序号 | 工作目标<br>或工作计划任务 | 工作标准 | 完成情况 | 未完成原因 | 检查人签字 | 日期 |
|---|---|---|---|---|---|---|
|  |  |  |  |  |  |  |
|  |  |  |  |  |  |  |
|  |  |  |  |  |  |  |
|  |  |  |  |  |  |  |

审核人：　　　　　　　　　　　　　　　　　　　　　　　　　年　　月　　日

说明：采用"＋"号（表示超过标准）、"0"（表示达到标准）、"－"（表示未达到标准）进行评价。

### （四）绩效发展计划书

年度：　　年　　月　　　部门：　　　　　岗位：　　　　姓名：

| 有待发展项目 | 目前水平 | 期望水平 | 发展措施与手段 | 达标时间 | 计划执行后的评价 |
|---|---|---|---|---|---|
|  |  |  |  |  |  |
|  |  |  |  |  |  |
|  |  |  |  |  |  |

计划人：　　　　　　　　　　直接上级：

### （五）部门经理绩效考核指标和标准考核量表

#### 1. 销售部门经理考核指标

| 序号 | 指标名称 | 考核周期 | 指标诠释 | 考核标准 | 权重 | 计算方法 | 信息来源 | 考核目的 |
|---|---|---|---|---|---|---|---|---|
| 1 | 部门毛利 | 一年 | 反映公司总体经营能力 | 见年薪管理办法 | 硬指标 | 营业收入－营业成本 | 财务部 | 设立此指标的目的是强调公司成员的创收能力 |
| 2 | 销售计划预测准确率 | 季度 | 反映对市场需求预测能力 | 100 | 20% | 实际销售量总量/计划销售量 | 北京销售部 | 设立此指标的目的是为了强化各级管理人员的计划性、预测性，加强公司的目标管理 |

续表

| 序号 | 指标名称 | 考核周期 | 指标诠释 | 考核标准 | 权重 | 计算方法 | 信息来源 | 考核目的 |
|---|---|---|---|---|---|---|---|---|
| 3 | 经销商质量 | 季度 | 反映公司品牌形象质量 | 100 | 10% | A类专卖店数量/总专卖店数量 | 北京销售部 | 设立此指标的目的是为了提升经销商的质量，加强企业的前线作战能力 |
| 4 | 品类商品销售份额 | 季度 | 反映公司品牌力量以及市场占有能力 | 100 | 15% | 品类商品的销售收入/总销售收入 | 北京销售部 | 牵引公司从市场源头开始优化商品结构，提升商品的获利能力 |
| 5 | 销售费用率 | 季度 | 公司在市场销售过程中投入和产出的效益关系 | 100 | 15% | 销售费用/销售收入 | 财务部 | 促进市场营销策略的有效性 |
| 6 | 团队建设 | 季度 | 授权与指导、人才培养、考核公正性 | 100 | 10% | 见软指标评分表 | 360度评价结果 | 保证内部员工工作效率 提升内部员工工作技能 |
| 7 | 领导能力 | 季度 | 目标管理 | 100 | 20% | 见软指标评分表 | 360度评价结果 | 加强目标管理，保证部门目标与公司目标的统一性 |
| 8 | 合作满意度 | 季度 | 协作能力、服务质量、工作态度 | 100 | 10% | 见软指标评分表 | 360度评价结果 | 加强部门间配合 |

说明：上表以北京区销售部门经理考核指标为例，说明部门经理的绩效考核指标体系的建设，其中，1为公司对部门经理的硬指标；2～5为具体的销售管理KPI指标，合计占60%；6～8为KMO组成指标，合计占40%。

## 2. 销售部经理绩效考核指标量表

| 被考核人姓名 | | 职位 | 销售部经理 | 部门 | 销售部 |
|---|---|---|---|---|---|
| 考核人姓名 | | 职位 | 总经理 | 部门 | |

| 序号 | KPI指标 | 权重 | 绩效目标值 | 考核得分 |
|---|---|---|---|---|
| 1 | 销售额 | 20% | 考核期内销售额达到____万元以上 | |
| 2 | 销售量 | 15% | 考核期内各项业务销售量达到____台以上 | |
| 3 | 营销计划达成率 | 15% | 考核期内营销计划达成率达到____%以上 | |
| 4 | 销售增长率 | 10% | 考核期内销售增长率达到____%以上（与上月对比） | |
| 5 | 销售费用预算 | 5% | 考核期内销售费是否控制在预算之内是____否____ | |
| 6 | 实际回款率 | 5% | 考核期内实际回款率达到____%以上 | |
| 7 | 坏账率 | 5% | 考核期内坏账率控制在____%之内 | |
| 8 | 新客户实现率 | 5% | 考核期内新客户实现率达到____%以上 | |
| 9 | 新车（重点推介商品）销售收入百分比 | 5% | 考核期内新车销售收入百分比达到____%以上 | |
| 10 | 市场占有率 | 5% | 考核期内企业、产品市场占有率达到____%以上 | |
| 11 | 部门管理费用控制率 | 5% | 考核期内部门管理费用是否控制在预算范围之内是____否____ | |
| 12 | 员工管理 | 5% | 考核期内部门员工绩效考核平均得分在____分以上 | |
| | 本次考核总得分 | | | |
| 考核指标说明 | 新客户实现率 $$新客户实现率=\frac{实际新增客户数}{计划增加客户数}\times 100\%$$ | | | |

| 被考核人 签字：　　　日期： | 考核人 签字：　　　日期： | 复核人 签字：　　　日期： |
|---|---|---|

## 3. 仓储部经理岗位绩效考核表（季度）

编号：_____ _____年_____（季）

| 姓名 | | 部门 | 仓储部 | | 岗位 | 经理 |
|---|---|---|---|---|---|---|
| 考核时间 | | 考核周期 | | | | |
| 业绩指标 | 信息来源 | 考评人 | 权重 | 考核标准 | | 得分 |
| 库房管理 | 直接上级 | 直接上级 | 10% | 标准定义<br>因仓库收发料原因影响生产一次扣20分；<br>因库房管理不善造成物料1 000元以上损失的，一次扣20分；<br>因库房管理不善造成物料3 000元以上损失的，一次扣50分；<br>因库房管理不善造成物料5 000元以上损失的，该项得0分 | | |
| 库存信息管理 | 库房台账 | 直接上级 | 20% | 考核项目 | | |
| | | | | 库存信息记录准确性 | 40% | |
| | | | | 库存信息管理规范性 | 30% | |
| | | | | 库存信息更新及时性 | 30% | |
| 部门预算费用执行率(A)（通用指标） | 财务部 | 财务经理 | 10% | 说明：部门预算费用执行率 $A=$（季度实际发生额－季度预算总额）/季度预算总额 | | |
| | | | | 标准定义 | 得分区间 | |
| | | | | $-10\% \leqslant A$ | 91～100 | |
| | | | | $-10\% < A \leqslant -5\%$ | 81～90 | |
| | | | | $-5\% < A \leqslant 0$ | 61～80 | |
| | | | | $0 < A \leqslant 5\%$ | 41～60 | |
| | | | | $A > 5\%$ | 0～40 | |
| 领导综合满意度（通用指标） | 直接上级 | 直接上级 | 10% | 说明：直接上级对其季度其他工作职责执行的综合评价。 | | |
| | | | | 标准定义 | 得分区间 | |
| | | | | 大大超过计划要求，给公司带来预期外的较大收益 | 91～100 | |
| | | | | 超出计划要求，超过公司预期目标 | 81～90 | |

续表

| 业绩指标 | 信息来源 | 考评人 | 权重 | 考核标准 | | 得分 |
|---|---|---|---|---|---|---|
| 领导综合满意度（通用指标） | 直接上级 | 直接上级 | 10% | 达到计划的基本要求，完成了基本目标 | 61～80 | |
| | | | | 未能达到计划的要求，但尚未给公司带来较大损失 | 41～60 | |
| | | | | 远未完成计划，给公司的正常工作开展带来较大消极影响 | 0～40 | |
| 态度指标： | | | | | | |
| 态度得分 | 物供副总 | 物供副总 | 10% | | | |
| 最终绩效得分 | | | | | | |
| 人力资源部经理评语 | | | | 签字： 日期： | | |
| 物供副总评语 | | | | 签字： 日期： | | |

## 4. 仓储部经理岗位绩效考核表（年度）

编号： 部门： ＿＿＿＿年

| 姓名 | ××× | 部门 | 仓储部 | 岗位 | 经理 |
|---|---|---|---|---|---|
| 考核时间 | | 考核周期 | | | |
| 考核事项 | 评分 | | 权重 | | 加权得分 |
| 工作业绩 | | | 50% | | |
| 工作态度 | | | 20% | | |
| 工作能力 | | | 30% | | |
| 综合得分 | | | | | |

| 考核指标 | 信息来源 | 考评人 | 权重 | 考核标准 | | 得分 |
|---|---|---|---|---|---|---|
| 工作业绩： | | | | | | |
| 库存记录准确率（B） | 盘点表 | 直接上级 | 60% | 说明：库存记录准确率 B＝库存记录准确的商品数/总盘点商品数额 | | |
| | | | | 99%≤B | 91～100 | |
| | | | | 98%≤B＜99% | 81～90 | |

续表

| 考核指标 | 信息来源 | 考评人 | 权重 | 考核标准 | | 得分 |
|---|---|---|---|---|---|---|
| 库存记录准确率（B） | 盘点表 | 直接上级 | 60% | 97%≤B＜98% | 61～80 | |
| | | | | 96%≤B＜97% | 41～60 | |
| | | | | B＜96% | 0～40 | |
| 本部门员工满意度（通用指标） | 满意度调查报告 | 物供副总 | 10% | 说明：各部门员工对于部门经理管理工作的综合满意程度。 | | |
| | | | | 考核项目 | 满分 得分 | |
| | | | | 对下属工作任务安排合理性 | 20% | |
| | | | | 对下属授权合理性 | 20% | |
| | | | | 对下属工作目标明确性 | 10% | |
| | | | | 与下属沟通充分性 | 30% | |
| | | | | 对下属工作指导和培训充分性 | 20% | |
| 各季度业绩平均指标 | 各季度业绩考核表 | 人力资源部经理 | 80% | 一季度 二季度 三季度 四季度 | 平均得分 | |
| 工作业绩综合得分 | | | | | | |
| 人力资源部经理评语 | | | | 签字： 日期： | | |
| 物供副总评语 | | | | 签字： 日期： | | |

## （六）员工绩效考核表

| | 考核要素及权重 | 工作目标计划 | 完成情况 | 主管评价 | 得分 |
|---|---|---|---|---|---|
| 关键业绩 | 1. 销售额目标完成率25% | | | | |
| | 2. 货款回收完成率25% | | | | |
| | 3. 市场准入目标完成率20% | | | | |
| 关键行为 | 1. 客户方的数量和质量5% | | | | |
| | 2. 组织技术和管理研讨会5% | | | | |
| | 3. 执行报告工作质量5% | | | | |
| | 4. 有效的沟通与合作5% | | | | |
| | 5. 例外任务与行为表现10% | | | | |

续表

| | 考核要素及权重 | 工作目标计划 | 完成情况 | 主管评价 | 得分 |
|---|---|---|---|---|---|
| 目标计划沟通确认：<br>员工：　　　　　主管： | | | 目标挑战性：大，一般，小<br>员工签名：　　　主管签名： | | 评价结果<br>A，B，C，D |

## （七）绩效面谈记录表

| 被考核人姓名 | | 部门 | |
|---|---|---|---|
| 岗位 | | 所属中心 | |
| 考核时间 | | 面谈日期 | |
| 面谈人 | | 职务关系 | |
| 个人职业方向与定位 | | | |
| 满意度调查中的各项问题交流 | | | |
| 上期绩效总结及问题回顾 | 1. 您能否用1～2句话阐述您的工作内容和职责？<br>2. 您对本季度绩效考核结果的自我评价怎样？（满意、一般、不满意、无所谓）<br>3. 本季度工作中，您最得意的事情是什么？最失意的是事情是什么？ | | |
| 下一步的工作和绩效的改进方向 | | | |
| 下一季度您希望重点改进哪些方面？您最希望接到的工作任务是什么？最希望调整哪些指标？ | | | |
| 对于下一步的工作，您最需要上级给您什么支持？ | | | |
| 个人能力和优势 | | | |
| 学习、机会、成长 | | | |
| 公司的变动动因对员工的影响 | | | |

续表

| 工作意向变动 | 1. 是否变动？<br>2. 接下来1～2年时间里您希望的发展方向是什么？1～2年内您在公司里的工作赶超对象是谁？ |
|---|---|
| 对部门工作和公司工作的意见和建议？（管理上和工作上） | |

说明：1. 本表为绩效考核后上级和员工绩效沟通面谈的记录；

2. 绩效改进措施/计划的执行结果作为员工下一个考核周期绩效考核的参考依据。

### （八）绩效申述记录表

| 申述人 | | 职位 | | 部门 | | 直接主管 | |
|---|---|---|---|---|---|---|---|
| 申述事件： | | | | | | | |
| 申述理由（可以附页） | | | | | | | |
| 申述处理意见<br><br>上级部门负责人签名：<br>日期： | | | | | | | |
| 申述处理意见<br><br>人力资源部负责人签名：<br>日期： | | | | | | | |
| 申述处理结果<br><br>人力资源部负责人签名：<br>人事管理办公室负责人签名：<br>日期： | | | | | | | |

说明：

1. 申述人必须在知道考核结果3日内提出申述，否则无效。

2. 申述人直接将该表交人力资源部。

3. 人力资源部须在接到申述的5个工作日内提出处理意见和处理结果。

4. 本表完善后，复印一式三份，一份人力资源部存档，一份交申述人主管，一份交申述人。

## 二、绩效管理岗位业务示例

### （一）绩效计划书示例

**绩效计划书（示例1）**

姓名：_____　　　所在部门：<u>质量部</u>

职位：<u>质量管理员</u>

考评期间：20××年1月1日至20××年12月31日

| 年度工作目标与工作任务 |
|---|
| 一、年度工作目标<br>　　对与出入公司药品质量相关的岗位工作指导及时，杜绝在公司内部各环节上出现药品质量事故；确保发生业务关系的供应商、客户以及经营药品的资质资料完备，审核无差错；确保客户字典库、商品字典库的及时维护、无差错；药品质量信息记录无差错，并保证向相关部门和岗位的传递及时、有效；报损审核严格，杜绝在本岗位出现工作失误导致的公司损失。<br>二、工作任务<br>　　1. 质量管理体系建设：协助部门主任制定质量管理制度实施细则，定期进行制度执行检查，及时发现质量管理漏洞并消除之，向公司各部门提出质量管理合理化建议。<br>　　2. 供应商、客户、药品资质审核与信息维护：严格审核供应商、客户以及药品质量资质，及时维护客户字典库、商品字典库，收集药品质量标准并及时建档，建立完整的客户、品种档案，杜绝缺失现象发生，降低数据库内容的差错率，确保数据库内容保持最新，差错率控制在每月__次以下。<br>　　3. 协助部主任开展质量管理培训：协助部主任制定质量管理法规、GSP体系以及质量管理流程的全员培训计划并实施之。<br>　　4. 不合格药品管理：严格进行不合格品管理，监督不合格品的审核和销毁工作，杜绝不合格药品流入市场。<br>　　5. 严格执行和完善质量管理流程、制度：按照优化后的质量管理流程及相关制度开展工作，降低相关部门和岗位的有效投诉，完善所负责流程的优化工作。 |

**绩效计划书（示例2）**

姓名：_____　　　所在部门：<u>质量部</u>

职位：<u>主任</u>

考评期间：

| 年度预算目标与工作任务 |
|---|
| 1. 质量管理体系建设——完善质量管理制度体系、加大制度执行的推动和监督力度：<br>　　6月底前完成药品质量检查细则的修订，9月前完成医疗器械管理制度的修订，完善其他质量管理制度实施细则，定期进行制度执行检查，及时发现质量管理漏洞并消除之，向公司各部门提出质量管理合理化建议。 |

续表

2. **药品入库验收质量控制**——杜绝药品入库验收漏检、降低验收差错率、提高在库药品的质量合格率：

严格杜绝药品入库验收漏查，强化药品入库验收控制，降低验收差错率，提高在库药品的质量合格率，在库药品合格率达到100％以上。

3. **药品质量维护**——加大药品在库养护工作指导和监督力度、及时发现在库质量问题药品：

指导药品在库养护，定期检查养护工作执行情况，及时准确发现在库质量问题药品，杜绝不合格药品的流出。

4. **数据库维护**——及时维护客户字典库、商品字典库、降低数据库内容的差错率、确保数据内容保持最新：

及时更新和维护供应商、客户及药品数据库，确保数据内容保持最新，降低数据库内容的差错率，差错率控制在__次/月以下。

5. **质量管理培训**——制定质量管理法规、GSP体系以及质量管理流程的全员培训计划、确保全员质量管理意识得到提升的培训效果：

全年每季度举行一次全员的质量管理法规、GSP体系以及检查验收流程、不合格药品控制流程、报损销毁流程等质量管理流程的培训，根据培训效果调整培训内容和计划，确保全员质量管理意识的提升。

6. **流程工作**——所负责流程的监督、执行、维护和完善：

4月底前完成检查验收流程、不合格药品控制流程、报损销毁流程等流程的建设，并完成流程针对相关部门的培训，监督流程执行情况，负责对所负责流程的持续改善。

7. **首营品种管理**——严格首营品种质量控制，杜绝首营企业、品种档案缺失：

严格审核首营企业、品种的质量资质，保证首营企业和品种的资质资料完整、符合要求，建立完整的客户、品种档案，杜绝缺失和丢失现象发生。

8. **GSP认证复查工作**——保证一次性通过GSP认证复查

负责GSP认证申报，对软硬件进行检查并落实。

9. **不合格药品管理**——严格进行不合格品管理，杜绝不合格药品流入市场：

严格资质审核，严把进货验收关，监督检查在库商品，对不合格药品定期汇总、小结，杜绝不合格药品流入市场。

## （二）绩效合同示例

| 受约人姓名：×××  职位：招聘专员  业务部门：人力资源部 | | 发约人： | | | | 合同有效期：_____  签署日期：_____ | | | |
|---|---|---|---|---|---|---|---|---|---|
| 指标类型 | 关键绩效指标（KPI） | 单位 | 权重 | 目标完成值 | | 半年度实际完成值 | 年度实际完成值 | 半年度考核得分 | 年度考核得分 |
| | | | | T0 | T2 | | | | |
| 财务指标 | ·招聘费用 | 元 | 10％ | | | | | | |

续表

| 指标类型 | 关键绩效指标（KPI） | 单位 | 权重 | 目标完成值 | | 半年度实际完成值 | 年度实际完成值 | 半年度考核得分 | 年度考核得分 |
| --- | --- | --- | --- | --- | --- | --- | --- | --- | --- |
| | | | | T0 | T2 | | | | |
| 业绩指标 | • 招聘人员到位率 | ％ | 20％ | 90 | 90 | | | | |
| | • 推荐人员合格率 | ％ | 10％ | 90 | 90 | | | | |
| | • 面试笔试题目有效性 | ％ | 5％ | 85 | 85 | | | | |
| | • 宣传企业的准确性 | ％ | 5％ | 100 | 100 | | | | |
| | • 应聘者证件审查合格率 | ％ | 10％ | 95 | 95 | | | | |
| | • 招聘途径的有效性 | ％ | 5％ | 85 | 85 | | | | |
| | • 新人及用人部门的满意度 | ％ | 10％ | 90 | 90 | | | | |
| | • 后备人才的储备充足率 | ％ | 5％ | 95 | 95 | | | | |
| 能力指标 | • 工作流程知识 | 分 | 2％ | 100 | 100 | | | | |
| | • 人际交往 | 分 | 2％ | 100 | 100 | | | | |
| | • 适应性和灵活性 | 分 | 2％ | 100 | 100 | | | | |
| | • 分析/判断能力 | 分 | 2％ | 80 | 80 | | | | |
| | • 沟通能力 | 分 | 2％ | 80 | 80 | | | | |
| | • 团队合作 | 分 | 2％ | 100 | 100 | | | | |
| | • 主动性 | 分 | 2％ | 80 | 80 | | | | |
| | • 负责性 | 分 | 2％ | 100 | 100 | | | | |
| | • 协助 | 分 | 2％ | 100 | 100 | | | | |
| | • 出勤/准时 | 分 | 2％ | 80 | 80 | | | | |
| 内部管理 | 重大投诉、违纪违规等 | 次 | 扣分 | 0 | 0 | | | | |
| 目标调整记录 | | | | | | | | | |

签名：_____（受约人）　　　　签名（盖章）：_____（发约人）

**指标说明**

| 指标名称 | 评分方法 | 计算方法 |
| --- | --- | --- |
| 招聘预算的执行率 | （招聘实际费用/预算费用－100％）取正值，如低于80分则为0分 | ＝100－［招聘实际费用/招聘预算费用－100％］×100 |
| 招聘人员到位率 | （实际到位天数/计划到位天数－100％）取正值，采用日常招聘活动的平均值计算，如总分低于75分则为0分，如平时有两次及以上低于50分，则为0分 | ＝100－［实际到位天数/计划到位天数－100％］×100 |

续表

| 指标名称 | 评分方法 | 计算方法 |
|---|---|---|
| 推荐人员合格率 | 在复试阶段，用人部门基本认可的初试合格人员的百分比，如低于80分，则为0分 | =基本认可人员/初试合格人员×100 |
| 笔试题目的有效性 | 每个职位是否有对应的笔试题，笔试题是否和该职位紧密相关，如低于75分则为0分 | =笔试试卷种类/职位数×试卷的合适性×100 |
| 宣传企业的准确 | 对每个求职者需准确、主动介绍企业基本情况，如低于75分则为0分 | 每发现一次没有介绍或介绍不准或消极应付就扣5分 |
| 应聘者证件审查合格率 | 对每个应聘合格者的证件需检验其真伪性，如低于75分则为0分 | 每发现一名合格者持有假证件就扣1分 |
| 招聘途径的有效性 | 根据不同空缺职位种类选择相应的招聘途径，如低于70分则为0分 | 每发现一次选择错误招聘途径就扣5分 |
| 新人及用人部门的满意度 | 在实施招聘的工程中，对新人及用人部门的服务质量、速度要达标，低于70分为0分 | =新人满意度×用人部门满意度 |
| 后备人才的储备充足率 | 关键职位至少保证两个或以上后备人才低于80分则为0分 | 满分100分，每发现一个关键职位没有就扣除3分 |
| 能力指标 |  | 100分为工作表现远远超出预期；80分为工作表现经常超出预期；60分为工作表现基本满足要求；50分为工作表现略差，需进一步改善；0分为工作表现不能接受（如低于60，需提出改善计划） |
| 内部管理 | 被员工投诉，或者违纪违规 | 每发现一次，扣5分 |

### （三）绩效面谈示例

**示例1：**

## 制订绩效计划过程中的沟通

【背景资料】

林强，某企业市场部总经理；王红军，大客户部经理，林强的直接下属。下面这段谈话内容记录的是两人关于制订绩效计划的沟通过程。

林强：几天前，在总经理办公会上制定了今年下半年的企业绩效目标。因此接下来这几天我会分别与你们几位部门经理进行一次交流，落实我们市场部下半年的工作目标。今年上半年成立你的这个大客户部，主要是为了能专门有一批人为大客户服务，因为大客户是我们公司最重要的资源，这从销售额上也可以看出来。虽然目前的大客户只有十……

王红军：13个。

林强：对，但是这13个大客户的销售额却占了整个公司销售额的20%，而且以后的比例还会更高。这半年来，你们部门很辛苦，工作的成就也不小。

王红军：目前的工作还是有很多问题。比如说，现在对大客户进行管理的工作规范还不是很明确，有些工作到底是由我们部门做还是由企划部做还不够明确，于是就出现了有的大客户有事情不知道到底该找谁的问题。

林强：这些情况我也有所了解。所以，下一步就想以你为主完善《大客户管理规范》，有了规范，大家就有了共同的游戏规则，你看，对这方面你有什么想法？

王红军：我认为现在的《大客户管理规范》对责任的划分还不够明确，流程上也有混乱的地方，比如说现在的付款问题，手续复杂，客户觉得很麻烦。我们完全有必要从客户的角度出发简化程序。

林强：那好，我想你对这方面有很多想法，你看多长时间能把新的《大客户管理规范》做出来？

王红军：如果从现在就着手做，我想8月下旬会差不多。

林强：好。8月20日的时候把初稿交给我，到8月底最后定稿，你看有问题吗？

王红军：目前没有问题。另外，我觉得如果按照下半年的销售目标，我这里的人手比较紧缺，最好能尽快招聘一些人员。

林强：这个问题我想是这样的，该招人的时候我们肯定去招，但你有没有考虑现有人员的能力是否得到了充分发挥？每个人都不可能完美无缺，但组成团队就不一样了，在一个团队中大家可以更好地取长补短，每个人的优势会充分体现出来，你说呢？

王红军：这也正是我所考虑的，对大客户的销售我们是否可以采用销售小组的形式，因为毕竟一个人势单力薄，以团队的形式能够更好地留住大客户。

林强：那你不妨把大客户的内部结构重组一下，形成若干个项目小组，把人员按照各自的优势和特点组合起来，接下去再考虑补充人员的问题，而且随着工作重点向大客户这边的转移，其他部门也会有一些员工转到你这个部门中。

王红军：那好吧，我现在就着手进行部门重组，争取在9月初的时候能够按照项目小组的方式运作。

林强：另外，企划部门正在牵头建立公司的客户数据库，我想大客户这部分主要还得靠你们。

王红军：我们也觉得客户越来越多，必须有相应的管理手段跟上，我们一定配合做好这项工作。

林强：关于建立数据库，我有几点想法：一是一定要注意数据库与公司管理信息的接口。接口不好，数据会重复录入，非常浪费人力物力；二是要注意数据的安全性，这些数据都是公司的核心机密；三是要设计一些能进行深入统计分析的功能模块，以适应业务分析要求。你还有什么想法吗？

王红军：我认为，这套数据库应该是一个使用便捷的系统，可以成为业务人员工作中一个得力的工具。因为业务人员普遍不喜欢比较复杂的操作系统，而且他们的业务也比较忙，在数据管理方面应该考虑他们的需求。

林强：你说得对，就按照我们的想法去做吧，企划部会拿出整套方案。

**示例2：**

### 一个典型失败的绩效反馈面谈场景

【背景资料】

刘总，某制造型企业人力资源总监；王林，某制造型企业人力资源部部长助理，负责绩效薪酬和培训工作。

刘总：（匆匆寻找，自言自语）王林刚才还在啊，你们有没有看到？（打电话）喂，王林啊，在哪里？到我办公室来一下，有个急事，赶快过来。

王林：（匆匆赶来）刘总，什么事情这么着急？我这里很忙，这个月的培训计划有点调整，正和A事业部孙总沟通呢。

刘总：那个事情先别着急，先坐，工作沟通嘛，缓缓没事，我这边上个月的考核截止时间快到了，这个工作是我们部门负责组织的，自己要是没按时完成，怎么去催其他部门呢，你说是吧？

王林：考核嘛！我做的事情你反正知道，你看着办吧，别让我们吃亏就好。（王林一副无所谓的态度）

刘总：你的工作好坏我心里有数，但程序也要走一下嘛！你先把上个月的工作谈一下吧。

王林（瞪眼）：我不是已经把上个月的工作总结交给你了吗？

刘总（惊讶）：是吗？我怎么没记得，我找找看。（刘总在一堆文件翻找）。哦，你的这个工作总结写得太简单了，你还是讲讲吧！

王林：我也没做准备，（稍微犹豫）我用一下这个吧。（从刘总手中拿过工作总结，开始讲），20××年12月在公司领导的支持和帮助下，我基本上完成了预定的KPI指标，工作总结上有数据，也有相关说明，你自己看吧，至于关键行为指标和临时任务指标，我的工作做了很多，也很忙，失误也是有的，主要是因为本人思想上不重视、工作能力有限。这个月我准备继续努力，发扬成绩，改进缺点，争取不断改善。（做无辜状）唉，刘总，反正我的工作你也是知道的，我也不多说了。

刘总：王林，你的工作我心里有数的，你的成绩我也看得到，但是，你的缺点也有很多。比如说，上次去A事业部开会的时候，孙总就反映上个月的培训计划到现在还没有收到，由于没有培训计划，A事业部不知道该做哪些培训，所以上个月的培训一个也没做，这是你的责任吧？

王林（做气愤状）：那个事情我和你也解释过了，我是太忙了给忘记了，我又不是故意的，这你也知道的，我手头那么多工作，一时忙不过来，忘记了也是能理解的吧？我下次记住就是了，在以后的工作中多加注意，不会再犯这样的错误了。

刘总：（点头）反正类似的事情以后你要注意，我以后不想再次听到这样的理由，好吗？还有，岗位说明书上规定，你有一条很重要的职责是组织实施绩效管理制度。这个工作主要是由绩效薪酬专员做，但你作为部长助理，有责任督促绩效薪酬把这个事情做好，但是最近绩效考核的工作开展得很不好，很多部门的考核不能按时完成，考核结果也不能及时汇总，绩效分析做得也很马虎，这是你的责任吧？（语气加重）

王林：最近绩效考核工作是开展得不好，这又不是我一个人的责任，是各个部门的部长不严格执行制度，有制度不执行，故意拖延，我也催过，但是效果不理想，我也拿他们没有办法。

刘总：这个我知道，但我记得我和你说过，让你在每次考核的时候都要全程参与，旁听考核面谈的过程，并做好记录，形成书面报告，但是好几个月过去了，我一份报告也没看到，而且我听说，你每次参加其他部门的考核面谈的时候都是坐一下就走，根本没有用心，就凭这一点，我在KPI的这一项就得给你扣分！（做发火状）

王林：你要这样说我也没有办法，你是领导嘛！

刘总：王林啊，工作上有失误不要推脱嘛，你的成绩我也看得到，反正月度考核也是走个形式。关键是下个月你有没有明确的改进计划……

王林：你要给我一个方向嘛，你们上面不定下来我们怎么做啊？

刘总（刘看手表）：这样吧，我们先谈到这吧，反正我们也谈得差不多了，我会一碗水端平的。我这边还有些急事。不过，我看你这个月的绩效奖金肯定要受影响了！

王林：随你便吧！（王林摔门走了出去）

王林：（边走边说，自言自语）刘总怎么这样说呢，我没有功劳还有苦劳呢，他根本不了解情况！

【解决方案】

上面的场景是不少管理者都很熟悉的一个绩效面谈场景。很多企业在做绩效面谈的时候都或多或少碰到了类似的问题，面谈的目的本来是帮助员工改善绩效，但是，面谈的结果经常非但没有帮助员工，反倒引发了员工的逆反情绪，造成了对立和尴尬的局面。那么，就要问哪里出了问题？基本上，可以得出这些结论：

1. 准备工作没有做好

回到场景当中，王林正在忙着手头工作的时候，被领导的电话突然打断，找到领导之后才知道，要紧急进行一个绩效面谈，事情比较突然，王林根本没有准备，但是领导为了完成任务，坚持要马上进行面谈，这是没有计划的表现，双方都准备不充分，这为面谈埋下了一粒隐患的种子。

2. 没有说明面谈的目的

刘总解释面谈的原因时说，是因为面谈规定的截止期限快到了，必须得做了，所以今天要面谈，这个解释让员工感觉到应付和完成任务的心态，没有感受到帮助自己改善绩效的态度，所以会比较抵触，这给员工的心理增加了负担。

3. 负面反馈多于正面反馈

整个面谈过程，刘总都没怎么谈王林的正面表现，王林表现得好的方面都是一带而过，没有重点强调，反倒在员工表现不好的方面指责太多，直接把面谈引导向了对立的局面，最终导致了局面失控，双方不欢而散。

4. 面谈者技能不足

刘总在整个绩效面谈的过程中都是泛泛而谈，没有深入分析，更没有启发员工思考，帮助其认识自己的不足，显示了面谈者在绩效面谈技巧方面存在很多不足。

从以上分析发现，要想使面谈成功，面谈者要做好充分的准备，主要包括在以下几个方面做好准备：

1. 程序准备

所谓程序准备，是要了解整个绩效面谈的程序，做好面谈布局，大致可以将整个面谈进程分成四个步骤：开场（open）、澄清（clarify）、讨论（discuss）、结束（close）。即OCDC法则。

首先是开场寒暄，不要目的性太强，上来就直奔主题，要给员工心理缓冲的时间，简单寒暄几句和主题无关的话题，缓和一下气氛，帮助员工平静心情。

寒暄不是目的，而是为后面做铺垫的，所以寒暄完之后就进入了澄清环节，把面谈的目的和程序告诉员工。上例中，刘总应该开门见山地告知王林本次绩效面谈的目的、大致的程序和时间安排，如"王林，根据前面我们讨论的计划，今天下午我们用1小时左右的时间，对你上个月的绩效表现进行一次面谈，面谈的目的是帮助你改善绩效，这个过程中我会问一些问题，更多的时间是听你的想法，希望你不要保留，有什么想法都可以说出来，我们来讨论，我们的目标是一致的，就是帮助你改善绩效，当然，好的方面和不足的方面我们都会谈到，最后我们还会制订一个改善计划。"

之后就进入了正式的讨论环节，这个环节包括：确认绩效目标值及衡量标准、讨论各个指标的完成情况及原因、提出改善计划、确认后期跟踪方式。

最后是总结，概括整个面谈过程中达成的共识，表达对员工的信心，整理面谈记录，请员工签字确认，最后，感谢员工的时间和投入。

2. 技能准备

了解了整个面谈的程序，管理者还需要注意积累和提升绩效面谈技能。其实，绩效面谈中用到的技能是非常多的，结合本例子重点谈三个技巧。

（1）正面反馈的技巧。正面反馈的关键词是具体。

凡事就怕具体，一旦要求具体地说明一件事情，很多人就犹豫起来，甚至开始左顾右盼了。很多时候，经理在反馈时并没有做好准备，就直接把话说出去了，这种做法会降低反馈的效果。在本例中，刘总虽然一开始就表扬了王林的工作成果，但是表扬的话仅仅一句带过，便开始"数落"其失误："王林，你的工作我心里有数的，你的成绩我也看得到，但是，你的缺点也有很多。比如说，上次去A事业部开会的时候，孙总就反映上个月的培训计划到现在还没有收到，由于没有培训计划，A事业部不知道该做哪些培训，所以上个月的培训一个也没做，这是你的责任吧？"这里在正面意见反馈上含糊不清，让人觉得敷衍，相反在批评上却相当细致，无怪乎会引起抵触情绪。下面以"小王的市场报告"为例，比较两种反馈方式：

笼统的反馈："小王表现不错，非常敬业，最近连续加班，工作很卖力，辛苦了，接下来好好休息一下，调整调整。"

具体的反馈："小王，你最近工作很投入，为了编写市场分析报告，连续加了一周的班，现在你的报告在开会之前完成了，而且质量相当高，整个报告思路清楚，框架清晰，结构完整，特别是市场分析和市场展望部分，紧密联系公司的实际，提出了相当棒的分析思路和解决办法，而且使用了几个比较实用有效的分析工具，这对我们下一步的市场会议起到了很大的帮助作用，我想这个工作对你个人的发展也是相当有帮助的，最近两天，别闲着，写个总结，提高一下自己。"

第一种说法，会有一些效果，小王会感激领导对他的关心，觉得领导不错，但这种感觉不会持久，过后就忘记了。

第二种说法，才是小王期待的，对工作本身的反馈才是员工愿意听到的，也是对员工最有帮助的。员工愿意听到概括性的表扬，更愿意了解经理对自己工作上的看法，当经理对工作的具体内容提出了针对性的看法时，员工才会真正受到激励。毕竟贡献不能停留在表面，所以正面反馈的时候，"具体"是一个关键词。

正面反馈的步骤包括：具体地说明下属在表现上的细节；反映了下属哪方面的品质；这些表现所带来的结果和影响。

（2）负面反馈技巧。负面反馈的关键词是描述而不判断。

关于负面反馈，可看示例"小王醉酒"。

判断式的反馈："小王喝醉了酒来上班，还酗酒滋事，闹得公司鸡犬不宁。"

描述式的反馈："小王喝了酒，满身酒味，走路东倒西歪，碰倒了桌子，文件撒了一地，说话声音很大，引起了很多人的关注。"

这两种说法是一个意思。显然，第一种是判断，小王喝了酒，至于醉没醉，谁也不知道，而且生活经验告诉我们，喝了很多酒的人最烦别人说他喝醉了，即便一个人已经喝得东倒西歪，别人还要夸他海量。第二种是描述，相比较而言，第二种比较容易接受。

关于负面反馈，有一个成熟的模式，即 BEST 法则。

①描述行为（behavior description）。明确清楚地告诉对方到底做了些什么，利用实际的例子，不是简单概括，用客观和明确的词语描述行为。

②表达后果（express consequence）。直接地表达感觉或对状况的反应，用平和的语气去表达，并询问对方的感觉或反应。

③征求意见（solicit input）。询问员工的意见或提出认为应该继续的行为或要更改的行为，建议要具体，是针对个人的行为而非其个性。

④以积极的方式结束（talk about positive outcomes）。向对方指出该行为改变后的积极效果，对个人带来什么好处。

例如一名员工在准备一份提交给客户的资料时弄错了一个数据，经理发现了，打算给一个负面的反馈，经理是怎样做的呢？

首先，向员工描述错误行为的事实。B："小王，你做的这份资料里有一个数据错了，这个数据是……"

其次，向员工阐述这种行为可能带来的不良后果。E："提交给客户的每一份文件都是客户了解我们的窗口，如果你是客户，你想想看，如果你发现公司给你的资料有错误，你会对这家公司形成怎样的印象？所以说我们的每一个行为都会影响我们在客户心中的形象。"

接下去，征求员工对于改正错误的意见。S："小王，你说该怎么办吧？"

最后，鼓励员工的改进措施对于公司的价值。T："对！如果我们每个人每时每刻都能这样做，这对于公司是非常重要的。"

BEST法则又称"刹车"原理，是指在管理者指出问题所在，并描述了问题所带来的后果之后，征询员工想法的时候，管理者就不要打断员工了，适时地"刹车"，然后，以聆听者的姿态听取员工的想法，让员工充分发表自己的见解，发挥员工的积极性，鼓励员工自己寻求解决办法。最后，管理者再做点评总结即可。

负面反馈的要点如下：

第一，具体地描述下属的行为。

要求：耐心，具体，描述相关的行为（所说、所做），对事不对人，描述而不是判断。

第二，描述这种行为所带来的后果。

要求：客观，准确，不指责。

第三，探讨下一步的做法。

（3）提问的技巧。绩效面谈中，如何提问也是很重要的，高效的经理通过提问题帮助员工思考，让员工自己找答案。下面是一些提问的技巧：

当没有准备好听取回答的时候，不要提问。有时候，人们在提出问题时只愿意听到他们心目中的理想答案。比如，如果你确实不愿意听到别人说你是个不好的经理，那么就不要问："你认为我是个好经理还是个不好的经理？"当你问一个问题的时候，必须愿意尊重所得到的任何问答，并且不要有过激反应。

以"为什么"开头的问题容易让人们产生防御心理。这只是语言中的一个怪异的现象而已。你可以用不容易引起防御心理的说法来代替"为什么"这个词。比如，与其说"为什么你经常迟到？"倒不如试试"是不是在来上班的路上发生了什么特别事情，使你不能准时到达？"

不要用问题来间接表达你的意思。这是父母对孩子经常用的一种技巧，因此被认为带有操纵性，还给人屈尊的感觉。比如，"你不觉得自己应该更加勤奋地完成工作吗？"这是反问句。貌似问句，而实际上起到了陈述句的作用。听话人对这句话的理解是"我想要你更加勤奋地工作"。用来起到陈述或要求作用的问句会引起员工的不信任感。

避免复合问句。复合问句包含几个部分，实际上是几个问句合在一个句子里。复合问句很让人迷惑，并且容易得到低质量的回答。例如："你为什么周五经常迟到，而周三经常早退呢？"这就是两个问题，而且你不可能两个问题都得到很好的答案。把几件事情分开，让问题变得简单详细。

对方在回答问题时，不要打断。这是一个总的原则，但也有一些例外。如果对方的回答过火了，完全离题了，或者带有侮辱和污蔑性质的时候，就可以打断，并重新调整谈话的重心。打断对方的时候态度要友善，调整谈话重心的时候不要表现出失望情绪。

### 3. 资料准备

资料的准备比较简单，主要是上期员工绩效考核表、员工的绩效表现记录、过程中的沟通记录、员工的总结、员工的职位说明书等，绩效面谈之前要确保这些资料都在桌面触手可及的地方，不要在员工提醒后再去翻找，那样会给员工不重视的感受，影响面谈的效果。

### 4. 心理准备

所谓心理准备，即面谈者要充分考虑面谈对象的性格特点，预估面谈过程中可能发生的状况，做好应对的心理准备，心理准备充足了，面谈过程将更加可控。这就要求面谈者要在面谈之前在心理做一些预演，对各种情形都加以考虑并做好应对措施。

绩效面谈的最终目的是帮助员工改善绩效，经理的价值是帮助员工成长，明确了这一点，面谈就成功了一大半，剩下的都是技术性的东西，只要用心积累，不断提升，就能把绩效面谈做好。

**示例3：**

## 一个成功的绩效面谈

【背景资料】

经过绩效考核后，营销部经理某天在一周前约定好的日期，对作为其下属的配送大区经理进行了一次绩效面谈。

营销部经理：你辛苦了，上次考核之后着重处理了哪些事情？

配送大区经理：……

营销部经理：最近配送速度提高了，差错率也降低了8%，要继续努力！不过武汉市内销售任务完成率下降了10%，有些客户投诉配送服务态度不好，主要原因是什么？我们共同来研究研究。

配送大区经理：接近年关，我们根据公司要求加强了对退货和应收账款的管理，客户暂时没适应过来，经常打电话质问我们怎么回事。我了解过，配送员并非完全没道理。

营销部经理：其他配送区域也采取同样的政策，为什么它们的销量没有明显下降，投诉也少，武汉市内的投诉却增加了？是客户的问题还是配送员的原因？

配送大区经理：虽然它们情况类似，但实际上武汉市内片区情况比较复杂，市内小客户占多数，有些客户想把前次送货产生的退货在当期中扣除，配送员因为这不符合公司规定而将送货拉回；还有些有账期的客户也被催着收款，所以客户的投诉增多了，销量也有一定影响。

营销部经理：你将这些问题列出来，哪些是我们的问题，想办法解决；哪些是客观原因，向客户说明。需要提供什么帮助，及时告诉我。我们要尽快把投诉率由目前的5%降低到1%以内，这作为下个月工作目标行不行？同时为了保证销量，我们一起研究销售的方式和政策。来，我们一起制定下一步方案。第一……

【解决方案】

结合本章论述的有关知识可知，本例中的营销经理恰当地把握了绩效面谈的关键点，很好地引导了一次绩效面谈。

(四) 绩效考核方案示例

一、总则

第一条 定义

员工考核是组织对"员工及其工作"的制度性评价，是对员工的贡献、价值、潜能进行认可和反馈的管理行为。

第二条 作用与目的

1. 导向作用。通过员工考核，传递组织价值观和目标，引导出员工绩效导向的行为。

2. 分配作用。科学、公正地评价员工的绩效和技能，为薪资调整、绩效薪资发放、晋升等企业内部价值分配提供量化依据。

3. 沟通作用。反馈员工表现，为员工的绩效改进、人力资源开发和职业生涯发展提供参照。

第三条 原则

1. 公正原则。以客观事实为依据，公正地评价员工的表现。

2. 分层分类考核原则。建立全体员工分层分类考核体系。

3. 全方位考核原则。多渠道反馈、多侧面展示员工的表现。

4. 同向原则：业绩考核结果与员工所在团队绩效同向变动。

5. 考核要面向未来原则。以团队绩效提升和人力资源开发为追求目标。

第四条 适用范围

本制度适用于公司所有员工。

## 二、考核体系

第五条 职位/人员分类

按照所负职责或应职要求的类别与性质，将职位划分为四大序列，职位序列之间不存在重叠。公司所有人员按照所在职位相应地归属于不同序列：

1. 管理序列：管理序列职位是管事的同时负有管理直接下属责任的职位。包括公司总经理、副总经理、财务总监、各部门经理（主任）、大区经理、办事处主任等。

2. 营销序列：营销序列职位是指直接参与市场营销的职位。即办事处副主任、产品经理、高级代表、代表、初级代表。

3. 专业序列：专业序列职位是指从事专业管理工作的职位。即人力资源、财务和行政管理专业职位。包括从事需要一定专业技术知识作为工作保证的一系列（例如财务分析、薪酬考核等专员）职位。即部门副经理、部门主管、部门专员。

4. 事务序列：事务序列职位是指专门从事事务性工作的职位。即文员、司机和勤务。包括公司和下属机构的司机、文员、秘书、勤杂等。

第六条 考核内容与项目

1. 员工考核的基本内容包括工作绩效、工作能力和工作态度三大方面。

（1）绩效考核是对员工工作实绩的评价，主要从工作的最终结果方面来考察，对员工的实际贡献进行衡量和排序。

（2）能力考核是对员工掌握的知识、能力进行分析、评估，考评员工自身技能是否达到了职位任职要求，以及个人的发展潜能。

（3）态度考核是对员工在工作中表现出来的积极性、责任感、团队合作精神及纪律性等进行评价。

2. 依据考核的不同用途和不同的考核对象，根据职位说明书中的关键绩效指标有针对性地选取适合于该职位的考核指标并细化，配以评分标准和权重，设计该职位的考核量表。

第七条 考核标准

1. 考核标准由直接上级依据工作说明书和工作计划的要求拟订，间接上级复核。

2. 考核的标准要保持动态，根据工作要求和战略导向的不同进行调整。

第八条 考核的类别

1. 全体员工的年度综合考核。

2. 管理序列、专业序列、营销序列中市场人员职位以及事务序列的季度绩效考核。

3. 营销序列中承担销售指标的职位的月度绩效考核。

第九条　考核责任

1. 员工考核由总经理授权公司人力资源部制定考核制度和方案。

2. 根据不同的考核类别分别成立相应的考核委员会，考核委员会为考核的组织机构（此机构为非常设机构)，并接受员工申诉。

3. 公司人力资源部为员工考核委员会的执行机构。

4. 实行二级考核制度，首先由员工的直接上级进行评定，再由间接上级复核。

5. 相关部门提出考核意见，作为直接上级考评的参考。

6. 对办事处财务主管实行双重考核。由公司财务部负责人和办事处负责人分别对其业绩作出评价，然后加权平均。

**三、全体员工年度综合考核**

第十条　考核内容

全体员工年度综合考核内容包括工作能力、工作态度和工作绩效三方面。

第十一条　考核程序

1. 成立考核委员会

该委员会为非常设机构，由公司总经理主持，其成员可以包括副总经理、财务总监、大区经理、人力资源部经理、各部门经理（主任）、办事处主任等。

考核委员会的主要任务是制定考核方案，并对考核程序进行指导和监督。

2. 编制考核量表

在考核委员会的授权下，由公司人力资源部设计考核量表的范式，包括自我考评量表范式、直接上级考核量表范式和相关部门、相关人员的意见表范式以及考核反馈面谈表范式，交考核委员会批准。

公司各部门和办事处根据考核委员会考核量表范式为所属的职位设计和编制职位考核量表，交间接上级复核。

3. 培训考核者

公司人力资源部在考核委员会授权下对考核者进行专门培训。

4. 自我评定

员工对照公司规章制度、职位说明书、工作计划目标和考核方案，填写自我评定表。

5. 相关部门评定

相关部门根据工作联系中被考核者的表现给出考评意见，填写意见表。意见表由该部门负责人征求部门其他员工意见后填写。

6. 直接上级评定

在考核评定过程中，按照由下至上的程序逐级进行。直接上级参考被考核者的自我评定以及相关部门、相关人员的考评意见，按照考核量表逐项打分，计算总分，并书写全面考核评语。

考核结果以部门为单位，按5个等级进行评定：S（优秀）、A（很好）、B（良好）、C（及格）、D（差）。这5个等级与考核总分的对照如下：

| 等级 | S | A | B | C | D |
|---|---|---|---|---|---|
| 分值 | ≥90 | 80～89 | 70～79 | 60～69 | <60 |

其中：

S（优秀）——在本部门/办事处业绩出色的前提下，被考核者实际表现全面超过了指标要求。

A（很好）——在本部门/办事处业绩良好的前提下，被考核者很多方面超过了指标要求。

B（良好）——实际表现全面达到了指标要求，能胜任工作。

C（及格）——实际表现很多方面达到指标要求，需加以改进和提高。

D（差）——实际表现没有达到指标要求。

考核者必须在考核中拉开分数档次，区分出不同级别。

7. 复核确认

考核结果由再上级复核，逐级平衡，最终由考核委员会根据各部门/办事处业绩和各序列人员的总体表现予以平衡、确认。对于个别部门/办事处业绩未达到考核条件，但个人表现突出者的评分，提报考核委员会特别评定。

8. 考核反馈

直接上级与被考核者就考核结果进行单独面谈，共同分析考核结果；进行充分的沟通，达成共识。

考核反馈面谈要明确被考核者的绩效改进方向，由面谈双方共同制订年度绩效改进计划和培训计划，该两项计划的完成情况将作为下一年度考核直接上级和被考核者的要素之一。

9. 归档备案

考核记录和所制订的绩效改进计划和培训计划报公司人力资源部归档备案。

第十二条　考核结果的运用

1. 年度考核结果作为员工职务升降、辞退的依据。

年度考核评分为D级的员工予以解职/降级/辞退。

2. 年度考核结果作为员工薪资等级调整的依据。

符合以下任何一种情况的员工可晋升一级基薪（直至本序列职务的最高等级工资）：

（1）获得一次S级者。

（2）获得两次A级者。

如本年度，公司未完成经营计划，经董事会讨论，可停止执行晋升薪级制度。

以下情况，降一级薪资：获得一次D级者。

3. 年度考核结果作为下一年度员工培训计划编制的依据。

### 四、季度绩效考核

第十三条　考核内容

季度绩效考核的内容为工作态度和工作绩效。

第十四条　考核程序

1. 成立考核委员会，组成与年度考核委员会相同。

2. 由公司人力资源部设计编制考核量表的范式，包括直接上级考核量表范式和考核反馈面谈表范式。

3. 各部门根据考核量表范式为所属的职位人员设计和编制考核量表，考核量表包括直接上级考核量表和考核反馈面谈表。

4. 直接上级征求相关部门相关人员的意见，按照直接上级考核量表逐项打分，然后给出总分，并书写全面考核评语。

考核结果以部门为单位，按5个等级进行评定。这5个等级是S（优秀）、A（很好）、B（良好）、C（及格）、D（差）。这五个等级与考核总分的对照如下：

| 等级 | S | A | B | C | D |
| --- | --- | --- | --- | --- | --- |
| 分值 | ≥90 | 80～89 | 70～79 | 60～69 | ＜60 |

考核者必须在考核中拉开分数档次，区分级别。

5. 考核结果由再上级复核，最终由考核委员会根据各部门/办事处业绩和各序列人员的总体表现予以平衡、确认。对于个别部门/办事处业绩未达到考核条件，但个人表现突出者的评分，提报考核委员会特别评定。

6. 直接上级与被考核者就考核结果进行单独面谈，共同分析考核结果，充分沟通，达成共识。面谈要同时明确被考核者的绩效改进方向，由双方共同制订阶段性绩效改进计划和培训计划。

7. 考核记录和所制订的绩效改进计划和培训计划报公司人力资源部归档备案。

第十五条 考核结果的运用

1. 绩效考核结果作为浮动工资（季度绩效奖金）发放的依据。

| 等级 | S | A | B | C | D |
|---|---|---|---|---|---|
| 奖金浮动系数 | | | | | |

季度绩效奖金浮动系数按照薪酬制度的规定确定。

2. 公司需要在年度内某季节进行晋级工作时，被晋级者必须连续两个季度考核结果为 A 级及 A 级以上，才有资格根据工作需要予以晋级。

**五、营销序列的月度绩效考核**

第十六条 考核内容

以公司制度规定的业绩指标和态度进行考核（参见《销售人员薪酬管理办法》）。

第十七条 考核程序和运用

1. 依据公司的奖励政策，由直接上级根据考核结果确定奖励。

2. 直接上级与被考核者就考核结果进行充分沟通，达成共识。沟通时要同时明确被考核者的绩效改进方向，由双方共同制订阶段性绩效改进计划。

3. 考核记录和所制订的绩效改进计划和培训计划报公司人力资源部归档备案。

**六、保密制度**

第十八条 保密制度

考核结果只与被考核者本人见面，对其他人员保密。

第十九条 申诉程序

1. 被考核者对考核结果持不同意见时，有权向直接上级陈述或越级陈述；遇有员工申诉的管理者需在七日内给予答复。

2. 申诉员工对答复仍持不同意见时，可向考核委员会申诉（非年度考核向公司人力资源部申诉）。考核委员会和人力资源部需征求有关方面意见，在十五日内提出处理意见。此意见为最终裁定，被考核者须服从最终裁定结论。

**七、附则**

第二十条 本制度的解释权归公司总经理。

本制度自颁布之日起正式生效。

# 第三节 绩效管理岗位教学实训

一、实训作业

实训作业1：

【实训作业背景】05社1六人行绩效考核方案（多个表组成）

## C.I.A. 绩效考核方案

一、总则

团队战略发展目标：提高个人能力，实现团队目标，完善自我发展，融入工作岗位。

团队理念：Creation 创造；Innovation 创新；Action 行动。

团队考核内容：1. 绩效管理体系的建立
　　　　　　　2. 员工手册的制定
　　　　　　　3. 新员工培训
　　　　　　　4. 满意度体系的建立
　　　　　　　5. 组织结构分析与流程分析模拟
　　　　　　　6. 工作分析与工作评价
　　　　　　　7. 人员招聘

**团队个人的信息**

| 姓名 | 职务 | 职责 | 个人目标 |
| --- | --- | --- | --- |
| 冯×× | 总经理 | 统筹安排，协调作战 | 锻炼领导能力，培养决策能力，实现最终目标 |
| 康× | 秘书 | 管理资料，处理事务 | 管理好团队资料，协助团体处理事务，实现团队目标 |
| 宋×× | 策划 | 提供资料，策划方案 | 提高文化素质，提供多元创意，实现团队目标 |
| 荣× | 发言人 | 沟通信息，宣传理念 | 锻炼表达能力，培养应变能力，实现团队目标 |
| 王× | 助理 | 处理事务，协助工作 | 处理团队事务，培养团队精神，实现团队目标 |

二、细则

1. 考核对象：全体队员，包括王莹、荣辰、宋尚屿、康凯。

考核周期：每两个星期。

考核机构：考核团队小组。

考核时间：隔周二。

考核主体：冯春钰。

考核维度：分为工作态度、工作能力和绩效。

考核权重设计：工作态度45％、工作能力25％和绩效20％，另基础分10％。

| 一级指标 | 二级指标 | 5分 | 4分 | 3分 | 2分 | 1分 |
|---|---|---|---|---|---|---|
| 工作态度 | 1. 出勤 | 全勤 | 病假/事假/迟到一次 | 缺勤、事假一次/无故早退一次 | 事假/迟到两次 | 缺勤两次以上 |
| | 2. 胸卡佩戴情况 | 每次自觉佩戴 | 偶尔一次不戴 | 提醒一次后佩戴 | 提醒两次后佩戴 | 多次不戴 |
| | 3. 衣着整洁得体 | 整洁、大方、得体、精神振作 | 整洁大方 | 奇装异服 | 邋遢 | 很不得体 |
| | 4. 会议出席 | 全勤，并准时出席，积极思考，发言踊跃，认真做好会议记录 | 准时出席，认真做好会议记录 | 准时出席，不积极思考 | 有缺勤现象，不积极思考，不做会议记录 | 多次缺勤 |
| | 5. 团队协作意识 | 伙伴关系融洽，气氛愉快良好，互帮互助，能为他人着想 | 互相帮助、友爱，分工明确，能够很好地完成分配给自己的任务 | 互相帮助，按时且较好地完成了任务 | 合作较愉快，按时完成任务 | 有一定团队意识 |
| | 6. 队内贡献 | 经常能为团队提供大量有效的信息，积极献言献策，并被采纳实施 | 能够提供有用的信息，积极思考、发言 | 能够发表个人建议，但被采纳次数较少 | 能够发表个人建议但未被采纳 | 很少发表个人建议 |
| | 7. 积极参与程度 | 积极参与队内各种讨论活动，并能准时参加 | 准时参加集体的各项活动和讨论 | 参加集体活动，偶有缺勤 | 参加集体活动缺勤3次以上 | 集体活动缺勤半数以上 |

续表

| 一级指标 | 二级指标 | 5分 | 4分 | 3分 | 2分 | 1分 |
| --- | --- | --- | --- | --- | --- | --- |
| 工作态度 | 8. 团队忠诚度 | 一切以团队为中心，不搞个人主义，并能够带动全队气氛 | 以团队为荣，能够协作 | 能够协作 | 能够融入团队 | 部分时候能够融入 |
| | 9. 工作专注度 | 全神贯注、忘我地积极参与，不做与工作无关的事情 | 积极参与队内工作，不开小差 | 参与工作，偶尔不能集中精力 | 参与工作，有时不能集中精力 | 较少集中精力 |
| 工作能力 | 1. 协调力 | 善于与其他团队交流沟通，并团结协调队员进行工作 | 能与队员及时沟通，避免和化解出现的问题，维护了队内团结 | 有时能够与团队队员沟通联系 | 较少与团队队员沟通联系 | 缺少与团队队员沟通联系 |
| | 2. 领导力 | 能够为团队的发展出谋献策，且得到全队的认可 | 能够发现对团队发展有利的信息 | 带领团队按时完成任务 | 有时能带领团队按时完成个别任务 | 有一定的协助能力 |
| | 3. 业务水平 | 能够超水平完成自己的任务，且热心帮助队员 | 能够完成自己的任务 | 不能很好地完成任务 | 有一定业务基础但常出错 | 业务水平较弱、低效 |
| | 4. 知识运用能力 | 全部掌握，并熟练运用 | 掌握80%以上 | 掌握50%～80% | 掌握20%～50% | 掌握20%以下 |
| | 5. 沟通表达能力 | 能够积极且清晰表达自己的意见和想法，对团队有贡献 | 能积极表达出自己的观点 | 能够提出观点 | 偶尔提出观点 | 很少提出观点 |
| 绩效 | 1. 意见采纳 | 意见经常被采纳，且为团队争得荣誉 | 积极提出建议，部分被采纳 | 能够提出意见，很少被采纳 | 很少提出自己的建议 | 几乎没有提过 |
| | 2. 伙伴互评 | 优秀 | 良好 | 中等 | 一般 | 差 |

续表

| 一级指标 | 二级指标 | 5分 | 4分 | 3分 | 2分 | 1分 |
|---|---|---|---|---|---|---|
| 绩效 | 3. 为团队加分 | 为团队赢得3分以上 | 为团队赢得2.5分以上 | 为团队赢得1.5分以上 | 为团队赢得1分以上 | 赢得0～1分 |
| | 4. 工作完成情况 | 全部按时出色完成 | 按时全部完成 | 基本完成 | 部分完成 | 未完成 |
| 基础分10分 | | | | | | |

2. 指导思想与基本原则：公平，公正，公开。

3. 绩效面谈的根本目的：更好地实现组织目标。

4. 绩效面谈沟通的步骤

（1）准备沟通方式

1）如果希望借绩效计划的机会向队员做一次动员，可以召开队员大会。

2）如果一项工作目标与某个成员有关系，可以召开小组会议，有助于在完成目标的过程中小组成员之间的协调配合。

3）可采取队长与队员单独交谈的方式。

（2）沟通的原则

1）队长和队员在沟通中是一种相对平等的关系，双方共同为了业务单元的成功而做绩效计划。

2）在制定工作的衡量标准时应该更多地发挥员工的主动性，更多地听取队员的意见。

3）队长应该与队员一起做决定，而不是代替队员做决定，队员自己做决定的成分越多，绩效管理就越容易成功。

5. 绩效期间的绩效评价结果

**三、队员申诉及处理**

处罚和过失必须通知本人，本人有向上级及老板申诉的权利。

**实训作业2：**

【实训作业背景】［年末，某企业部门主管A欲找下属B就其本年绩效评价结果做一次绩效反馈面谈。这天刚刚上班，下属B正忙着准备客户交流的重要材料，这时主管A走了进来。］

主管A：小B，有时间吗？

下属B：什么事，头儿。

主管A：一年结束了，我想就绩效评价结构和你沟通沟通。

下属B：现在吗？

主管A：就现在吧，我8点15分还有个重要的会议要参加，哎，沟通沟通！大家都很忙，人力资源部总是给大家添麻烦！

下属B：（看了一下手表）头儿，我手头还有一些事……

主管A：别啰唆了，时间很紧张，赶紧到我办公室来。

下属B：（无奈的）好吧。

〔主管A的办公室，在主管的办公桌前，下属B忐忑不安地面对主管A坐下。〕

主管A：小B，咱们就开门见山吧！

〔这时电话铃响，A拿起电话："喂，王总。"〕

主管A：（通话用了5分钟）刚才，我们谈到哪里了？

下属B：准备开门见山吧！

主管A：哦，对！你去年来讲总的干得不错，工作基本可以接受，有些方面成绩还挺明显的，成绩大家都清楚，我就不细讲了。小B，你的问题也不少啊！尽管我们商定的任务完成得还可以，但是在与他人沟通协调、客户交流方面的确还比较欠缺，以后应该多注意点。

下属B：我想知道，您说我沟通协调能力差，具体指什么？

〔这是秘书敲门进来："领导，您要参加的会议时间就要到了。"〕

主管A：我知道了！小B，你从来没有给我分过忧，还惹过不少麻烦！这一点你应该清楚！

下属B：我……

主管A：你不要强词夺理了！回去好好反思一下：下一步该如何改进！

下属B：我全年的工作全部都按要求完成了，评价结果应该……

〔秘书又敲门进来："领导，您要参加的会议时间到了，大家都等着呢！"〕

主管A：知道了！应该怎样？咱们部门总共不超过20个人，谁好谁差，谁哪方面强、谁哪方面弱，我心中都有数。

下属B：您得出这个结论，是不是因为上个月与OSS软件测试项目组协调会上那次争吵，还有……

主管A：不用扯太远了，你只要和身边的C比，就应该知道我为什么说你的协调能力差了。

下属B：（心中暗想，怪不得我四个季度评价成绩三次都比她差）主管，她是老员工，与周围部门协调起来当然有优势，但我的沟通能力并不差啊！从其他方面说，我工作速度明显比她快，工作中我也比她敢于坚持原则，她经常按时上下班，而我经常加班加点，还有……

主管A：今天就谈到这里吧。顺便说一句，你现在工资也不低，知足吧！

下属B：（茫然）……

〔主管A匆匆赶去开会时，下属B站在那里，待了很久。〕

## 二、实训作业评价

实训作业一：绩效管理是一个持续的过程，贯穿于工作的每一个环节。

实训作业二：

绩效沟通应遵循一定的原则，掌握好一定的技巧。应当先跟员工约定双方都方便的时间和地点，提前两周通知员工，使其能够提前做好准备。

整个面谈过程要保证充足的时间，保证面谈场所不被打扰。

在交流时应该直接而具体。管理者赞扬和批评员工，都要有具体、客观的结果或事例来支持，使员工明白自己哪里做得好，差距和缺点在哪里。

在指出员工的缺点时，必须有具体的例子、双方认可的数据和记录作为依据，不能泛泛而谈，更不能让员工自行猜测。同时，不能针对个人，不能一味责备，绩效面谈的重点是和员工讨论，找出绩效不足的原因，提出帮助员工改进绩效的计划。

要尊重员工，承认员工的价值，看到他们的潜力和付出。

# 第九单元　员工关系管理岗位技能实训

**【学习目标】**

通过本单元的学习，能够理解员工关系管理的重要意义和基本内涵，掌握员工关系管理包含的实际操作内容，能够在用人单位内部建立完整的员工关系管理体系；在熟悉我国现有员工关系管理政策法规的基础上，灵活处理用人单位内部发生的员工关系矛盾、危机和劳动争议。

**【本章重点】**

劳动合同管理；劳动争议处理。

**【关键技能】**

劳动标准制定；劳动合同拟定；集体协商谈判；劳动争议处理；绩效方案设计与执行；人际沟通与协调；语言表达能力；绩效工具运用。

**【关键概念】**

劳动标准；劳动合同；集体协商；规章制度；民主管理；劳动争议。

员工关系管理是企业人力资源管理过程中重要的基础管理工作，主要包括劳动合同管理、集体协商、劳动争议仲裁等，是与员工利益密切相关的工作。一般情况下，员工关系管理多为事务性、常规性管理工作，企业会单独设置相应岗位全面负责该模块的工作。

# 第一节　岗位说明书及详解

## 一、员工关系管理岗位说明书示例

| 岗位名称：员工关系管理专员 | 所在部门：人力资源部 |
|---|---|
| 岗位编码： | 编制日期： |
| 岗位概要：劳动标准实施管理；劳动合同管理；集体协商与集体合同管理；劳动规章制度建设；劳资沟通与民主管理；员工申诉与劳动争议处理 | |

| 岗位职责 | 数量、质量、标准 |
|---|---|
| 1. 劳动标准实施管理<br>1.1　劳动标准信息收集<br>1.2　劳动标准应用 | 1. 能够起草用人单位劳动标准<br>2. 能够收集、归纳并比较分析相关单位实施劳动标准经验<br>3. 能够对用人单位劳动标准的实施情况进行评估<br>4. 能够收集、汇总实施过程中的问题并提出解决建议 |
| 2. 劳动合同管理<br>2.1　劳动合同订立<br>2.2　劳动合同履行与变更<br>2.3　劳动合同解除与终止 | 1. 能够起草劳动合同文本和劳务派遣协议、专项培训服务协议、竞业限制协议等专项协议文本<br>2. 能够对劳动合同订立协商提供咨询和建议<br>3. 能够起草关键岗位劳动合同和专项协议<br>4. 能够协调解决劳动合同履行过程中的问题<br>5. 能够发现导致劳动合同变更的潜在因素，提出解决预案<br>6. 能够对劳动合同变更协商提供咨询和建议<br>7. 能够进行离职面谈并分析原因，提出用工改进建议<br>8. 能够对劳动合同的解除或终止进行合法性审查，提出审查意见，防止或避免违法解除或终止劳动合同<br>9. 能够为解除或终止劳动合同提供咨询、指导，协调解决劳动合同解除或终止中的问题<br>10. 能够起草经济性裁员方案<br>11. 能够监督劳动合同解除或终止后的竞业限制、保密、培训等协议的后续履行情况 |
| 3. 集体协商与集体合同管理<br>3.1　集体协商筹备 | 1. 能够起草集体协商工作总体方案<br>2. 能够拟订集体协商的议题<br>3. 能够分析拟订集体协商的谈判思路和策略<br>4. 能够协调解决用人单位一级集体协商中的重大争议<br>5. 能够起草用人单位集体合同草案<br>6. 能够起草向职工代表大会（职工大会）或劳动保障行政部门汇报关于集体协商过程和集体内容的报告 |

续表

| 岗位职责 | 数量、质量、标准 |
|---|---|
| 3.2 集体协商与集体合同订立<br>3.3 集体合同履行 | 7. 能够在职工代表大会（职工大会）上接受职工代表（职工）的质询<br>8. 能够起草、组织落实用人单位一级集体合同履行监督检查制度、监督检查方案以及整改方案<br>9. 能够协调解决用人单位一级集体合同履行中的争议并能够依法参与集体合同争议的仲裁和诉讼的顺利解决 |
| 4. 劳动规章制度建设<br>4.1 劳动规章制度制定<br>4.2 劳动规章制度实施指导 | 1. 能够分析确定需要通过劳动规章制度解决的问题，并拟订劳动规章制度草案<br>2. 能够主持劳动规章制度的讨论和平等协商，根据讨论和协商的意见修改草案<br>3. 能够指导管理人员正确使用劳动规章制度<br>4. 能够协调处理劳动规章制度实施中的一般问题<br>5. 能够审核用人单位有关机构提出的违章行为处理意见<br>6. 能够组织开展劳动规章制度实施情况的监督检查，分析劳动规章制度实施中存在的问题，并提出修改意见和建议 |
| 5. 劳资沟通与民主管理<br>5.1 信息沟通管理<br>5.2 劳资协商<br>5.3 职工代表大会（职工大会）的组织召开和职工董事监事事务管理 | 1. 能够根据信息沟通需要，设计应公开信息指标体系<br>2. 能够组织和支持重大事项的信息沟通会议<br>3. 能够利用问卷、访谈结果，撰写信息公开、信息沟通分析报告<br>4. 能够拟订劳资协商议题<br>5. 能够根据会议需要设计议程<br>6. 能够主持协商会议<br>7. 能够根据会议讨论结果，拟订会议决议或会议纪要<br>8. 能够检查和评估协商决定事项的实施情况<br>9. 能够组织职工代表的推选工作<br>10. 能够拟订职工代表大会议题并能够征集提案<br>11. 能够组织、主持职工代表大会会议<br>12. 能够根据职工代表大会讨论结果，拟订会议决议或纪要<br>13. 能够组织推选职工董事监事 |
| 6. 员工申诉与劳动争议处理<br>6.1 员工申诉处理<br>6.2 集体劳动争议的协商处理<br>6.3 集体劳动争议的调解处理<br>6.4 劳动争议仲裁和诉讼案件代理 | 1. 能够协调解决员工申诉<br>2. 能够根据员工申诉的汇总分析结果，提出完善规章制度的建议<br>3. 能够组织集体争议双方依法协商解决争议<br>4. 能够依法调解处理用人单位集体争议<br>5. 能够为当事人提供劳动争议仲裁、诉讼的咨询、指导和帮助<br>6. 能够接受委托，代理劳动争议仲裁案件<br>7. 能够接受委托，代理劳动争议诉讼案件 |

续表

| 关键绩效指标 ||
|---|---|
| 在用人单位建立和谐员工管理，降低用人单位生产管理成本，提升用人单位品牌，增强员工的凝聚力，帮助用人单位赢得人才、留住人才 ||

| 任职资格 | 必备要求 | 期望要求 |
|---|---|---|
| 学历及专业要求 | 大专以上学历，管理类专业 | 本科以上学历，人力资源管理专业或劳动关系专业 |
| 所需资格证书 | 人力资源管理师（三级以上）或劳动关系协调员（三级以上） | 人力资源管理师（二级以上）或劳动关系协调员（二级以上） |
| 工作经验 | 一年以上相关工作经验 | 三年以上相关工作经验 |
| 知识要求 | 人力资源管理、劳动法 | 掌握心理学相关知识 |
| 技能要求 | 熟练使用办公软件 | 掌握人才测评软件 |
| 能力要求 | 具有较强的表达和说服能力、沟通能力、调查和分析判断能力、协调能力、化解冲突和应急处理能力 | 与行政管理部门、司法机关有良好的关系 |
| 个性要求 | 乐观积极，有亲和力 | 有丰富的生活阅历 |

| 主要关系 ||
|---|---|
| 关系性质 | 关系对象及频繁程度 |
| 直接上级 | 人力资源部门经理 |
| 直接下级 |  |
| 内部沟通 | 用人单位的其他工作部门 |
| 外部沟通 | 相关业务往来单位、行政管理部门、司法机关 |

| 岗位环境和条件 |
|---|
| 使用工具设备：一般办公设备、计算机、网络<br>工作环境：办公场所<br>工作时间特征：正常工作时间，根据工作情况加班 |

## 二、主要岗位职责详解

### （一）劳动标准实施管理

劳动标准是指对劳动领域内的重复性事务、概念和行为进行规范，以定性形式（如问题描述）或者定量形式（如数据、图表）所作出的统一规定。通常所说的劳动标准是指国家以强制性规范规定的关于就业、工资、工时、劳动条件、劳动安全卫生、女职工和未成年工特殊保护等方面的劳动基准。用人单位在贯彻国家制定的劳动标准的同时，也会制定和实施本单位的劳动标准。

1. 用人单位劳动标准的制定

用人单位制定劳动标准应以国家、行业、地方的劳动标准为依据，因此应首先收集整理并汇编国家、行业、地方劳动标准，并分析其对用人单位带来的影响。其次，要收集整理用人单位已经实施的劳动标准，找出存在的问题并提出解决方案。最后，要收集、归纳并比较分析相关单位实施劳动标准的经验，在此基础上依据劳动标准的编写规范，制定适合本单位的劳动标准。

2. 劳动标准实施情况评估

用人单位劳动标准制定并生效后，工作人员应及时向员工宣讲劳动标准的内容，并积极对员工提供咨询服务。同时，对于用人单位劳动标准的实施情况进行评估，收集汇总实施过程中的问题并提出解决建议，并根据用人单位发展的战略调整以及国家、地方、行业劳动标准的变化提出用人单位劳动标准的修改方案。

（二）劳动合同管理

劳动合同是确立劳动关系的法律形式，用人单位如果不与劳动者订立书面劳动合同，应当承担相应的法律责任。可见，劳动合同是员工关系管理工作中不可或缺的重要法律文件，劳动合同管理是一项基础工作，它直接关系到员工关系的和谐与稳定，有些用人单位之所以发生劳动争议，很大程度上都是因为劳动合同管理的不规范造成的。因此完善劳动合同制度、加强劳动合同管理，可以降低用人单位的用工风险。

1. 劳动合同的订立

（1）订立劳动合同的时间。用人单位应当自用工之日起就与劳动者签订劳动合同，如果自办理用工手续之日起超过一个月不与劳动者订立书面劳动合同的，应当支付劳动者劳动应得报酬两倍的工资。

（2）劳动合同文本的准备。劳动合同的文本由用人单位提供，内容由劳动者和用人单位协商一致确定，但应当具备以下条款：1）用人单位的名称、住所和法定代表人或者主要负责人；2）劳动者姓名、住址和居民身份证或者其他有效证件号码；3）劳动合同期限；4）工作内容和工作地点；5）工作时间和休息休假；6）劳动报酬；7）社会保险；8）劳动保护、劳动条件和职业危害防护；9）法律、法规规定的应当纳入劳动合同的其他事项。

劳动合同除了上述规定的必备条款外，用人单位可以与劳动者协商约定试用期、培训、保守商业秘密、补充保险和福利待遇等其他事项。

（3）订立劳动合同应注意的问题。劳动合同中禁止约定用人单位免除自己责任、排除劳动者权利的条款。订立劳动合同应当在平等自愿、协商一致的基础上进行，并注意不能逾越法律、行政法规的规定。如果劳动合同违反了法律、行政法规的规定，或者用人单位以欺诈、胁迫的手段订立劳动合同，或者用人单位在劳动合同中免除自己责任、排除劳动者的权利，这些劳动合同会被确认为无效。

2. 劳动合同的履行和变更

（1）劳动合同的履行。劳动合同依法订立即具有法律约束力，用人单位与劳动者应当按照劳动合同的约定，全面履行各自的义务。用人单位应当按时足额向劳动者支付劳动报酬，严格执行劳动定额标准，不得强迫或者变相强迫劳动者加班。劳动者对于用人单位的违章指挥、强令冒险作业，有权拒绝执行。

（2）劳动合同的变更。变更劳动合同，应当采用书面形式记载变更内容，经用人单位和劳动者双方签字或盖章有效。劳动合同的变更仅限于劳动合同内容的变更，不包括主体的变更。用人单位变更名称、法人、主要负责人或者投资人、注册、登记备案事项，不影响劳动合同的履行。用人单位发生合并或者分立等情况，原劳动合同继续有效，劳动合同由承继其权利义务的用人单位继续履行。

3. 劳动合同的解除与终止

（1）劳动合同的解除。劳动合同的解除，是指劳动合同在期限届满之前，双方或单方提前终止劳动合同的效力。劳动者和用人单位可以协商一致解除劳动合同，在特定的情况下，劳动合同也可以由单方提出解除。如果用人单位单方解除劳动合同，应符合法律规定的条件和程序，并且将理由通知工会。工会认为不适当的，有权提出意见。用人单位违反法律、行政法规规定或者劳动合同约定的，工会有权要求用人单位纠正。用人单位应当研究工会的意见，并将处理结果书面通知工会。

用人单位应当自解除劳动合同之日起十五日内，为劳动者办理档案和社会保险转移手续，并为需要办理失业登记的劳动者出具解除劳动合同的证明。

劳动者应当按照双方的约定，遵循诚实信用的原则办理工作交接。用人单位须支付经济补偿的，应当在办理工作交接手续时向劳动者支付。用人单位对已经解除的劳动合同文本，应当保存两年以上备查。

（2）劳动合同的终止。劳动合同的终止是指劳动合同期限届满或者出现其他原因，合同规定的权利义务即行消灭。具体而言，导致劳动合同终止的原因主要包含下列一些情形：

1）劳动者期满。

2）劳动者开始依法享受基本养老保险待遇的。

3）劳动者死亡，或者依法被人民法院宣告死亡或者失踪的。

4）用人单位被依法宣告破产的。

5）用人单位被吊销营业执照、责令关闭、撤销或者用人单位决定提前解散的。

6）法律法规规定的其他情形。

4．劳务派遣管理

劳务派遣是指劳务派遣单位与用工单位签订劳务派遣协议，由劳务派遣单位招用劳动者，并派遣该劳动者到用工单位工作，劳动者和用工单位从中获得收入的经济活动。在此种组合的劳动关系中有两个组织，分别为劳务派遣单位和用工单位，其权利义务不同，因此管理内容也有很大的区别。

（1）劳务派遣单位的管理。劳务派遣单位即《劳动法》《劳动合同法》等法律法规所称的"用人单位"，应当履行用人单位对劳动者的全部义务，具体包括以下事项：

1）招聘、甄选、考核、录用劳动者。

2）与劳动者签订劳动合同，劳动合同内容除了前述必须具备的内容外，还应当载明被派遣劳动者的用工单位以及派遣期限、工作岗位等情况。

3）与劳动者签订两年以上的有固定期限的劳动合同，按月支付劳动报酬，在劳动者无工作期间不得低于当地最低工资标准支付劳动报酬，为劳动者缴纳社会保险费。

4）劳动合同到期后，如果没有法律规定的特别情形，应当续签劳动合同。

5）与用工单位签订劳务派遣协议，劳务派遣协议应当明确派遣岗位和人员数量、派遣期限、劳动报酬和社会保险费的数额与支付方式及违反协议的责任。

6）将派遣协议的内容告知劳动者，并不得克扣劳动者的劳动报酬，不得向劳动者收取费用。

（2）用工单位的管理。用工单位是劳动力的实际使用者，但却无须与劳动者签订劳动合同，其与劳动者之间也不会被认定为事实劳动关系。具体而言，用工单位的劳务派遣管理具体包括以下事项：

1）与劳务派遣单位签订劳务派遣协议。

2）执行国家劳动标准，提供相应的劳动条件和劳动保护。

3）告知被派遣劳动者的工作要求和劳动报酬。

4）支付加班费、绩效奖金，提供与工作岗位相关的福利待遇。

5）对在岗劳动者进行工作岗位所必需的培训。

6）连续用工的，实行正常的工资调整机制。

5. 非全日制用工的管理

非全日制用工，是指以小时计酬为主，劳动者在同一用人单位一般平均每日工作时间不超过 4 小时，每周累计不超过 24 小时的用工形式。用人单位对非全日制用工的管理主要包括以下一些内容：

（1）与非全日制用工订立口头协议或书面的劳动合同，因为劳动者可能同时与两个或两个以上的用人单位签订劳动合同，所以后签订的劳动合同不得影响或者损害先签订的劳动合同的权利和义务。

（2）非全日制用工不得约定试用期。

（3）双方当事人任何一方均可随时通知对方终止用工，终止用工不支付经济补偿金。

（4）非全日制用工劳动报酬结算周期最长不得超过十五日。

（三）集体协商与集体合同管理

1. 集体协商

集体协商是工会或职工代表与用人单位以签订集体合同为目的进行商谈的行为，此行为并非员工个人为自己的利益与用人单位进行谈判，而是工会或职工代表与用人单位之间针对劳动报酬、工作时间、休息休假、劳动安全卫生、职业培训、保险福利等事项协商，最终签订集体合同的行为。

（1）集体协商代表的确定。集体协商双方的代表人数应对等，每方不得少于 3 人，并各确定一名首席代表。

职工一方的协商代表由本单位工会选派。未建立工会的，由本单位职工民主推荐，并经本单位半数以上职工同意。职工一方的首席代表由本单位的工会主席担任，未建立工会的，职工一方的首席代表从协商代表中民主推举产生。

用人单位一方的协商代表，由用人单位法定代表人指派，首席代表由单位的法定代表人担任或由其书面委托的其他管理人员担任。

（2）集体协商的程序。集体协商的任何一方都可以就签订集体合同或专项集体合同以及相关事宜，以书面形式向对方提出要求，另一方在 20 日内应以书面形式回应。

协商代表在协商前应进行相关的准备工作，包括熟悉有关法律法规、收集用人单位和职工的意见、拟定集体协商的议题、确定集体协商的时间地点等。

集体协商采用协商会议的形式进行，双方首席代表轮流主持，各方代表就商谈事项发表意见，开展充分的讨论。

2. 集体合同订立

（1）集体协商的结果。集体协商达成一致意见的，应当形成集体合同草案或者专项集体合同草案，双方首席代表签字。

集体协商未达成一致意见或者出现事先未预料的问题时，经双方协商，可以中止协商程序。

集体协商过程中发生争议，双方不能协商解决的，可以申请由劳动保障行政部门协调处理。

(2) 集体合同的报送审查。通过集体协商签订的集体合同，必须报送当地劳动保障行政部门审查方可生效。报送审查集体合同需注意以下问题：

第一，企业签订的集体合同，按企业法人营业执照注册地，报所在区或县人力资源和劳动保障局审核。

第二，报送集体合同需要以下材料：

• 企业参加"社会保险登记证"复印件。

• 企业涉及协商工资增长比例的，应报"协商工资基本数据表"和"企业人工成本状况表"（报送的集体合同中未包括该项内容的，不需报送上述两表）。

• 集体合同或"集体合同变更、解除审核表"一式三份。其中劳动保障行政部门存一份，退集体合同当事人双方各一份。

• 集体合同的说明一份。

• 职工代表大会或全体职工大会审议通过集体合同草案的决议一份。

• 双方首席代表、协商代表或委托人姓名、性别、年龄、职务、居民身份证号码。

• 授权委托书一份。企业法定代表人为该方首席代表、工会主席为职工方首席代表的，不需授权委托书。

• 企业法人营业执照（副本复印件一份）。

• 工会社团法人证明材料。该材料指企业上级工会批准成立工会的文件，含原件和复印件。原件退回企业，复印件由审批部门留存。

• 职工一方协商代表劳动合同复印件。

• 企业地址、人数。

3. 集体合同的履行

集体合同生效后，要及时向员工正式公布，并积极向员工宣讲集体合同的内容，并收集整理集体合同履行的情况。针对集体合同中出现的问题，要认真分析，提出合理的解决方案。

（四）劳动规章制度的建设

劳动规章制度是指人们在共同劳动中必须遵守的工作秩序和劳动规则。这种秩序和规则，要求每个员工按照规定的时间、程序和方法，完成自己承担的生产任务或工作任务。

1. 劳动规章制度的制定

（1）劳动纪律的内容。劳动规章制度与用人单位的行业性质、生产经营规模等因素密切相关，各单位不可能千篇一律，大致可以包括以下一些内容：1）员工招聘、录用、考核的有关规定；2）劳动合同管理制度；3）工作时间和休息休假制度；4）工资制度；5）员工社会保险和福利制度；6）劳动保护制度；7）职业培训制度；8）员工行为规范；9）员工奖惩制度；10）劳动争议处理制度。

（2）制定劳动规章制度的程序。根据我国法律规定，用人单位的劳动规章制度要产生法律上的约束力，必须具备三个条件：第一是劳动规章制度的内容必须合法；第二是劳动规章制度要经过民主程序制定；第三是劳动规章制度必须向员工公示。根据此规定，劳动纪律为了满足上述条件，可以通过以下几个步骤制定：

第一步，劳动规章制度草案的拟定；

第二步，劳动规章制度草案的修改讨论；

第三步，劳动规章制度的通过；

第四步，劳动规章制度的备案；

第五步，劳动规章制度的公布。

2. 劳动规章制度实施指导

劳动规章制度制定后，要及时向员工公示，并向员工提供咨询服务。对于规章制度实施过程中出现的问题要积极作出响应，并定期组织开展劳动规章制度实施情况的监督检查，分析劳动规章制度中存在的问题，并提出修改意见和建议。

（五）劳资沟通与民主管理

1. 协助工会开展活动

工会是职工自愿结合的工人阶级的群众性组织。任何组织和个人都不得阻挠和限制职工依法参加工会和组织工会。

（1）工会的组建。用人单位有会员25人以上的，应当建立基层工会委员会；基层工会的设立需要上一级工会的批准；工会委员会由会员或者会员代表大会民主选举产生，非经民主程序，不得罢免。职工200人以上的用人单位的工会，可以设专职工会主席。

（2）工会的职能。维护职工合法权益是工会的基本职责。具体而言，工会享有以下权利和义务：

1）工会的权利。参与管理国家事务、经济文化事业和社会事务；保障职工依法行使民主管理；帮助、指导签订劳动合同和集体合同；提出意见和建议；交涉和协商；监督和调查；参与劳动争议的解决等。

2）工会的义务。为职工提供法律服务；协助用人单位做好集体福利事业、工资、劳动保护、社会保险等工作；协助用人单位开展教育培训工作等。

2. 组织召开职工（代表）大会

职工（代表）大会是用人单位员工参与民主选举、民主决策、民主管理、民主监督，维护员工权益，协调用人单位内部劳动关系的一项机制。

职工（代表）大会的主要职能包括：对用人单位的重大决策提出意见和建议；审议并决定用人单位的劳动纪律和规章制度；审议并通过工资调整方案、奖金分配方案及其他有关职工生活福利的重大事项；评议监督用人单位领导干部等。

（六）员工申诉与劳动争议处理

1. 员工奖惩和申诉管理

（1）奖励管理。奖励是用人单位对员工某项工作成果的肯定和积极鼓励，利用员工的上进心和荣誉感，促使其尽职尽责，发挥其更大潜能。

对职工进行奖励，应遵循一定的程序和步骤：

第一步，有明确的奖励依据，即用人单位首先需建立绩效考核等规章制度，其内容应当合法、公正、具体、明确、具有可操作性；

第二步，符合民主程序；

第三步，向员工公示。

（2）惩戒管理。惩戒是对员工某项行为或者工作成果的否定，利用人们的畏惧感，促使员工遵纪守法，不再实施违法行为。

对员工进行惩戒，应遵循一定的程序和步骤：

第一步，有明确的惩戒依据。如果依据本单位的劳动纪律，那么此劳动纪律应当符合法律规定，通过民主程序制定并向员工公布；

第二步，符合民主程序，即应直接或间接征求工会或职工的意见，某些惩戒措施还必须经过法定的民主程序；

第三步，向员工公示；

第四步，给被惩戒员工申诉的机会，必要时用人单位需要调查取证，避免草率的处罚。

（3）员工申诉管理。申诉是指员工在认为自己遭遇到不公正待遇时，以口头或书面的形式向用人单位表示出来对有关事项的不满。这些事项通常都与工作有关，而不包括员工的私人问题。具体而言，可以通过申诉制度处理的事项主要有：薪资福利、劳动安全条件、安全卫生、管理规章与措施、工作分配及调动、奖惩与考核、群体间的互动关系以及其他与工作相关的事项。

申诉的具体程序与用人单位的人员规模密切相关，但一般而言，申诉的起始阶段多由申请人与管理者直接协商；如果协商不成，可以启用用人单位的调解机制；调解不成，当事人可以去申请仲裁直至向法院提起诉讼。无论采用哪种方式，用人单位都需事先有一个正式的流程，告知员工应当如何实施，且在任何阶段都不得阻挠员工通过法律途径来解决纠纷。

2. 劳动争议处理

（1）协商程序。劳动争议发生后，争议双方当事人可以直接就争议事项在平等自愿的基础上进行协商，争取达成一致意见，避免事态扩大。此程序适用于争议开始之初双方矛盾还未激化时，而且一定要在双方自愿的基础上才能进行，并非解决劳动争议的必经程序。

（2）调解程序。这里指劳动争议的基层调解，是指在用人单位内部设立劳动争议调解委员会，调解委员会对当事人自愿申请调解的劳动争议，在查明事实、分清是非的基础上，依据法规、政策、规定和劳动合同、集体合同，通过说服、教育和劝导，促使当事人双方在平等协商、互谅互让的基础上自愿达成解决劳动争议协议的活动。在劳动争议处理体制中，这是一种普遍适用的基本程序，不过，这也并非是解决劳动争议的必经程序。

需要注意的是，劳动争议的基层调解属于民间调解，与仲裁委员会和法院的调解相比有很大的不同：首先，劳动争议调解委员会是民间组织而不是国家机关；其次，调解劳动争议形成的调解书是合同性质，不可到法院申请强制执行。

（3）仲裁程序。劳动争议仲裁是指劳动争议仲裁机构对当事人请求解决的劳动争议依法进行居中公断的行为，包括对劳动争议依法审理并进行调解、裁决的一系列活动。在我国的劳动争议处理体制中，它作为诉讼前必经的法定程序，是处理劳动争议的一种主要方式。

（4）诉讼程序。诉讼程序是解决劳动争议的最后一道程序，诉讼程序的开始必须以仲裁程序为前提条件。人民法院审理劳动争议的机构是民事庭，按照我国《民事诉讼法》的有关规定进行。

### 三、关键岗位能力分析

1. 劳动合同管理岗位

能够根据用人单位的实际需要拟定劳动合同文本以及各类专项协议；能够根据劳动关系变化情况为职工办理劳动合同的变更、解除、终止、续订等手续并办理相应的经济补偿。了解劳务派遣用工相关制度，了解非全日制用工的相关制度。

2. 员工申诉与劳动争议处理岗位

能够根据拟定的规章制度对职工办理奖励和惩戒事务；能够正确处理员工的申诉；能够妥善地处理突发事件和员工关系方面的危机；能够作为用人单位的代表参与劳动争议的调解并拟定相应的法律文书；熟悉劳动争议仲裁程序，会撰写劳动争议仲裁申请书，能够根据申请书的内容撰写答辩书，能够代理用人单位参加劳动争议仲裁活动。

**四、员工关系管理岗位工作流程**

员工关系管理岗位工作流程如图9—1所示。

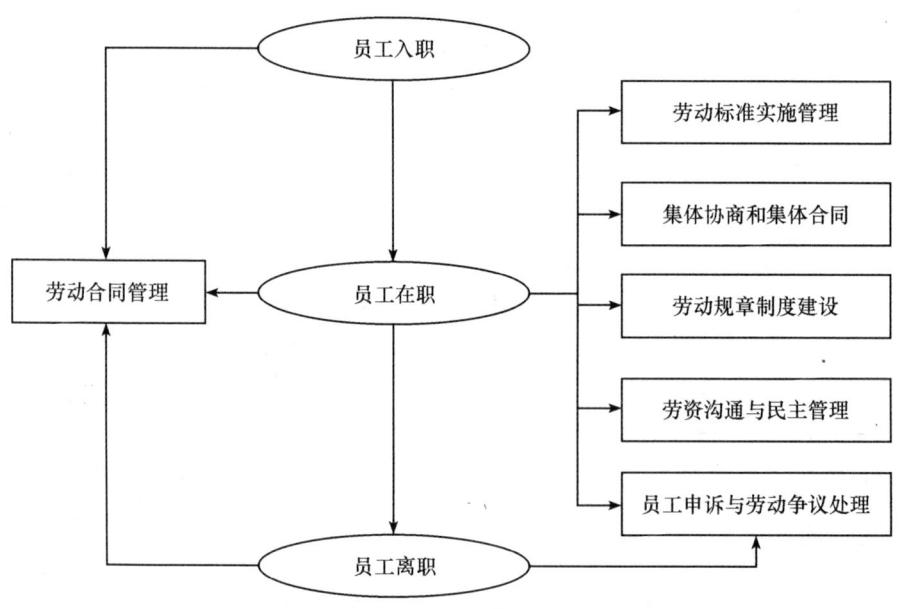

图9—1 员工关系管理岗位工作流程

## 第二节 员工关系管理岗位常用工具及业务示例

**一、员工关系管理岗位常用工具表单**

（一）实行综合计算工时工作制和不定时工作制申报表

申报单位盖章：（公章）

| 企业名称 | | | | 企业性质 | | | |
|---|---|---|---|---|---|---|---|
| 地址 | | | | 主管部门 | | | |
| 法定代表人姓名 | | 联系电话 | | | 职工人数 | | |
| 申报种类 | | | | 实行特殊工时制度职工人数 | | | |
| 综合计算工时工作制 | | | | 不定时工作制 | | | |
| 岗位或工种 | 人数 | 计算周期单位 | 实行期限 | 岗位或工种 | | 人数 | 实行期限 |
|  |  |  |  |  |  |  |  |
|  |  |  |  |  |  |  |  |
|  |  |  |  |  |  |  |  |
|  |  |  |  |  |  |  |  |
|  |  |  |  |  |  |  |  |

## （二）员工入职登记表

申请职位：　　　　　　申请时间：　　　　　　编号：

| 姓名 | | 性别 | | 照片 |
|---|---|---|---|---|
| 出生日期 | | 民族 | | |
| 政治面貌 | | 婚姻状况 | | |
| 身份证号码 | | | | |
| 身高 | | 体重 | | |
| 户口地 | | 联系电话 | | |
| 通信地址 | | 邮政编码 | | |
| 第二通信地址（紧急联络人） | | 紧急联系人及电话 | | |
| 最高学历 | | 毕业院校 | | |
| 专业 | | 健康状况 | | |
| 本人家庭关系 | | | | |
| 称呼 | 姓名 | 年龄 | 具体住址 | 联系电话 |
|  |  |  |  |  |
|  |  |  |  |  |
|  |  |  |  |  |

续表

| 本人教育经历 | | | |
|---|---|---|---|
| 教育时间 | 就读学校及专业 | 证明人 | 证明人联系电话 |
|  |  |  |  |
|  |  |  |  |
|  |  |  |  |

| 本人工作经历 | | | | |
|---|---|---|---|---|
| 工作时间 | 就职单位 | 职务 | 离职原因 | 证明人及联系电话 |
|  |  |  |  |  |
|  |  |  |  |  |
|  |  |  |  |  |

| 其他情况的自我说明 | |
|---|---|
| 与其他单位有无竞业限制协议 |  |
| 档案存放地 |  |
| 社会保险情况 |  |

（三）劳动合同文本

各地劳动保障行政部门都制定颁布当地"劳动合同书"范本，可在当地劳动保障行政部门的官方网站查询。

（四）劳动合同续订书

本次续订劳动合同期限类型为_____期限合同，续订合同生效日期为___年___月___日，续订合同_____终止。

甲方（盖章）　　　　　　　　　　　　乙方（签字或盖章）

法定代表人
或委托代理人（签章）

　　　　　　　　　　　　　　　　　　　　　　　　年　　月　　日

本次续订劳动合同期限类型为_____期限合同，续订合同生效日期为___年___月___日，续订合同_____终止。

甲方（盖章）　　　　　　　　　　　　乙方（签字或盖章）

法定代表人
或委托代理人（签章）

　　　　　　　　　　　　　　　　　　　　　　　　年　　月　　日

## （五）变更劳动合同协议书

甲方：
乙方：
经甲乙双方平等自愿、协商同意，对___年___月___日签订的《劳动合同》做如下变更：
1.
2.
3.
除上述约定的变更内容外，劳动合同的其他条款仍然有效。

甲方（盖章）                                   乙方（签字或盖章）

法定代表人
或委托代理人（签章）
                                                      年   月   日

## （六）解除劳动合同通知书

_____（女士/先生）：
___年___月___日你与本单位签订的_____期限的劳动合同，由于_____原因，本单位决定与你解除劳动合同。
根据有关法律规定，你符合/不符合领取经济补偿金的条件。
经济补偿金相当于你___个月工资，共计_____元。

×× 公司
年   月   日

## （七）终止劳动合同通知书

_____（女士/先生）：
___年___月___日你与本单位签订的_____期限的劳动合同，现因期限届满（或者由于_____原因），本单位决定与你终止劳动合同。
根据有关法律规定，你符合/不符合领取经济补偿金的条件。
经济补偿金相当于你___个月工资，共计_____元。

×× 公司
年   月   日

### （八）解除（或终止）劳动关系证明书

_____：
_____原为_____公司的员工，(性别、年龄、身份证号)。双方劳动关系由于_____原因，已经于___年___月___日依法解除（或终止）。
特此证明。

××公司
年　月　日

### （九）员工辞职申请书

| 姓名 | | 部门名称 | | 职务 | |
|---|---|---|---|---|---|
| 入职时间 | 年　月　日 | 申请辞职日期 | | 年　月　日 | |
| 辞职原因： ||||||
| 辞职后愿意再返回公司吗？□愿意　□不愿意　□可以考虑，请留下电话： ||||||
| 部门经理意见：<br><br>签名/日期： || 行政人事部意见：<br><br>签名/日期： || 总经理意见：<br><br>签名/日期： ||
| 注意事项：1. 员工辞职前须提交书面辞职申请书，不能口头申请；<br>　　　　　2. 总经理批准辞职申请后，由部门经理确定员工离职日期；<br>　　　　　3. 凡已批准的辞职申请书于五天内转人力资源部存档。 ||||||

### （十）员工试用期情况反馈表

| 姓名：　　　　　　　　　入职日期：　　　　　　　　　直接经理：<br>跟进评估日期：　　　　　　　　　　　　　　记录人： ||
|---|---|
| 直接主管评价 | 工作能力：<br><br>工作态度：<br><br>发展潜力：<br><br><br>签字/日期： |

续表

| 部门经理意见 | □试用期符合录用条件，继续履行劳动合同<br>□试用期不符合录用条件，解除劳动合同<br>□其他意见：<br>签字/日期： |
|---|---|

### （十一）员工过失单

| 姓名 | | 部门 | | 职位 | |
|---|---|---|---|---|---|
| 违规过失时间 | | 地点 | | 见证人（签名） | |

| 违规过失事件描述： | 直接经理建议：<br>□口头警告；<br>□书面警告；<br>□调整至_____任_____职；<br>□由_____职等降为_____职等；<br>□降薪_____元；<br>□赔偿损失_____元；<br>□予以经济处罚_____元；<br>□解除劳动关系；<br>□其他处理意见：<br><br>签名：　　　　　　日期： |
|---|---|
| 处分依据：<br>　违反_____规定（办法），<br>第_____条，第_____款<br>规定条款原文：<br><br>失职程度：□轻微过失　□过失　□重大过失<br>过失人签名：<br>或要求员工签署但遭到拒绝。<br>上级签名/日期： | |
| 行政经理审核：<br>　签名：　　　　　日期： | 总经理核准：<br>　签名：　　　　　日期： |
| 员工确认：<br>　签名：　　　　　日期： | |

## 二、员工关系管理岗位业务示例

### （一）劳动合同管理

#### 1. 起草劳动合同

【背景资料】

HT商场是一家中外合资企业，共有员工600余人。2007年以前，商场和职工签订劳动合同一直使用市劳动和社会保障局提供的标准文本。2007年以后，劳动合同方面的立法发生了重大变化，原来的劳动合同文本已经不太适用。为了适应新形势的需要，同时满足本企业的特殊要求，商场决定制定本企业专用的劳动合同文本。

制作劳动合同文本的通知到达人力资源部时，人力资源部的赵经理正在考虑把这个任务交给谁完成。这时候，人力资源部的职员带来了一位实习生小王。小王是附近一所大专院校的学生，想利用课余时间到实际工作岗位锻炼锻炼。于是，赵经理把起草"HT商场劳动合同"的任务交给了小王。

两天后，赵经理看到小王起草好的劳动合同书，不禁皱起了眉头。

## HT商场劳动合同

第一条：本合同期限为＿＿＿＿＿＿＿＿＿＿＿＿＿＿＿＿＿。

第二条：乙方为甲方的工作人员，专门负责＿＿＿＿＿＿＿＿＿＿＿＿＿＿。

第三条：工作时间为早9点到晚9点，节假日不休息。

第四条：工作报酬酌情而定，食宿自理。

第五条：福利按劳动部门的规定发放，社会保险费由乙方个人负担。

第六条：本合同自签字之日起生效，任何一方不得擅自变更。如任何一方违约造成另一方损失的，要依法承担赔偿责任。

第七条：乙方在工作期间内发生事故，甲方概不负责。

请对小王起草的这份劳动合同书作出评价。

**【解决方案】**

客观地来说，小王完成的这份劳动合同很糟糕。不过，小王也考虑到了商场的一些实际情况，比如，商场的营业时间是早9点到晚9点，节假日不休息。但是如果把这作为劳动合同的条款是不合法的。具体说来，小王起草的劳动合同存在以下问题：

（1）劳动合同缺少"首部"，即缺少签订劳动合同的双方当事人的基本情况。通常情况下，把用人单位称为甲方，把劳动者称为乙方，甲乙双方的基本情况要在合同中描述清楚。具体包括用人单位的名称、住所和法定代表人，劳动者姓名、住址和身份证号码。即使是空白劳动合同书，也要列出这些项目供签订劳动合同的时候填写。

（2）关于劳动合同的期限。劳动合同一共有三种期限：固定期限、无固定期限和以完成一定工作任务为期限。因此，劳动合同中首先要明确采用哪一种方式来约定劳动合同的期限，然后再约定具体的期限。

（3）关于工作内容和工作地点。小王起草的劳动合同中，"乙方为甲方工作人员"的文字显得多余，此条款的重点是劳动者的工作内容，或者约定工作岗位，然后将岗位说明书作为劳动合同的附件。另外，《劳动合同法》规定，工作地点已成为劳动合同必备的条款，起草劳动合同时不能忽略。

（4）关于工作时间和休息休假。每个用人单位可以根据生产经营特点设计自己员工的作息时间，但都不能逾越法律的规定。我国目前的工时制度有三种：标准工时制度、不定时工作制、综合计算工时工作制。通常情况下，法律要求用人单位实行标准工时制度，但是像商场这类实行标准工时制度有困难的单位，可以实行不定时工作制和综合计算工时工作制，但前提是必须提交当地劳动保障行政部门审批后方可执行。如果不经审批直接写进劳动合同的条款，即使劳动者同意，此条款也会因为违法而无效。

（5）关于劳动报酬。劳动报酬可以是明确的数字，也可以是计算劳动报酬的方法，总之必须明确。如果劳动合同中对劳动报酬约定不明确，法律规定用人单位和劳动者要重新协商，协商不成的，适用集体合同规定；集体合同未作规定的，适用国家的有关规定。可见，如果劳动报酬条款约定不明确，会给劳动合同的履行带来很大的障碍。

（6）关于社会保险和福利。社会保险必须严格按照法律规定执行，在劳动合同中不能有任何更改。目前，社会保险费由用人单位和劳动者双方负担，劳动者所应承担的部分由用人单位代扣代缴，约定完全由劳动者个人负担是不合法的。福利主要指用人单位为员工提供的职业福利，国家目前没有什么相关规定，所以，"福利按劳动部门的规定发放"形同虚设。

（7）关于违约责任。违约责任不是劳动合同必须具备的条款，但如果约定，就不能简单地设定为"承担责任"，而应将责任的内容具体明确，以保护无过错方的合法权益。不过，约定的具体责任也不能违反法律的规定，过重的违约责任也有可能因违法而被认定为无效。

（8）关于发生事故的免责条款。劳动者在工作期间发生事故，如果认定为工伤，其责任理所当然由用人单位承担，任何事先的约定都不能免除用人单位的责任。如果发生的事故没有被认定为工伤，其责任的承担也可以通过民事诉讼的途径解决。所以，约定这一条款的实际意义不大。

（9）关于其他条款。小王的这份劳动合同遗漏了很多重要的事项，其中有法律规定必须具备的劳动合同的条款，如劳动保护和劳动条件。还有一些虽然是法律没有强制规定的，但对于用人单位的劳动关系管理十分重要的事项，如试用期、培训、保守商业秘密、竞业禁止、补充保险等内容。

2. 变更、解除、终止劳动合同

【背景资料】

王一民（男）是 HT 商场家电组的一名售货员，由于专业家电卖场大量出现，HT 商场家电组的营业额大幅度下滑，于是管理层决定撤销家电组，对原家电组的售货员的工作岗位予以调整。经研究决定，将王一民调整到办公用品组。请根据此情况，制作一份劳动合同变更通知书和劳动合同变更协议书。

【解决方案】

### 劳动合同变更通知书

王一民先生：

本商场调整经营结构，您所在的家电组将予以撤销。因此，特要求变更您 2007 年 12 月 1 日与本商场签订的劳动合同，变更内容有：

| 原合同条款 | 原内容 | 变更后内容 |
| --- | --- | --- |
| 第六条 | 工作岗位为家电组售货员 | 工作岗位为办公用品组售货员 |
| 第十条 | 工资标准：每月底薪 1 000 元＋营业额的千分之五 | 工资标准：每月底薪 1 000 元＋营业额的千分之八 |
| 第三十二条 | 家电组售货员岗位规范为本合同的附件 | 办公用品组售货员岗位规范为本合同附件 |

请在十五日内予以书面答复。

### 劳动合同变更协议书

经甲乙双方平等自愿、协商一致，对 2010 年 12 月 1 日签订的编号为 036 的劳动合同作如下变更：

劳动合同变更的内容：

| 原合同条款 | 原内容 | 变更后内容 |
| --- | --- | --- |
| 第六条 | 工作岗位为家电组售货员 | 工作岗位为办公用品组售货员 |
| 第十条 | 工资标准：每月底薪 1 000 元＋营业额的千分之五 | 工资标准：每月底薪 1 000 元＋营业额的千分之八 |
| 第三十二条 | 家电组售货员岗位规范为本合同的附件 | 办公用品组售货员岗位规范为本合同附件 |

本协议自签字之日起生效。

3. 解除劳动合同

**【背景资料】**

刘永利（女）是 HT 商场食品组的一名售货员，2012 年 10 月在体检中发现患有乙型肝炎，于是停止工作，入院治疗。6 个月的医疗期满后，刘永利的病情并没有好转，不能从事原来的工作。刘永利要求变更工作岗位，可是商场目前也没有其他适合的岗位，双方不能就变更劳动合同达成一致。于是，HT 商场决定与刘永利解除劳动合同，请为刘永利办理解除劳动合同的相关手续。

**【解决方案】**

（1）提前一个月书面通知刘永利，即给她发一份解除劳动合同的通知书。

**解除劳动合同通知书**

刘永利女士：

您 2011 年 6 月 8 日与我公司签订的 5 年期限的劳动合同，现因你患病医疗期满，不能从事原来的工作，我商场也无法就变更劳动合同与您达成一致意见。经研究决定，我商场决定从 2012 年 5 月 15 日起与您解除劳动合同。

根据劳动法的有关规定，您的情况符合领取经济补偿金的条件，我商场应发给您相当于 3 个月工资的经济补偿，共计 4 500 元。另支付您相当于 6 个月工资的医疗补助费，共计 9 000 元。以上两项合计 13 500 元。

特此通知。

（2）给解除劳动合同的刘永利发放解除劳动合同的证明书，如果职工要求，还要在证明书中注明解除劳动合同的原因。

**解除劳动合同证明书**

_____：

我商场与刘永利女士签订的劳动合同于 2011 年 5 月 15 日解除，其档案及社会保险关系于 2011 年 5 月 15 日转移。

解除劳动合同的原因为：刘永利因患病，在规定的医疗期满不能从事原来的工作，也无法就变更劳动合同与我商场达成一致意见。

特此证明。

（3）支付刘永利经济补偿和医疗补助费。刘永利在 HT 商场工作 2 年零 11 个月，按劳动法规定应发给其相当于 3 个月工资的经济补偿，同时支付其不少于 6 个月工资的医疗补助费。其工资基数按解除劳动合同前 12 个月的平均工资算，每月1 500元。所以经济补偿金加医疗补助费共计13 500元。

4. 终止劳动合同

【背景资料】

李想（女）是HT商场的一名收银员，于2011年5月20日与商场签订了一年期的劳动合同。现合同即将到期，商场不打算与其续订劳动合同。请为李想办理终止劳动合同的手续。

【解决方案】

（1）提前30天以书面形式通知李想，即给李想发一份终止劳动合同通知书。

**终止劳动合同通知书**

李想女士：

您2011年5月20日与我商场签订的一年期的劳动合同，现因合同期限届满，我商场决定于2009年5月19日终止与您的劳动合同，不再续订。特此通知。

请您于2012年5月19日到人力资源部办理终止劳动合同手续。

（2）开具终止劳动合同证明

**终止劳动合同证明书**

_____：

我商场与李想女士签订的劳动合同于2009年5月19日到期，经协商不再续订，其档案及社会保险关系于2009年5月19日转移。

特此证明。

（3）支付李想经济补偿。李想在HT商场工作一年，根据《劳动合同法》的规定，HT商场与李想劳动合同终止后不再续订的，应向李想支付一个月工资的经济补偿，其工资基数是终止劳动合同前12个月的平均工资。

（二）申报综合计算工时工作制和不定时工作制

【背景资料】

北京青春鸟羽绒制衣有限责任公司有一部分员工因为工作性质的原因，不能实行标准工时制度。其中：缝纫工45名、包装工10名、检验工10名需实行综合计算工时工作制；常驻外地业务员15名、长途货运司机5名需实行不定时工作制。

请向当地劳动保障行政部门提出申请，对这部分员工分别实行综合计算工时工作制和不定时计算工作制。

**【解决方案】**

## 北京市企业实行综合计算工时工作制和不定时计算工作制申报表

申报单位盖章：（公章）

| 企业名称 | 北京青春鸟羽绒制衣有限责任公司 | | 企业性质 | 私营企业 | |
|---|---|---|---|---|---|
| 地址 | 西城月坛大街×××号 | | 主管部门 | 无 | |
| 法人代表人姓名 | 王东 | 联系电话 | 6600×××× | 职工人数 | 130 |
| 申报种类 | 综合计算工时工作制<br>不定时计算工作制 | | 实行特殊工时<br>制度职工人数 | 85 | |
| 综合计算工时工作制 | | | 不定时计算工作制 | | |
| 岗位或工种 | 人数 | 计算周期单位 | 实行期限 | 岗位或工种 | 人数 | 实行期限 |
| 缝纫工 | 45 | 一年 | 长期 | 长驻外地业务员 | 15 | 一年 |
| 包装工 | 10 | 一年 | 长期 | 长途货运司机 | 5 | 二年 |
| 检验工 | 10 | 半年 | 长期 | | | |
| | | | | | | |
| 申报理由：由于本公司有大量的外地销售业务，需要长期派出长驻外地人员以及向外省市送货业务，所以需对上述人员实行不定时工作制，因加工制衣业务订单生产任务不均衡，季节性较强，所以对流水线生产工人实行集中工作、集中休息的办法，需要实行综合计算工时工作制。 | | | | | | |
| 工会或职工代表大会意见：<br>　　北京青春鸟羽绒制衣有限责任公司工会同意对上述岗位实行综合计算工时工作制和不定时计算工作制。<br>　　　　　　　　　　　　　　　　　　　　　　　工会（盖章） | | | | | | |
| 备注： | | | | | | |

企业承办人：王力

### （三）制定劳动纪律

**【背景资料】**

DY公司是一家主要从事咨询服务业的公司，共有员工100余人。为了严格公司考勤制度，DY公司决定制定《员工考勤管理规定》。

要求：考勤制度的制定除了要细致、明确、具体外，还要具有可操作性，同时要人性化，不能过于苛刻。

**【解决方案】**

## DY公司员工考勤管理规定

一、公司作息时间

上班时间为上午 8：30，下班时间为 17：30，其中 12：00—13：00 为午休时间。

二、考勤办法

1. 员工上下班都必须由本人打卡，代人打卡者，双方以旷工论处。

2. 上班打卡延迟 30 分钟以内视为迟到，延迟 30 分钟以上视为旷工。未经允许提前离开工作岗位视为早退。迟到或早退每累计三次视为旷工一天。

3. 迟到或者早退一次扣发 50 元奖金；旷工一日扣发一日工资，连续旷工 15 天予以除名。

三、休息与休假

1. 病假

病假须以二级以上医院开具的诊断证明为准；病假适逢公休日和法定节日的，公休日和法定节日包含在病假期限内。病假待遇按公司有关规定执行。

2. 事假

员工必须事先履行请假手续，由人力资源部批准后方可享受事假。公休日和法定节日不计算在事假期限内。员工事假期间，公司不支付工资。

3. 婚假

员工结婚，享受 3 天的婚假；晚婚员工的婚假为 13 天。婚假期间享受正常的工资待遇。

4. 丧假

员工直系亲属去世，可享受丧假 3 天，外地职工可依据路程远近另给路程假。丧假期间享受正常的工资待遇。

5. 年休假

在本公司工作一年以上的，可享受 10 天的年休假，以后工作年限每增加一年，年休假可增加 1 天。年休假不可分开享受，也不可以累计。年休假期间享受正常的工资待遇，因工作原因不能享受年休假的，不视为加班加点，不支付加班加点的劳动报酬。

四、加班加点

1. 员工加班加点，应按规定填写有关表格报人力资源管理部门备案。

2. 加班加点的劳动报酬按《劳动法》有关规定执行。

（四）员工奖惩管理

【背景资料】

杨波是丽景商贸公司的仓库保管员。2012 年 4 月 16 日，杨波上班期间，在工作岗位吸烟，被主管尚立明发现并制止。公司《库房管理规定》第九条的规定:"严禁在库房区域吸烟。"杨波的行为已经达到"过失"的程度,应给予"书面警告"处分。

请根据上述内容,制作员工过失单。

【解决方案】

**丽景公司员工过失单**

| 姓名 | 杨波 | 部门 | 总务部 | 职位 | 库房管理 |
|---|---|---|---|---|---|
| 违规过失时间 | 2012年4月16日 | 地点 | 库房 | 见证人(签名) | 李清 |

| 违规过失事件描述:2012年4月16日,杨波违反公司《库房管理规定》,在库房吸烟,被主管及时发现并制止。 | 直接经理建议:<br>□口头警告;<br>■书面警告; |
|---|---|
| 处分依据:<br>违反《库房管理办法》第九条规定条款原文:严禁在库房区域吸烟。 | □调整至_____任_____职;<br>□由_____职等降为_____职等;<br>□降薪_____元;<br>□赔偿损失_____元; |
| 失职程度:□轻微过失 ■过失 □重大过失 | □予以经济处罚_____元;<br>□解除劳动关系;<br>□其他处理意见: |
| 过失人签名:杨波<br>或要求员工签署但遭到拒绝。<br>上级签名/日期:2012年4月16日 | 签名:尚立明 日期:2012年4月16日 |
| 行政经理审核:同意。<br>签名:赵祥 日期:2012年4月17日 | 总经理核准:同意。<br>签名:陈光正 日期:2012年4月18日 |
| 员工确认:上述情况属实,本人愿意承担相应处分。<br>签名:杨波 日期:2012年4月20日 | |

## (五)工资集体协商

【背景资料】

AR公司是一家私营企业,现有职工102人,2011年实现工业总产值3 000万元,完成销售2 000万元,利税100万元。2010年公司成立了工会组织,职工入会率达到95%以上。职工对公司的收入分配制度越来越不满意,和公司进行集体协商,签订工资协议被提上议事日程。

【解决方案】

1. 确定工资集体协商代表

双方代表各5名,职工一方由工会代表;公司的代表由公司的法定代表人和法定代表人指定的其他人员担任。

协商双方各确定一名首席代表。职工首席代表由工会主席担任，公司首席代表由法定代表人担任。

2. 职工一方向公司一方提出了书面的协商意向书，意向书的内容如下：

（1）确定工资增长率。对公司上一年度的经济发展状况进行分析，以销售收入作为基点，核算全年发放工资，确定工资增长率为 5%。

（2）确定职工最低工资的标准为每月 800 元，发放工资的时间由原来的每月 15 日提前到 5 日。

（3）确定生产销售与工资挂钩的分配方案。多劳多得，上不封顶。

（4）确定公司内部不同人员的不同分配形式。

3. 公司一方收到意向书后，与职工一方代表共同进行了工资集体协商。

4. 双方通过集体协商，签订了工资协议。

5. 经公司职工代表大会审议，工资协议得到通过。

6. 在报劳动保障行政部门审查后，工资协议开始实施。

（六）工会对违反职工代表大会制度的行为进行纠正

【背景资料】

银湖公司是一家全民所有制企业，近年来经营状况良好。上级主管部门认为，该企业取得良好业绩，证明公司总经理是难得的管理人才，于是对总经理另委以重任，从公司内部提拔了一人当总经理。新总经理上任后，对公司进行了大刀阔斧的改革。首先推出了新的工资方案，新方案并没有让职工享受到企业效益增长的成果，反而仅仅满足了少数管理者的利益，很多职工对此表示了不满。不久以后，有超过 1/3 的职工代表共同提议，要求召开临时职工代表大会，讨论新的工资方案。总经理听闻此事，认为"工资分配权是法律赋予用人单位的，职工代表大会根本管不着"。并威胁谁要再提召开职工代表大会，就给予纪律处分。

就在总经理认为此事已经解决时，却收到了工会发来的一份书面文件。该文件指出，总经理的行为违反了职工代表大会制度，同时该文件还义正词严地要求总经理尽快纠正错误行为，从而保障职工依法行使民主管理的权利。

【解决方案】

首先，总经理的行为违反了职工代表大会制度。

虽然国家的法律、法规对职工代表大会的权利作了明确规定，规定了哪些事项应当提交职工代表大会审议，哪些事项应当提交职工代表大会表决，但仍有少数用人单位的领导，无视法律法规的规定，践踏职工的民主权利。本案中总经理推出的新的工资方案，本应经过职工代表大会的审查同意，但总经理却以用人单位有分配自主权为由，剥夺了职工依法行使民主管理的权利。

其次，工会有权对违反职工代表大会制度的行为进行纠正。

《工会法》第19条规定："企业、事业单位违反职工代表大会和其他民主管理制度，工会有权要求纠正，保障职工依法行使民主管理的权利。法律、法规规定应当提交职工大会或者职工代表大会审议、通过、决定的事项，企业、事业单位应当依法办理。"

这一规定表明，对国有企业违反职工代表大会或其他民主管理制度的问题，工会有权提出意见，要求纠正。本案中的工会正是基于上述《工会法》的规定，向总经理发出了要求其尽快纠正违反职工代表大会制度行为的书面文件，很显然，工会的做法是有法律依据的，是十分正确的，起到了工会保障职工依法行使民主管理权利的维权职责。

（七）劳动争议处理

1. 实施劳动争议调解

【背景资料】

于明丽（女）是天乐公司财务处的一名会计，与本部门出纳张君（男）素来不和。于明丽的丈夫认为张君总是欺负于明丽，决定找个机会教训一下张君。为了怕于明丽阻拦，于明丽的丈夫特地在2011年3月16号下午来到天乐公司，因为他知道这天下午于明丽会去银行办事，自己可以趁此机会好好教训一下张君。于明丽的丈夫来到财务处，找到张君，不问青红皂白便给了张君一拳，周围的同事赶紧把他俩拉开。正在此时，于明丽从银行回来，赶紧把丈夫拉回了家。

第二天，于明丽一上班就得到一份通知，被告知由于教唆家属到公司殴打同事，已经严重违反劳动纪律，公司决定解除于明丽的劳动合同，并让她立即办理工作交接手续。

于明丽不服，她认为丈夫来单位打人自己并不知情，更谈不上教唆，况且自己在事发后及时制止了丈夫的行为。并且于明丽认为，自己可以就打人一事向张君道歉，公司解除劳动合同的处理太过严重。于是，于明丽找到天乐公司劳动争议调解委员会，要求就此劳动争议进行调解。

请拟订劳动争议调解实施方案。

【解决方案】

（1）审查受理。审查的主要内容有：申请调解的劳动争议是否属于劳动争议、是否符合劳动争议调解委员会受案的范围、调解人是否合格、有无明确的申请对方和具体的申请请求以及事实根据。

（2）劳动争议调解前的准备。准备工作包括：一是对申请手续和申请书的内容进行审查。二是通知被申请人，征询被申请人的意见。如果被申请人不同意对该纠纷进行调解，可以告知申请人用其他方式解决纠纷。三是调查和收集证据，包括于明丽丈夫打人事件的详细经过、公司做出解除劳动合同的依据（公司的劳动纪律和规章制度）等。上述调查内容应事先拟订一个调查提纲，列出调查的主要问题及具体的调查时间和调查的方法。调查过程应制作笔录。

（3）实施调解。此案可以通过召开调解会议的形式进行。可由调解委员会主任主持，具体可采用以下程序：

1）宣布调解会议开始，书记员向主持人报告到会人员情况。

2）主持人宣布调解的目的和纪律，告知当事人的注意事项，并宣布申请人请求调解的争议事项。

3）当事人陈述：首先由申请人陈述事实和理由，再由天乐公司代表陈述。

4）主持人宣讲与争议有关的法律、法规。本案中，可以对当事人宣讲《劳动法》第三章关于解除劳动合同的条件和程序等内容。

5）公布调解委员会对本案的调查核实情况。

6）由双方当事人对调解委员会宣布的事实、证据发表意见。

7）调解委员会依据查明的事实，再提出调解意见，征求双方当事人意见。如果双方当事人均表示接受，则调解成功。如果一方或双方均不接受调解意见，又不能提出和达成其他一致的协议，则调解不成。

（4）制作调解协议书或者调解意见书。达成调解协议的制作调解协议书，未能达成协议的，制作调解意见书。

（5）将案件材料归档保存。

2. 劳动争议仲裁应诉

【背景资料】

上述争议经过劳动争议调解委员会的调解，双方未能达成一致意见。于明丽于是向当地劳动争议仲裁委员会申请仲裁，并提交了《劳动争议仲裁申请书》。

**劳动争议仲裁申请书**

| 申请人 | | | 被申请人 | | | |
|---|---|---|---|---|---|---|
| 姓名或单位名称 | 于明丽 | | 姓名或单位名称 | 天乐公司 | | |
| 单位性质 | | | 单位性质 | 私营企业 | | |
| 法定代表人姓名 | 职务 | 会计 | 法定代表人姓名 | 尚娟 | 职务 | 总经理 |

续表

| 性别 | 女 | 年龄 | 27 | 性别 | 女 | 年龄 | 48 |
|---|---|---|---|---|---|---|---|
| 民族或国籍 | 汉族 | 用工性质 | 劳动合同工 | 民族或国籍 | 汉族 | 用工性质 | |
| 工作单位 | 天乐公司 | | | 工作单位 | | | |
| 地址 | 北京市西城区展览路×号 | | | 地址 | 北京市朝阳区南大街××号 | | |
| 电话 | ×××××××× | | | 电话 | ×××××××× | | |
| 邮编 | ×××××× | | | 邮编 | ×××××× | | |

请求事项：

撤销对申请人解除劳动合同的决定。

事实和理由（包括证据和证据来源，证人姓名和住址等情况）：

本人是天乐公司财务处的一名会计，与本部门的出纳张君有些私人恩怨，但本人从未以此影响工作。2009年3月16日，本人家属趁本人不在公司时，到公司对张君做出了一些不理智的举动。事发后，本人立即劝走了家属，并向张君道歉。

但天乐公司认为，是本人教唆家属来公司闹事。对此结论本人不认可，家属来公司本人确不知情，谈不上教唆。公司以本人严重违反劳动纪律为由，解除本人劳动合同缺乏依据，本人不服，特申请仲裁。

此致：

北京市劳动争议仲裁委员会

申请人：于明丽<br>2009年4月20日

请根据上述内容，为天乐公司写一份答辩书。

【答案要点】

## 劳动争议仲裁答辩书

答辩人：天乐公司

答辩请求：

驳回申请人的请求，维持公司解除劳动合同的决定。

事实和理由：

申请人于明丽在工作中，没有正确对待与同事间的矛盾，反而教唆家属到公司来殴打同事，造成很坏的影响。此行为已经严重违反了我公司的劳动纪律，我公司做出解除劳动合同的处理决定并无不当。理由如下：

（1）无论基于什么理由，对他人进行身体攻击都是违法行为。本案中，殴打张君虽非于明丽本人所为，但其家属来单位殴打张君，如非于明丽指使，家属怎会擅自前往。所以于明丽对此事件有着不可推卸的责任。

（2）由于于明丽家属的不理智行为，扰乱了我公司正常的办公秩序，在员工中也造成了很坏的影响。于明丽的行为已经严重违反了我公司的劳动纪律，我公司与其解除劳动合同既有事实上的依据，也有制度上的依据。

综上所述，申请仲裁委员会驳回申请人于明丽的请求，维持我公司与其解除劳动合同的决定。

此致
北京市劳动争议仲裁委员会

答辩人：天乐公司（签名或盖章）<br>2009年4月30日

## 第三节 员工关系管理岗位教学实训

一、实训作业

【背景资料】

明达公司是一家大型民营企业，主要业务涉及房地产开发、建筑安装工程等领域，有员工1 000余人。其人力资源部下设五个主管岗位，分别是招聘主管、薪酬主管、绩效主管、培训主管和员工关系主管，每个主管有2～3位下属。

李启明是员工关系主管。这天是星期一，李启明早早来到了办公室，简单整理了一下需要完成的工作任务，开始逐件处理。

【任务一】

采购部经理一职的招聘工作已经接近尾声，公司管理层对从若干竞争者中脱颖而出的许某表示满意，决定录用其为采购部经理。在上周二，李启明根据领导指示，以人力资源部的名义给许某发了一份"录用通知书"。

录用通知书

许×先生：

您好！

本公司经研究决定，录用您为采购部经理，岗位等级为三级，月薪12 000

元，其他福利待遇按公司有关规定执行。

如您同意，请在一周之内答复，本公司将为您保留此职位一个月，请于一个月内入职并签订劳动合同。

明达公司人力资源部<br>2009 年 4 月 17 日

许某接到录用通知书后，在上周三就传真至明达公司，表示自己完全同意明达公司的条件，并已经辞去原来的工作，随时可以到明达公司来上班。

李启明开始着手准备和许某的劳动合同，可就在上周五快下班的时候，老总给李启明打来电话，告诉他说，无论如何也不能用许某这个人。李启明很吃惊，当初选任许某，也是老总拍的板，怎么说变就变呢。老总说："我刚知道，这个人在原来的单位就多次向供应商索要回扣，我可不愿在我的公司里养这么个蛀虫……"

老总的话就是命令，必须得执行，可是，录用通知书都已经发出了，许某也承诺了，怎么办呢？

整个周末，李启明都在思考这个问题，他一共想了四个方案：

方案一：书面通知许某，宣布录用通知书无效。

方案二：拒绝与许某签订劳动合同。

方案三：与许某签订劳动合同，但不让他担任采购部经理，将职位降为普通职员，同时减少其劳动报酬。

方案四：与许某签订劳动合同，在合同中约定试用期，在试用期内，找个理由证明许某不符合录用条件，然后解除劳动合同。

请帮助李启明分析一下四个方案的优劣，看看还有没有更好的解决办法。

【任务二】

近几年出现了一个生育高峰，目前仅在公司总部的办公楼里，就已经有二十几位女职工怀孕了。于是，工会的女工委员会提出，为了体现人文关怀，公司应当为怀孕、产假、哺乳期的女职工提供适当的福利。主管此项工作的副总也是女性，对工会的这个提案非常赞成，责成员工关系主管负责拟订一个方案，为"三期"的女职工提供一些适当的福利。女职工们对此也非常关心，三天两头到人力资源部来打听情况，这个工作必须尽快完成。

请拟定一个《明达公司"三期"女职工福利管理办法》。

【任务三】

小叶是公司刚招聘的前台接待，还处在试用期。据反映，小叶上班工作态度很不好，没有责任心，上班时间打私人电话聊天被主管发现过两次，因对客户态度差还被客户投诉过一次。公司决定，解除小叶的劳动合同。请根据小叶的表现填写小叶的"试用期情况反馈表"；并且以人力资源部的名义给小叶发一份解除劳动合同的通知书。

**【任务四】**

王宇为保洁工作人员，签订了3年期的劳动合同，合同约定每月工资为800元。在合同履行期间，公司的工会与公司开展集体协商，签订了集体合同，并获得劳动保障行政部门的批准。这份集体合同中约定：明达公司的最低工资标准为850元。然而，在集体合同生效后，王宇每月所得的工资仍为800元。于是，王宇向公司提出，应当按850元的标准向自己支付劳动报酬。但是公司认为，王宇和公司签订的劳动合同中已经约定了劳动报酬的数额，且这个数额并没有低于当地政府规定的最低工资标准，因此并不违法，至于集体合同的约定，那只是一个象征意义的条款，具体执行还要以劳动合同为准。

问题：1. 王宇提出按每月850元支付自己的工资是否合理？

2. 王宇与公司签订的劳动合同和工会与公司订立的集体合同之间是什么关系？

3. 在劳动合同与集体合同约定不一致的情况下，应该以哪个合同为准？

**【任务五】**

劳动争议仲裁委员会送来一封函件，李启明打开一看，是一份"立案通知书"。

## 劳动争议仲裁委员会立案通知书

京劳仲案字（2009）第292号

明达公司：

本委决定受理周建与你（单位）的（解除劳动合同）劳动争议一案，现依照《中华人民共和国企业劳动争议处理条例》的规定，将有关事项通知如下：

一、请在本通知的送达回执上签收。

二、在收到申请书副本10日内，向本委提交答辩书和有关证据，不按时提交答辩书或不提交答辩书，不影响案件的处理。

三、被申请人系企业的，需填写法定代表人（或主要负责人）身份证明书；如委托代理人的需填写授权委托书，于2009年5月10日前提交本委。

北京市劳动争议仲裁委员会

2009年4月23日

附：申请人的申请书副本一份。

与"立案通知书"一起送来的还有一份"劳动争议仲裁申请书"。

## 劳动争议仲裁申请书

| 申请人 | | | | 被申请人 | | | |
|---|---|---|---|---|---|---|---|
| 姓名或单位名称 | 周建 | | | 姓名或单位名称 | 明达公司 | | |
| 单位性质 | | | | 单位性质 | 私营企业 | | |
| 法定代表人姓名 | | 职务 | 电工 | 法定代表人姓名 | 吴明达 | 职务 | 总经理 |
| 性别 | 男 | 年龄 | 40 | 性别 | 男 | 年龄 | 50 |
| 民族或国籍 | 汉族 | 用工性质 | 劳动合同工 | 民族或国籍 | 汉族 | 用工性质 | |
| 工作单位 | 明达公司 | | | 工作单位 | | | |
| 地址 | 北京市海淀区花园路×号院 | | | 地址 | 北京市朝阳区北大街××号 | | |
| 电话 | ×××××××× | | | 电话 | ×××××××× | | |
| 邮编 | ×××××× | | | 邮编 | ×××××× | | |

请求事项:
(1) 撤销对申请人的警告处分。
(2) 补发扣发的申请人的半年奖金 3 600 元。

事实和理由(包括证据和证据来源,证人姓名和住址等情况):

本人是明达公司工程部的一名电工。2009 年 3 月,明达公司未经本人同意强迫本人加班,由于家离单位比较远,加之孩子比较小,故本人没有加班。明达公司于是扣发本人半年的奖金并给予本人警告处分。

本人认为,按照劳动法的规定,单位安排劳动者加班应征得职工本人的同意。我不加班是有正当理由的,所以明达公司无权扣发我的奖金并给予我警告处分。

此致:
北京市劳动争议仲裁委员会

申请人:周建<br>2009 年 4 月 2 日

李启明赶紧到工程部着手调查事情原委。

原来,前段时间,明达公司有一项工程特别紧急,工程部全体职工都需要加班。但是,工程部职工周建提出,家离单位太远,孩子太小也需要自己照顾,所以不能加班。周建同时指出,加班需要职工本人同意才行,自己不愿意加班也不领加班费合情合法。明达公司指出,该工程特别紧急,如果周建不参加,将影响整个工程进度，给公司带来很大的损失。但周建坚持没有来加班。公司决定给予周建警告处分，并扣发了周建半年的奖金。

据工程部反映，周建的表现一向较差，经常与领导顶撞，工程部经理多次提出将周建调离工程部，但鉴于周建有一定的技术水平，所以一直没有调整其工作岗位。2009年3月，周建拒绝执行加班任务，并指出家离单位远、孩子太小等原因。其实，周建家离单位只有五公里左右，他的孩子已经十几岁，其拒绝加班的理由并不充分。工程部经理曾对周建进行劝说，周建不但没有来加班，在正常的工作日也常托人捎来一张事假条就自行休息三天。由于周建的缺席使工程的进度受到一些影响，给明达公司造成了损失。为了严肃劳动纪律，公司经研究决定给予周建警告处分并扣发其半年的奖金。

根据李启明调查的事实经过，请为明达公司起草"劳动争议仲裁答辩书"。

## 二、实训作业评价

**【任务一】**

录用通知书一经发出，就具有法律效力，明达公司必须履行其内容。方案一、方案二、方案三都会导致明达公司直接违约，所以不可取。方案四虽然能够保证目前明达公司不违约，但是在试用期解除劳动合同，也必须证明劳动者不符合录用条件，如果到时候无法证明许某不符合录用条件，那就必须留用他。这和明达公司老总的指示是完全背离的。

故此要从录用通知书的内容寻找突破口。录用通知书几乎将劳动合同应具备的内容都作了承诺，包括工作岗位、工作待遇等。唯一没有承诺的就是劳动合同的期限，也就是说，明达公司并没有承诺要和许某签订多长时间的劳动合同。明达公司可以以此作为谈判条件，向许某施加压力，使许某和明达公司签订很短时间的劳动合同或者干脆放弃和明达公司签订劳动合同。

**【任务二】**

《劳动法》对处于"三期"的女职工已经有很多保护措施，例如规定了禁忌劳动的范围，规定了劳动合同不能随意解除等。那么，《明达公司"三期"女职工福利管理办法》就没有必要对法律已经规定的内容重复了，而重点要规定除了法律所提供的保护外，明达公司还可以提供什么样的保护。当然，这些措施除了体现人文关怀，让职工感受到温暖之外，还要注意节约成本。花费太大的福利是不会得到决策层批准的。

**【任务三】**

"试用期情况反馈表"中注明"解除劳动合同的意见"，而"解除劳动合同通知书"中所描述的解除劳动合同的原因应是"在试用期内被证明不符合录用条件"。

【任务四】

发生法律效力的劳动合同和集体合同都需要遵守,当它们的内容不一致时,集体合同的效力高于劳动合同。因此,明达公司应按集体合同的规定修订劳动合同的相关内容并执行。

【任务五】

撰写"劳动争议仲裁答辩书",主要是针对申请书的内容进行反驳。

在本案中,首先应指出明达公司要求职工加班加点是属于工程需要,无须和劳动者进行协商;其次要证明周建所述的困难其实并不存在,并举出证据证明;最后,要举出明达公司扣发周建奖金的依据何在。

# 参考文献

廖毓麒. 人力资源管理 [M]. 长沙：国防科技大学出版社，2006.

孙泽厚，罗帆. 人力资源管理——理论与实务 [M]. 武汉：武汉理工大学出版社，2007.

夏光. 人力资源管理教程 [M]. 北京：机械工业出版社，2004.

颜爱民，宁夏伟，袁凌. 人力资源管理理论与实务 [M]. 长沙：中南大学出版社，2004.

郑晓明. 人力资源管理导论 [M]. 北京：机械工业出版社，2005.

梅雨霖，梅薇薇. 人力资源管理文书 [M]. 广西：广西人民出版社，2008.

郭京生，潘立. 人员培训实务手册 [M]. 北京：机械工业出版社，2005.

袁庆宏. 绩效管理 [M]. 天津：南开大学出版社，2009.

董临平，康青，陆军. 人力资源管理本土案例解析 [M]. 北京：立信会计出版社，2005.

中国公文写作研究会. 电子文书写作一本通 [M]. 北京：中国言实出版社，2005.

郭冬. 秘书写作 [M]. 北京：高等教育出版社，2004.

张德实. 应用写作 [M]. 北京：高等教育出版社，2004.

徐静. 秘书实训 [M]. 北京：高等教育出版社，2003.